KB086451

핵심
연구방법론

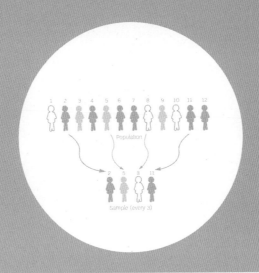

Essentials of Research Methodology

PREFACE

오래 전 저자가 대학원에 입학하여 당시까지만 해도 학부과정에서 접하지 못 했던 연구방법론 과목을 처음 수강하며 느끼고 깨달았던 것 중 가장 기억에 남는 것은 연구를 한다는 것이 무엇이고 이를 어떻게 시작하고 수행해야 하는지에 대해서 조금 씩 가지게 된 자신감이었던 것 같다. 이후 연구논문을 작성하는 대학원생으로써 연구를 수행하는 연구자로써 그리고 학부와 대학원에서 연구방법론을 가르치는 교육자로써 지금까지 오랜 세월을 연구방법과 함께 해 오면서 알고 경험하는 것이 더 많아질수록 이 분야에서는 자신감보다 겸허함이 중요하다는 것을 깨닫게 되었다.

어떤 통계학자도 가와 부, 채택과 기각, 바람직함과 그러하지 못함에 대해 절대적인 수치 기준을 제시한 적이 없음에도, 그리고, 대부분의 연구과제가 이를 해결하기 위한 방법론적 접근과 분석방법의 대안이 여럿 있을 수 있음에도, 우리 주위에는 마치 방법론적 의사결정을 위한 절대적인 수치 기준이 있고 특정 연구과제를 해결하는 절대적인 조사설계와 분석방법이 존재하는 것 같이 설파하는 자기주장이 넘쳐나는 것 같다. 이러한 현상은 아마도 좀 더 절대적인 기준이나 방법을 통해 연구와 관련된 의사결정을 더 빨리 더 쉽게 하고자 하는 요구에 부응하기 위한 자신에 찬, 때로는 오만하고 그릇된 확신에서 나타나는 상황일 수도 있을 것이다. 한편, 연구방법이 통계적 분석방법을 의미하는 것으로 오해하는 사람들은 이러한 통계적 지식이 없음을 연구방법을 습득하는 가장 큰 장애물로 여기면서 스스로 본인의 한계 속에 빠지기도 하는데 이런 모습을 보면 안타까운 생각이 들지 않을 수 없다. 이러한 주위 상황들을 마주하다 보면 연구방법과 관련된 지식을 쌓아가는 연구자로서 더할 나위 없는 무거운 책임감을 가지게 되고, 부족하지만 이번에 책을 저술하게 된 계기가 되었음을 밝히고자 한다.

이제까지 우리가 당연한 사실로 받아들여 왔던 이론 또는 지식이란 무엇이고, 이를 누가 만들었고 어떻게 만들어져 왔는지를 제대로 안다는 것은 우리 주위를 둘러싸고 있는 그 무수한 자연

현상과 사회현상을 올바로 이해하는 첫걸음인 동시에 연구를 수행하는데 있어 중요한 사고 체계와 올바른 방법론적 선택을 가져다 줄 수 있다. 연구방법은 기존 지식체계를 이해하고 새로운 지식을 창출하는 규칙과 절차, 방식 등을 의미하며, 우리를 둘러싸고 있는 현상을 이해하고 설명하는데 도움을 줄 수 있는 지식체계를 구축하고 발전시키는 중요한 도구이자 근거가 된다. 이를 올바로 이해한다는 것은 단순히 통계분석방법을 안다는 것에서 더 나아가 현상에서 문제를 파악하고 연구과제로 설정하는 능력에서부터 이를 객관 타당하게 입증하고 결론짓는 모든 과정을 포함하게 된다. 전 세계적으로 연구자들의 국적이 달라지면 대개 언어도 달라지게 되지만, 연구방법은 전 세계 모든 연구자들에 있어 동일한 내용으로 소통이 된다. 때문에 연구방법론은 학문을 공부하는 사람이나 연구를 수행하는 연구자, 주위에서 관찰하고 경험하는 현상을 올바로 이해하고 평가하며 이를 설명해주는 이론을 창출하고자 하는 모두에게 꼭 필요한 내용이라 아니할 수 없다.

본서는 연구방법론의 내용을 모두 16장으로 구성하여 기술하고 있으며, 이는 크게 이론구축(1장~4장), 조사설계(5장~9장), 실증분석(10장~16장)의 세 부분으로 나뉘어 질수 있다. 먼저, 이론구축(1장~4장) 부분에서는 우리가 수행하고자 하는 연구방법의 본질이 무엇이고, 어떤 서로 다른 방법론적 유형이 존재하며, 처음의 연구아이디어를 어떻게 찾고, 이를 연구 가능한 과제로 어떻게 구체화시켜 나가는지에 관한 내용이 기술되어 있다. 우수한 연구자가 되기 위해서는 똑 같은 현상을 보고 관찰하더라도 여기서 보다 중요한 문제를 찾아내고 이를 연구과제로 도출할 수 있어야 한다. 본서의 첫 부분에서는 이러한 이론구축과 관련된 내용을 특별히 초기 연구아이디어를 연구 가능한 연구과제로 구체화시켜 나가는 것에 초점을 맞추어 기술함으로써 독자들이 나름대로의 연구를 수행하는 첫 시작을 어떻게 하고 이를 어떻게 진행시켜 나가야 하는지를 이해할 수 있도록 하였다.

다음으로, 조사설계(5장~9장)에서는 구체화된 연구과제를 실제 객관 타당한 방법, 즉 과학적 방법으로 입증하기 위한 조사의 계획과 과정이 포함되어 있으며, 연구자라면 조사가 어떻게 수행되었는지를 가능한 소상히 밝혀야 함에도 이를 간과하고 간략히 때로는 잘 못된 방향으로 기술하는 오류를 범하지 않도록 주요 관련 내용들을 체계적으로 정리하고자 하였다. 자료분석과 관련된 명언 중 "Gabage in gabage out"이란 말이 있고, "통계는 거짓말을 하지 않는다 하지만 거짓은 통계를 이용한다"는 속언이 있는데, 이러한 문장 내용을 이해하지 못하는 독자는 없으리라 생각된다. 본서에서는 특히 이러한 점에 초점을 맞추어 자료를 올바로 수집하는 방법과 올바른 자료를 분석에 적용하는 방법을 정리하고자 하였으며, 이를 위해, 수집된 자료를 그대로 분석에 적용하기 이전에 이러한 자료가 올바른, 즉, 객관 타당한 자료인지를 판단하고 평가하여 정제하는 자료 편집과 관련된 내용을 포함하였다.

마지막으로 실증분석(10장~16장) 부분에서는 설정된 연구과제나 가설을 입증하기 위하여 실증적으로 분식하는 방법들을 제시하였으며, 여기에는 모수통계분석과 비모수통계분석, 단변량분석과 이변량분석, 다변량분석에 포함되는 주요 분석방법들을 포함하고자 하였다. 제한된 한 권의 연구방법론 저서에 모든 실증분석 방법들을 포함시킬 수는 없기에 연구에 많이 사용되면서 중요한 분석방법 위주로 포함을 시키고자 하였다. 특히, 다변량분석이나 계량분석 이전에 적지 않은 연구과제들이 이변량분석이나 비계량분석을 통해서도 훌륭하게 실증 분석될 수 있다는 점을 감안하여, 상관분석과 평균의 차이분석, 비모수분석에 관련된 내용을 가능한 체계적으로 정리하고자 하였다. 이를 통해 이변량분석보다는 다변량분석이 비모수분석보다는 모수분석이 상대적으로 우월하다는 잘못된 인식에서 조금이나마 벗어나고자 하였으며, 이 자리를 빌어 다시 한번 이를 강조하고 싶다.

본서는 이제까지의 연구방법론 관련 저서들에서 볼 수 있는 서술식 문장 표현을 지양하고 가능한 개조식 정리식 문장표현을 사용함으로써 독자들이 주요 내용을 보다 효율적으로 명확하게 이해할 수 있도록 하였다. 이를 위해 필요한 경우 표나 그림을 사용한 도식화를 통하여 관련 내용에 대한 이해를 돕고자 하였으며, 분석방법에 대한 소개와 설명에 있어서도 꼭 필요한 경우를 제외하고는 가능한 통계적 수식이나 유도과정을 생략하고 설명으로 대신함으로써 해당 내용에 대한 독자들의 이해를 돕고자 하였다.

본서를 통해 저자가 이제까지 30년 이상 대학과 대학원에서 연구방법론 관련 과목을 강의하면서 수많은 수강생들이 보여주었던 보람과 환희, 고뇌, 어려움, 좌절 등 그간의 경험을 거울삼아 모든 연구자들이 몰라서도 안 되고 없어서도 안 되는 연구방법론적 지식을 정리하고자 하였다. 이러한 노력이 조그마하게나마 결실을 맺게 되어 기쁘게 생각하며, 바쁜 와중에도 이 책의 정리를 도와준 문혜영박사와 기꺼이 출판을 결정해 준 한올출판사에 감사의 마음을 전하면서 부족한 글을 마치고자 한다.

군자동 연구실에서
저자 김홍범

CONTENTS

Chapter 01 연구방법의 이해 ·· 1

1. 과학의 정의 및 내용 ·· 2
2. 과학적 방법 ·· 6
3. 과학적 사고(Scientific Thinking): 과학적 접근법의 논리 체계 ···· 8
4. 과학의 발전 과정 ·· 11

Chapter 02 연구의 유형 ·· 15

1. 조사설계(Research Design)의 유형 ······························ 16
2. 연구 유형: 연구 문제의 구체화 정도 ···························· 18
3. 자료수집 방법 ·· 28
4. 측정자료의 유형 ·· 28

Chapter 03 이론의 구성 ·· 31

1. 이론 ·· 32
2. 개념 ·· 33
3. 변수 ·· 38
4. 모형 및 가설 ·· 40

Chapter 04 연구 과정 · 45

1. 연구의 시작 : 이론의 발견 · 46
2. 연구의 구체화 · 49
3. 연구의 과정 · 55
4. 연구의 평가기준 및 분석단위 · 59

Chapter 05 조사설계 · 63

1. 정의 및 목적 · 64
2. 조사설계의 유형 · 65
3. 실험설계(Experimental Design) · 68

Chapter 06 측정 · 77

1. 측정의 정의 및 내용 · 78
2. 척도 유형 · 80
3. 척도의 구성 · 91
4. 설문지 작성 · 93

Chapter 07 신뢰성과 타당성 · 101

1. 측정의 평가 · 102
2. 신뢰성(Reliability) · 104
3. 타당성(Validity) · 108

Chapter 08 표본추출(Sampling) · 127

1. 표본추출의 목적 및 내용 · 128
2. 표본추출의 통계적 의미 · 131
3. 표본추출 과정 및 방법 · 135
4. 표본 크기의 결정 · 140
5. 표본조사의 오차 · 142

Chapter 09 자료수집 및 검토 153

1. 자료수집 154
2. 관찰조사 158
3. 서베이(survey)조사 161
4. 비체계적조사 164
5. 경험 조사 169
6. 온라인조사(Online Research) 170
7. 수집된 자료의 검토 172
8. 자료의 코딩(coding) 180

Chapter 10 기술 및 상관분석 187

1. 통계분석기법 188
2. 기술통계분석(Descriptive Statistical Analysis) 193
3. 상관분석(Correlation Analysis) 195
4. 단순상관분석(Simple Correlation Analysis) 200
5. 편상관분석(Partial Correlation Analysis) 202
6. 다중상관분석(Multiple Correlation Analysis) 204
7. 정준상관분석(Canonical Correlation Analysis) 205

Chapter 11 평균의 차이 분석 219

1. 개요(槪要) 220
2. 단일모집단의 평균차이 검정 221
3. 상이한 두 모집단의 평균차이 검정 222
4. 동일모집단의 두 표본 평균차이 검정 225
5. 상이한 두 모집단 이상의 평균차이 검정 226
6. 동일모집단의 두 표본 이상 평균차이 검정 237

Chapter 12 회귀분석(Regression Analysis) 247

1. 개요(槪要) 248
2. 단순회귀분석(Simple Regression Analysis) 250
3. 다중회귀분석(Multiple Regression Analysis) 254

4. 더미변수를 이용한 회귀분석(Regression Analysis with Dummy Variables) ·········· 260
5. 조절회귀분석(Regression Analysis with Moderating Variable) ·········· 261
6. 매개회귀분석(Regression Analysis with Intervening Variables) ·········· 267

Chapter 13 요인분석(Factor Analysis) ·········· **283**

1. 개요(概要) ·········· 284
2. 분석절차 ·········· 290

Chapter 14 군집분석(Cluster Analysis) ·········· **315**

1. 개요(概要) ·········· 316
2. 분석 절차 ·········· 318

Chapter 15 판별 및 로지스틱 회귀분석
(Discriminant Analysis and Logistic Regression Analysis) ·········· **337**

1. 판별분석 ·········· 338
2. 로지스틱 회귀분석(Logistic Regression Analysis) ·········· 351

Chapter 16 비모수통계분석(Nonparametric Statistical Analysis) ·········· **363**

1. 개요(概要) ·········· 364
2. 단일표본분석 ·········· 366
3. 관련된 두 개의 표본분석 ·········· 371
4. 독립된 두 개의 표본 분석 ·········· 378
5. 관련된 k개의 표본분석 ·········· 382
6. 독립된 k개의 표본분석 ·········· 388
7. 표본들의 관련성 분석 ·········· 390

핵심 연구방법론

Essentials of Research
Methodology

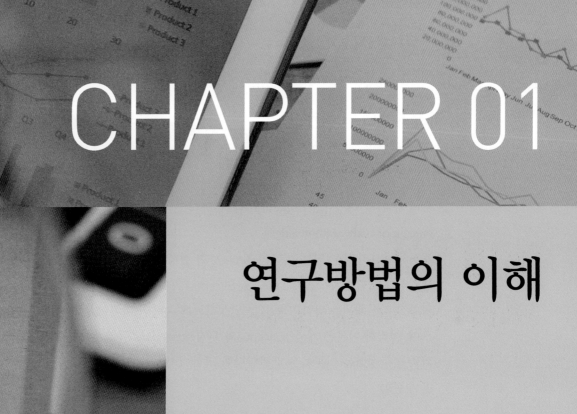

CHAPTER 01

연구방법의 이해

연구방법의 이해

1. 과학의 정의 및 내용

1) 과학

- 우리 주위의 현상(phenomenon)을 이해하고 설명하는데 도움을 주는 지식체계 (system or body of knowledge)
- 지식체계의 대상이 되는 현상은 자연, 사회 현상은 물론 인간의 내면적 현상까지 광범위하게 포함될 수 있음
- 과학적 지식체계는 과학의 목표를 달성하는데 유용한 이론(theory)들로 구성되어 있으며, 이러한 이론은 개념(concepts)과 문장(statements)들로 구성되어 있음[1]
- 과학을 구성하는 이론들은 객관타당한 과학적 방법으로 도출되며 이는 실증적 검정을 수반함

2) 과학의 대상

- 과학은 관찰 가능하고 해결 가능한 문제(solvable problem)를 과학적 방법을 사용하여 이론으로 도출하는 과정으로 이론을 연구대상으로 함
- 이론은 현상의 문제를 이해하고 해결하는데 도움이 되는 내용으로 구성되어 있으며, 현상의 유형에 따라 자연과학/사회과학 또는 더 상세히 구분되어 질 수 있음
- 존재의 이유(Why things exist?) 보다는 현상에 대한 이해와 설명/해석(How or why things happen?) 의 문제를 다룸
- 주관적 견해에 따라 해석이 달라질 수 있는 종교적 판단이나 예술의 세계, 존재에 관한 사유와 같은 철학적 사고 등은 과학의 범위에 속하지 않음

---

[1] 개념과 문장은 이론의 기본 구성단위이며, 복잡한 이론일수록 해당 내용이 여러 문장으로 나타날 수 있고, 이러한 문장은 검정된 가설(연역법)이나 제안된 가설(귀납법)의 형태를 띠게 됨.

3) 지식(앎)의 형성

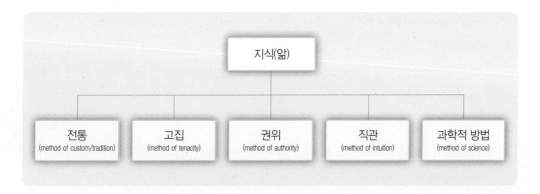

- **전통(method of custom/tradition)**

  현상(phenomenon)에 대한 이해나 설명이 오래 전부터 이루어져 와서 이를 그대로 받아들여 해석함

- **고집(method of tenacity)**

  현상(phenomenon)을 나름대로 이해하고 설명하는 체계를 만들고 이를 주장함

- **권위(method of authority)**

  해당 분야 전문가로서 현상에 대한 이해나 설명을 제시함

- **직관(method of intuition)**

  개인적인 경험이나 사전 지식에 기반하여 현상을 이해, 해석하고 설명함

- **과학적 방법(method of science)**

  객관 타당한(논리적이고 실증적인) 방법에 의해 현상을 이해하고 설명함

4) 직관적 방법의 가능한 오류

부정확한 관찰	연구자의 개인적인 관찰이 부정확한 방법으로 이루어 진 경우
지나친 일반화	대표성이 결여된 제한된 관찰대상에 대한 이해를 무리하게 다른 대상에도 적용하려 하는 경우
선택적 관찰	관찰 대상을 연구자 자신의 기준에 따라 선정하여 대표성이 결여된 경우
자기중심의 현상 이해	주어진 현상을 연구자 자신의 개인적인 의견에 준하여 이해하고자 하는 경우
주관적 판단	주어진 현상에 대한 이해를 연구자 개인의 주관적 판단에 의존하는 경우

5) 과학의 목표

◉ 규칙성(regularity)의 제시
- 주어진 현상에 대한 이해를 돕기 위해 현상을 구성하는 대상들을 특정 기준에 따라 구조적으로 체계화(organizing)하거나 서로 비슷한 대상들로 구분하여 유형화(categorizing)함

◉ 예측(prediction)
- 과거부터 지금까지 주어진 현상에 대한 정보를 바탕으로 향후 나타날 현상에 대하여 설명함

◉ 변수들간 관계 기술(description) 및 설명(explanation)
- 현재 나타나고 있거나 과거에 일어난 상황을 이해하고 설명하는데 도움이 될 수 있는 내용을 주요 개념간 관계를 통해 제시함

◉ 인과 현상에 대한 이해(understanding)
- 어떤 현상이 나타나게 된 이유나 동기를 이해하고 설명함

◉ 현상의 통제(control)
- 주어진 현상의 결과가 나타나게 된 조건을 이해하고 이를 바꿈으로써 결과가 어떻게 달라질 수 있는지를 설명함

◉ 문제의 해결(solving)
- 현상을 통해 나타나는 문제를 해결할 수 있는 처방(diagnosis)을 제시함

6) 과학적 지식의 바람직한 특성(Desirable Characteristics of Scientific Knowledge)

추상성 (Abstractness or Explicitness)	해당 지식의 내용이 시간과 공간을 초월(independence of time & space)하여 적용될 수 있어야 함
상호주관성 (Intersubjectivity)	해당 분야 과학자들 간에 의미나 논리적 추론에 대한 동의(agreement about meaning & logical rigor among relevant scientists)가 이루어져야 함
실증 현상과의 일치성 (correspondence between the theory and the results of empirical research)	해당 지식의 내용을 실증자료를 통해 입증(Empirical relevance)할 수 있어야 함

7) 과학의 특징

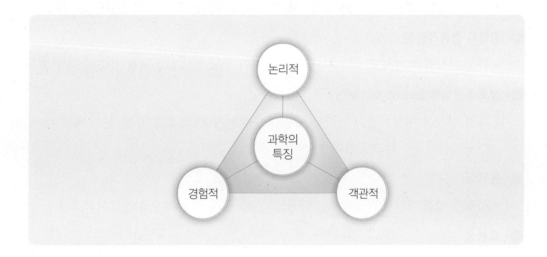

- **논리적(logical)**

  해당 지식(이론)의 도출 근거, 방법, 과정 등에 대한 이해가 합리적임

- **경험적(empirical)**

  해당 지식(이론)이 현상에 적용될 수 있고 현상을 통해 입증 가능함

- **객관적(objective)**

  해당 지식(이론)이 모든 사람에게 공통적으로 이해될 수 있고 비교 가능함

8) 과학적 이론의 특징

논리성

- 객관 타당한 방법(연역/귀납적 방법)에 의해 논리적으로 도출되고 전개됨

일반성

- 이론이 특정 대상에만 적용되지 않고 해당 이론의 적용 범위를 넓혀 일반화할 수 있음

간결성

- 특정 현상을 이해하고 설명하는데 필요한 변수나 이들 간 관계가 복잡하지 않고 단순함

구체성
- 특정 현상에 대하여 가능한 상세하게 설명하고 이해될 수 있도록 함

경험적 검정가능성
- 특정 현상을 이해하고 설명하는 내용(이론)이 실제 자료를 통해서 입증될 수 있음

상호주관성(Intersubjectivity)
- 특정 현상을 이해하고 설명하는 이론을 도출하게 된 과정과 방법, 논리 등에 대해 연구자들이 동의하고 공감함

통제성
- 특정 현상을 이해하고 설명하는 내용(이론)을 통해 해당 현상을 관리하고 조절함

효용성
- 특정 현상을 이해하고 설명하는 내용(이론)을 통해 해당 현상에서 제기되는 문제를 이해하고 해결함

2. 과학적 방법

1) 과학적 방법

과학적 방법 (scientific method) 사용	과학은 지식체계를 구성하는 이론을 산출하기 위해 객관 타당한 과학적 방법(scientific method)을 사용함
추론(reasoning)의 원칙	과학적 방법은 내용을 도출하기 위한 방법과 과정에 있어 객관 타당한 논리에 기반함
실증성(empirical relevance)	과학적 방법은 현상을 통한 실증이 가능하여야 힘
의사소통(communication)의 원칙	과학적 방법의 내용과 과정에 대한 이해가 동일하여 과학자들간 소통(communicate)의 수단이 됨
상호주관적(intersubjectivity)	과학적 방법의 내용과 과정에 대하여 과학자들간 공감대(consensus)가 형성되어 있음

2) 연구방법

- 새로운 이론을 발견하고 창출하기 위한 규칙과 절차
- 연구의 단계와 진행과정에 대한 기준
- 연구 과제의 해결 방법
- 기존 이론을 이해하고 평가하기 위하여 연구자들이 사용하는 기준
- 연구자들간 의사소통의 매개체
- 실증적 검정을 위한 분석방법

3) 연구의 목표

- 과학을 구성하는 이론 구축
- 기존 이론이 설명하지 못한 변수간 관계 설명
- 현상에서 나타나는 문제점 해결
- 현상이 의미하는 시사점 제시
- 새로운 연구방법의 제시
- 기존 연구방법의 새로운 활용 방안 제시

4) 이론

- 현상에 대한 체계적인 이해와 설명
- 관찰에 기반한 현상에 대한 논리적이고 정당화된 주장(justified argument)

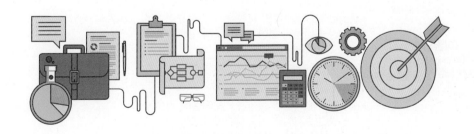

3. 과학적 사고(Scientific Thinking): 과학적 접근법의 논리 체계(연역법/귀납법)

논리적 추론을 통한 과학적 사고의 과정
(The Thought Process of Science through Reasoning)

연역법(Induction)

귀납법(Deduction)

1) 연역법(Deductive Method): 논리적/정량적/분석적/통계적/실증주의

추론된 이론을 현상을 통해 검정 (It moves from the general to the specific!)

• 특징 : 선 가설 → 후 결과

> 가설(Hypothesis) → 조작화(Operationalization) → 관찰(Observations) → 검정(Accept/Reject Hypothesis)

• 과학자가 사전 추론한 가설/이론을 객관적, 실증적 자료를 통해 입증하고 이론을 형성해가는 과정
  사회과학 > 자연과학
• 인과적 연구 > 기술적 연구 > 탐색적 연구
  예 뉴턴: 중력/힘의 사전 가설 → 사과 관찰 → 만유인력법칙 증명

(1) 과학적 연구과정(연역)

이론의 발견(discovery) 과정: 개념화 (conceptualization)	① 연구문제 정의: 현상에 대한 호기심, 관심, 흥미, 문제해결 노력, 기존 지식에 대한 불만/의구심 등에서 시작 ② 연구문제를 구성하는 주요 변수(construct) 정의 ③ 연구문제에 대한 논리적이고 잠정적인 해답(가설, 모형) 설정
이론의 정당화 (justification) 과정: 사전 논리에 대한 경험적 검정	④ 연구 설계: • 연구문제에 대한 과학적 해답을 얻기 위한 조사계획 • 연구 대상의 선정·측정·조사·관찰·분석에 대한 계획 ⑤ 자료 수집 ⑥ 자료 분석 ⑦ 연구결과의 일반화 • 논리에 기반해 설정된 연구가설이 경험(수집된 자료)과 일치하는 경우 • 확인된 지식을 기존 이론체계에 추가 • 이론의 적용 대상과 범위에 대한 시사점 제시

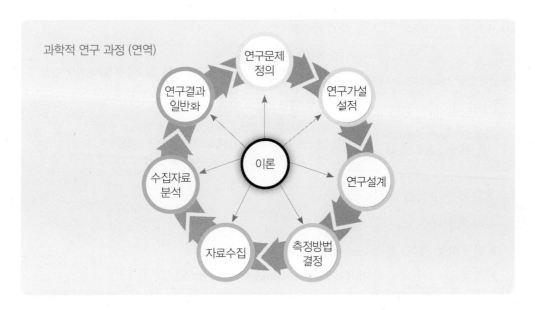

(2) 연역적 연구절차 예시

- 문제 제기
- 기존 문헌 고찰 및 관련 현황 파악
- 개념적 틀(Conceptual Framework) 제시: 연구모형, 가설, 연구과제, 전제(proposition)
- 조사 설계: 표본설계, 측정척도, 자료수집방법, 자료의 정제(data refining)
- 자료의 분석 및 해석
- 결론 및 시사점 도출

2) 귀납법(Inductive Method): 발견적/정성적/참여관찰/서술적/구성주의

하나 또는 몇 개의 특수한 현상에서 일반적 결론 도출 (It moves from the particular to the general!)
- 특징 : 선 관찰 → 후 이론화

관찰(Observations) → 유형/법칙/규칙의 발견(Finding a Pattern) → 잠정적 이론 도출(Tentative Conclusion)

- 과학자가 관찰한 사실을 설명하기 위해 주관성을 배제한 객관적 이론을 형성해 가는 과정
  자연과학 > 사회과학
- 탐색적 연구 > 기술적 연구 > 인과적 연구
  예 뉴턴: 사과 관찰 → 원칙의 발견 → 만유인력법칙으로 이론화

(1) 과학적 연구과정(귀납)

현상 탐구(investigation) 과정	① 연구문제 정의 ② 조사계획의 작성: 조사대상의 선정, 조사도구 및 방법의 결정 ③ 조사·관찰을 통한 탐구 ④ 조사·관찰 내용의 분석(analyzation)
이론화(theorization) 과정: 개념화(conceptualization)	⑤ 연구문제를 구성하는 주요 변수의 발견(invention) ⑥ 연구문제에 대한 논리적이고 잠정적인 해답(가설, 모형)의 제시 ⑦ 연구결과의 일반화: 적용 대상 및 범위

(2) 귀납적 연구절차 예시[2]

- 연구의 시작 (Getting Started)
- 연구대상(사례) 선정 (Selecting Cases)
- 측정 및 조사 도구 준비 (Crafting Instruments and Protocols)
- 현상에 대한 조사 및 관찰 (Entering the Field)
- 수집된 자료 분석 (Analyzing Data)
- 가설 설정을 통한 이론의 구체화 (Shaping Hypotheses)
- 기존 이론과의 비교 고찰 및 타당성 검토 (Enfolding Literature)
- 결과의 일반화를 통한 결론 제시 (Reaching Closure)

귀납적 연구[3]

- UGC(User-Generated-Content) 사이트인 Tripadvisor에서 사례/참여조사(case/netnographic)를 통해 일상화/습관화 되고 있는 관습(practice)을 찾아내고 결론적으로 이를 여행분야에서의 온라인 평판 개념 모델(a conceptual model towards manging online requtation)로 제안함

- 사례/참여조사를 통해 여행자들의 온라인 평판(requtation)을 다음과 같이 유형화(taxonomy)하고 개념화하여 결론적 모델로 제시함
  ① 평판 환경의 인식(Identify the Requtation Landscape)
  ② 시간에 따른 변화 평가(Assess Changes over time)
  ③ 공개 범위와 독자층의 확인(Ascertain publication reach & readership)
  ④ 분야 경쟁자들과의 비교(Compare against industry competitors)
  ⑤ 랭킹 산정방식의 고찰 및 차이 대조(Review & contrast ranking methodologies)
  ⑥ 평판 점수 제고(Increase Requtational Scores)

2) Eisenhardt(1989), Building theories from case study research, Academy of Management Review, 14(4), pp.532-550

3) Baka, V.(2016), The becoming of user-generated reviews: Looking at the past to understand the future of managing reputation in the travel sector, Tourism Management, Vol.53, pp.148-162.

4. 과학의 발전 과정

1) 과학적 태도(Scientific Attitude)

- 상상(Imagination), 직관적 통찰(Intuition), 호기심(Curiosity), 의혹(Suspicion), 번민(Anguish), 열망(Rage to know), 회의(Self-doubt)
- 훌륭한 아이디어가 가장 중요하고 다른 무엇도 이를 대체할 수 없음(There is no substitute for a good idea)
- 호도온 실험(Hawthorne study): 호기심(Curiosity)에 기반하여 작업환경이 좋아지면 생산성이 얼마나 올라갈지를 과학적으로 실험하고자 하였고, 작업환경이 생산성 제고와 무관할 수 있다는 결과가 나오면서, 생산성이 다른 요인에 의해서도 올라갈 수 있음을 알게 되었고, 이는 결국 행태론적 연구(behavioral study)가 경영학의 새로운 경향으로 나타나는 계기를 마련함
- 쿤(Thomas Kuhn)은 과학적 혁명의 구조(The Structure of Scientific Revolution)라는 책을 통해 과학적 이론이 형성되는 방법과 근거 설명

2) 과학의 발전과정

(1) Thomas S. Kuhn(1922–1996)의 과학적 혁명[4]

- Kuhn의 과학적 혁명이론에 있어 가장 중심이 되는 개념은 패러다임(Paradigm), 정상과학(normal science) 및 과학혁명(scientific revolution)임
- 쿤은 과학적 발전이 지식의 축적에 의하여 이루어진다는 전통적 과학관(Popper의 지식성장론)을 부정하면서, 과학의 불연속적 발전을 주장하였고, 과학의 발전이 불연속적인 것은 과학자들의 연구가 기존의 정해진 패러다임의 영향 아래 진행되기 때문이라고 주장하였음
- 쿤의 가장 핵심적인 견해는 이렇게 패러다임이 과학적 혁명을 통해 변동(shift)된다는 것이고, 패러다임은 점진적으로 변화하는 것이 아니라 과학적 혁명 과정에서 기

---

4) Kuhn, Thomas S.(1962), The Structure of Scientific Revolutions, Chicago, Ill. : University of Chicago Press.

존의 패러다임과는 다른 새로운 패러다임이 혁신적으로 등장하게 되며, 이러한 쿤의 과학적 혁명을 통한 과학의 발전과정은 지배적 패러다임의 성립 → 정상과학 → 이변의 누적 → 패러다임의 위기 → 새로운 패러다임 → 갈등 → 수용 → 정상과학 → 위기 → 새로운 패러다임 → 갈등 등의 순환적 관계를 통해 나타나게 됨

- 쿤이 제시한 패러다임이란 어떤 과학계에서 생기는 문제와 해답의 선택, 평가, 비판의 기준을 제시하며, 이에 더 나아가 정당한 설명과 과학의 정의를 지배하는 이론적, 도구적, 방법론적 약속의 네트워크이고, 이러한 패러다임에는 상징적 일반화와 공통된 가치관, 이론평가를 위한 기준, 사회의 모든 구성원이 알고 있는 문제에 대한 해결책의 제시 등이 포함됨

- 정상과학은 패러다임을 정교화하고 패러다임의 경험적 적용가능성을 확장시키며, 정상과학 하에서의 연구는 패러다임으로 확립된 과학자들의 문제해결방식을 기반으로 그것이 제시하는 여러 가지 문제들을 해결해 가는 작업임. 이러한 정상과학은 패러다임에 관하여 기본적으로 보수적이며 가능한 새로운 것을 추구하지 않기 때문에 연구의 능률성을 제고할 수 있게 되고, 이러한 정상과학 하에서의 패러다임은 문제 해결 방식뿐 아니라 해결해야 할 문제와 그 문제해결의 타당성을 평가하는 기준을 제공해 주는 역할을 하게 됨

- 과학혁명이란 기존 패러다임의 교체를 의미함. 패러다임은 정상과학 안에서 적용되는 범주를 확장시키고 정확성을 증대시켜 주지만, 어느 단계에 이르러 패러다임의 기본이론과 모순되는 법칙이 나타나게 되면 정상과학은 위기를 맞게 되고, 이렇게 기존 패러다임의 역할을 전면적으로 부정하게 되는 위기를 맞게 되면 패러다임의 붕괴가 시작됨. 새로운 패러다임이 나타나 위기를 해결하게 되면 과학혁명이 일어나게 되고, 이 새로운 패러다임이 과학자들에게 받아들여지면 과학혁명은 종결되고 새로운 정상과학이 시작됨

(2) Karl R. Popper(1902-1994)의 반증주의[5]

- 과학은 기존의 지식체계에 대한 비평과 반박을 통해 발전(falsification of body of

---

5) Popper, Karl R. (1961), The Logic of Scientific Discovery(New York: Science Editions), p.106.

knowledge)하고, 과학적 명제의 본질적인 특징은 잠재적으로 경험적인 사실에 의해서 반박될 수 있다는 것(requirement of falsifiability)임

- 포퍼가 제시한 반증주의는 문제 해결을 위해 제시된 이론에 대한 엄격한 경험적 검정을 요구하며, 이러한 검정의 목적은 가설의 논박에 있고, 이론에 의한 결과가 반박되면 이론을 기각하는 반증 과정을 거치며, 여기서 반박되지 않고 남아 있게 되는 이론이 과학자들에 의해 채택됨

- 경험과학에 대한 방법론적 규칙을 제안하였고, 과학적 방법론 중 연역적 방법론에 가까우며, 절대적으로 우리가 받아들일 수 있는 이론이 존재한다는 절대론적인 접근이 강하게 내포되어 있음

- 포퍼는 타당한 경험적 방법이란 그 이론이 반증의 가능성을 가지고 있어야 하고, 논리적 실증주의가 주장한 점증적으로 과학적 이론을 확증해 주는 귀납과정은 존재하지 않으며, 일반적인 가설들이 하나의 예외로 반증될 수 있고 연역적으로 도출된 가설이 거짓으로 판명이 되면 이론 자체도 거짓으로 간주될 수 있다고 주장함

- 포퍼는 논리적 경험주의에 내재되어 있는 문제점들을 극복하기 위해 반증주의(falsificationism)를 제시하였으며, 과학의 발전은 기존의 이론과 상충되는 현상을 관찰하는 데에서 출발하게 된다고 보았음

- 반증주의는 문제해결을 위해 제시된 이론에 대해 엄격한 경험적 검정을 하게 되며, 이러한 검정의 목적은 가설의 반박에 있고, 이론이 반박되는 경우에 그 이론은 기각이 되고 이러한 반증에 대항하여 남아 있게 되는 이론이 과학자들(academic society)에게 채택된다고 주장함

핵심 연구방법론

Essentials of Research
Methodology

CHAPTER 02

연구의 유형

연구의 유형

1. 조사설계(Research Design)의 유형

연구를 수행하기 위한 조사설계는 다음과 같이 구분할 수 있음

① 연구문제의 구체화 정도(Degree of Problem Crystallization)

연구문제가 어느 정도 구체적으로 정의될 수 있는지에 따라 탐색적(Exploratory)/ 기술적(Descriptive)/ 인과적(Causal) 조사로 구분될 수 있음

- **탐색적 조사** : 연구문제가 변수간 관계를 통해 구체적으로 정의되기 어렵고 현상의 문제 규명이나 파악 또는 이해를 돕기 위한 형태로 제시됨
- **기술적 조사** : 현상에 대한 자료를 토대로 현상의 특성을 설명하고 규명하는 형태로 연구문제가 제시됨
- **인과적 조사** : 현상에서 나타난 결과의 원인 변수를 규명하고 원인과 결과간 관계를 파악하는 형태로 연구문제가 제시됨

② 시간적 차원(Time Dimension)

연구가 대상으로 하고 있는 시점이 특정한 시점을 기준으로 하고 있는지 아니면 일정한 기간 내에 포함되는 여러 시점을 기준으로 하고 있는지에 따라 횡단(Cross-sectional)와 종단(Longitudinal) 조사로 구분될 수 있음

- **횡단 조사** : 특정한 시점에서의 현상에 대한 이해와 설명을 목적으로 하는 조사
- **종단 조사** : 시계열 조사(time-series analysis)라고도 불리우며 여러 시점에서 나타나는 현상간 비교나 변화를 이해하고 설명하는 조사

③ 자료수집(Data Collection/Communication) 방법

연구를 수행하기 위한 자료를 수집하는 방법에 따라 실제 현상에서 연구 대상이 어떻게 나타나는지를 직접 관찰을 통해 자료를 수집하는 관찰조사와 연구문제를 연구 대상이 어떻게 이해하고 경험했는지를 직접적(면접조사)/간접적(설문조사) 의사소통을 통해 조사하는 서베이조사로 구분할 수 있음

- 관찰(Observational) 조사 : 현상에서 연구대상을 관찰하여 연구문제를 해결하기 위한 자료를 수집함
- 서베이(Survey) 조사 : 연구문제에 대한 연구대상의 이해나 경험을 의사소통방법을 통해 조사함

④ 측정자료의 유형

연구문제를 해결하기 위하여 연구문제에 포함된 변수를 어떤 척도로 측정하는지에 따라 양적/질적 조사로 구분함

- 계량적/양적(Quantitative) 조사 : 연구문제에 포함된 변수를 간격 또는 비율척도로 측정해 자료를 수집하는 조사
- 비계량적/질적(Qualitative) 조사 : 연구문제에 포함된 변수를 명목 또는 서열척도로 측정해 자료를 수집하는 조사

⑤ 변수의 통제(Researcher's Control of Variables)

연구문제에 포함된 변수를 연구자가 자료수집 현장(field)에서 어느 정도 통제하면서 자료를 수집하고 연구를 수행할 수 있는지에 따라 실험(Experiment)조사와 사후(Ex-post Facto)조사로 구분됨

- 실험조사 : 연구자가 실제 자료수집 현장에서 변수를 조작하고 통제해 가면서 연구대상에 대하여 해당 변수를 조작할 때 이에 대한 결과가 어떻게 나타나는지를 측정하는 형태로 자료를 수집하고 연구를 진행함
- 사후조사 : 연구자가 연구문제를 해결하기 위하여 실제 현장에서 변수를 조작·통제하는 대신 연구대상이 해당 변수를 이해하고 경험한 내용에 대해 사후적으로 자료를 수집하고 연구를 진행함

⑥ 연구 환경(Research Environment)

연구를 진행하는 환경이 현상을 통해 연구문제가 나타나는 실제 현장인지 아니면 변수가 조작되고 통제되는 실험실인지, 또는 통계나 수학적인 방법을 통해 인위적으로 변수를 측정하는 자료를 발생(generate)시키는 지에 따라 현장(Field)/실험실(Laboratory)/모의(Simulation) 조사로 구분될 수 있음

- **현장 조사** : 연구문제에 포함된 변수를 실제 현장에서 조사하고 측정하는 연구로 관찰이나 서베이조사 방법을 사용할 수 있음
- **실험실 조사** : 연구문제에 포함된 변수를 측정하고 자료를 수집하기 위해 변수를 조작하고 통제하는 특정한 공간(실험실)을 설정하고 자료를 수집하는 연구
- **모의 조사** : 연구문제에 포함된 변수를 측정하는 자료를 수집하기 위해 해당 변수가 가질 수 있는 값들을 수학적 통계적 방법을 통해 발생시키고 여기서 나타나는 값들을 자료로 수집하여 연구함

⑦ 변수의 수(Number of Variables)

연구문제에 포함된 변수의 수에 따라 단변량(Univariate)/이변량(Bivariate)/다변량 (Multivariate) 조사로 구분됨

- **단변량 조사** : 하나의 변수에 대하여 해당 변수의 특징이나 속성을 조사함
- **이변량 조사** : 두 개 변수에 대하여 해당 변수들간 관계에 대하여 조사함
- **다변량 조사** : 세 개 이상 변수에 대하여 해당 변수들의 관계에 대하여 조사함

2. 연구 유형: 연구 문제의 구체화 정도

1) 탐색적 조사

- 기존연구가 거의 진행되지 않은 새로운 분야에서 연구문제를 제기하고 이를 수행하고자 하는 경우
- 특정한 현상을 설명하는 적절한 이론이 없는 상황에서 현상의 특징을 규명하거나 유형을 구분하고, 규칙성에 근거한 법칙을 발견하고자 하는 경우
- 특정한 현상에서 나타난 문제점이나 이러한 현상을 통해 앞으로 나타날 상황을 파악하고자 하는 경우
- 특정한 현상이 나타나는 이유에 대한 아이디어와 통찰력을 얻기 위한 경우
- 특정한 현상을 설명하는 핵심 변수들을 찾아내고자 하는 경우
- 당면한 의사결정 문제를 보다 명확하게 파악하기 위한 경우
- 예비적으로 실시하는 예비조사(pilot research)의 성격을 가지고 있음
- 가설/모형과 같이 구체적인 연구과제로 표현되기 보다는 일반적인 연구목적이나 전제(proposition)와 같이 대략적인 형태로 연구과제를 제시하게 됨

(1) 문헌조사

- 기존에 발간되어 있는 문헌(2차 자료)을 이용하여 연구문제를 해결하고자 하는 조사
- 정부/공공기관, 협회, 학회, 기업 등에서 발간된 자료 이용
- 오프라인 자료이외에 인터넷상에서 활용할 수 있는 온라인 자료를 포함
- 공공성이 있어 무료로 이용 가능한 자료와 컨설팅회사/공공기관/협회/학회/언론사 등에서 발간/제공하는 유료자료를 포함
- 국가/지역/산업 현황과 같은 거시적인 자료와 고객/관광객들의 특성/행동 관련 미시적 자료를 포함
- 내용분석(content analysis) : 연구문제와 관련하여 기존에 발행/발간된 오프라인/온라인 자료에 제시된 정보(사람들의 의사소통내용 기록 포함)를 수집하고, 연구문제를 해결하는 객관 타당한 자료로 정리/분석하여 연구문제를 해결하고 관련 시사점을 제시하고자 하는 조사
- 빅데이터(big data) 분석 : 최근 여러 분야에서 자료(data)가 포함하는 시공간적 범위의 방대함, 정보 내용의 다양성, 실시간(real-time) 축적(update) 등의 특성을 갖는

빅데이터를 활용하는 추세가 늘어나고 있으며, 이에 따라 기존의 문헌조사에 활용 되는 자료의 범위도 한정된 자료에서 더 나아가 빅데이터로 확장됨

(2) 경험조사(전문가조사)

- 주어진 연구문제와 관련한 전문적 지식과 견해, 경험을 가지고 있는 전문가들을 통하여 자료를 수집하고 필요한 정보를 얻어내는 방법
- 시장이나 구매, 제품사용에 관한 전문가 조사에서는 고객이나 가망고객(prospective customer), 일반대중(public)이 전문가의 역할을 할 수 있음
- 기업의 내부 문제 해결이나 시장, 경쟁관련 전문가 조사에서는 기업 관리자나 종사원들이 전문가가 될 수 있음
- 전문가들을 대상으로 하는 다양한 탐색적 자료수집 방법:
  ▶ 델파이(Delphi)기법
  ▶ 심층면담(In-depth Interview)
  ▶ 초점집단면담(FGI: Focus Group Interview)
  ▶ 소수집단면담(MGI: Mini Group Interview)
  ▶ 초점집단토의(FGD: Focus Group Discussion)
  ▶ 탐구(probing)기법
  ▶ 현상학적 분석(phenomenology)
  ▶ 래더링(laddering)기법
  ▶ 민속지학분석(ethnography)
  ▶ 은유법(metaphor)
  ▶ 투사법(projection)

- 연구문제와 관련해서 가장 적절한 지식과 경험을 가지고 의견을 제시해 줄 수 있는 해당 분야의 최적 전문가를 찾고 이들을 중심으로 전문가 또는 전문가집단을 구성하는 것이 중요함 (조사대상인 전문가 집단을 어떻게 구성하였는지는 나중 조사의 타당성을 제시하고 조사결과를 논리적으로 설득력 있게 제시하는데 있어 중요한 역할을 함)

- 전문가들의 의견을 효과적으로 도출하고 이를 객관타당하게 수렴하여 결론으로 도출하는 조사의 전 과정을 계획하고 수행하는데 있어 조사자의 역할이 중요하고, 이 과정에서 조사자는 사회, 청취, 의견도출, 해석 및 분석 등의 역할을 담당하게 됨

(3) 사례조사

- 연구문제를 해결하기 위해 가장 적절한 사례를 찾아내고 이를 집중적으로 조사 분석하는 방법
- 연구문제와 선정된 사례와의 유사점, 차이점 등을 찾아내어 연구문제를 해결하는데 필요한 상황에 대한 논리적인 유추를 시도함
- 과거에 실제 발생한 사건으로부터 유추하여 현재의 상황을 파악
- 시뮬레이션에 의해 가상적으로 만들어진 사례를 이용하여 분석할 수도 있음

- 사례연구가 필요한 경우
  - ▶ 해당 연구영역이 연구/학문적으로 비구조화(Unstructured) 되어 있을 경우
  - ▶ 특정 사례가 연구자가 해결해야 하는 특정문제(Specific Problem)를 포함하고 있는 경우
  - ▶ 기존 이론을 실제상황(Real Situation)에 직접 적용해 보고 싶은 경우

- 사례연구의 조건
  - ▶ 연구문제 및 연구목표가 명확하게 정의되어야 함
  - ▶ 사례연구의 분석틀 또는 연구를 진행하기 위한 조사 설계가 잘 계획되고 준비되어야 함
  - ▶ 선정된 사례가 적합하고 대표성이 있어야 함
  - ▶ 선정된 사례에 대한 접근(조사)과 자료수집이 가능해야 함
  - ▶ 사례조사를 통해 논리적이고 설득력이 있는 결론의 일반화와 시사점 제시가 가능해야 함

⊙ 사례연구 수행방법 (Eisenhardt, 1989)[1]

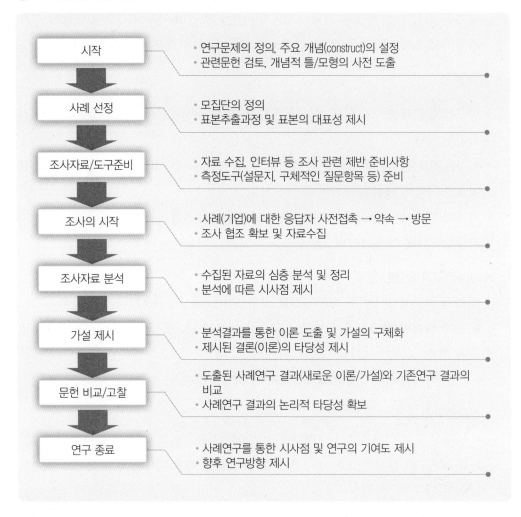

시작	• 연구문제의 정의, 주요 개념(construct)의 설정 • 관련문헌 검토, 개념적 틀/모형의 사전 도출
사례 선정	• 모집단의 정의 • 표본추출과정 및 표본의 대표성 제시
조사자료/도구준비	• 자료 수집, 인터뷰 등 조사 관련 제반 준비사항 • 측정도구(설문지, 구체적인 질문항목 등) 준비
조사의 시작	• 사례(기업)에 대한 응답자 사전접촉 → 약속 → 방문 • 조사 협조 확보 및 자료수집
조사자료 분석	• 수집된 자료의 심층 분석 및 정리 • 분석에 따른 시사점 제시
가설 제시	• 분석결과를 통한 이론 도출 및 가설의 구체화 • 제시된 결론(이론)의 타당성 제시
문헌 비교/고찰	• 도출된 사례연구 결과(새로운 이론/가설)와 기존연구 결과의 비교 • 사례연구 결과의 논리적 타당성 확보
연구 종료	• 사례연구를 통한 시사점 및 연구의 기여도 제시 • 향후 연구방향 제시

⊙ 사례조사 예

- 기념품 쇼핑 경험: 북한에서의 중국관광객 사례조사[2]
- 표본: 북한방문 중국관광객
- 조사방식: 심층면담(In-depth interview)

---

1) Eisenhardt(1989), Building theories from case study research, Academy of Management Review, 14(4), pp.532-550

2) Li & Ryan(2018), Souvenir shopping experiences: A case study of Chinese tourists in North Korea, Tourism Management, 64, pp.142-153.

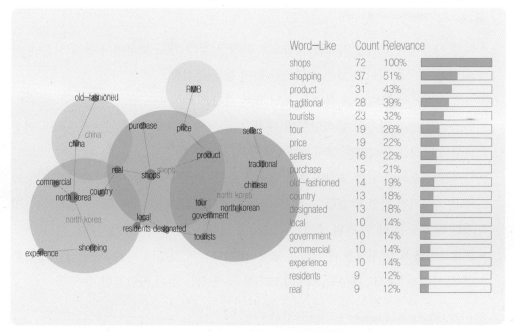

그림 2-1 북한에서의 기념품 쇼핑경험에 관한 개념지도

2) 기술적 조사

- 주어진 현상(수집된 자료)의 특징을 요약하고 정확하게 기술, 묘사하는 것을 목적으로 함

- 개인, 집단, 가족, 조직, 지역사회, 국가 등 연구단위에 따라 다양한 대상의 특징을 기술함

- 특정 현상의 발생빈도, 비율, 분포와 관련 통계값(평균, 분산, 표준편차, 첨도, 왜도 등)을 통하여 자료의 특성을 제시하고, 이를 통해 미래 상황을 예측하고 변수간 상호관계를 파악하기 위해 이용하는 조사

- 나타난 현상과 사실에 대한 특징과 대표적 특성을 요약, 정리함으로써 현상 자체가 포함하고 있는 시사점을 제시하고 이를 통해 연구문제를 해결함

- 연구문제를 해결하는데 활용되기 위해서는 가능한 신뢰도/타당도가 높은 자료를 수집/획득해야 하며, 표본추출에 있어서도 가능한 모집단을 대표하는 대표성이 큰 표본을 확보하는 것이 중요함

(1) 횡단조사(cross-sectional study)

- 특정 시점에서 수집된 자료를 중심으로 특정 시점의 자료 특성이나 특정 시점에 서로 다른 특성을 지니고 있는 집단들간 차이 등을 분석함
- 특정 시점에서 서로 다른 특성을 지닌 표본 집단을 대상으로 함
- 특정 시점에서 다수의 분석단위에 대한 자료를 수집하고 분석하는 연구로써 어떤 현상의 단면을 분석하는 정태적인 성격을 가지고 있음
- 조사를 진행하기 위한 조사기간이 필요할 수 있지만, 조사에 따르는 오류를 최소화하고 조사기간 동안 발생할 수 있는 외생적 영향을 없애기 위해서는 가능한 최단의 기간 내에 또는 단 한 번의 조사로 자료를 수집하는 것이 바람직함
- 표본조사를 통해 자료를 수집하는 경우, 조사대상의 특성에 따라 여러 집단으로 분류/분석해야 하므로 가능한 표본의 크기를 크게 하는 것이 바람직할 수 있음

(2) 종단조사(longitudinal study)

- 시간의 흐름에 따른 조사 대상의 특성 변화를 측정하고 분석하는 조사
- 동일한 현상에 대해 여러 시점에 걸쳐 반복적으로 자료를 수집하고 조사함
- 장기간에 걸친 조사대상의 상황 변화나 경향(trend)을 조사하는 동태적인 성격을 가지고 있음
- 과거, 현재, 미래를 통해 나타나는 특정 현상의 시간적 특성을 파악할 수 있음
- 표본조사의 경우, 조사관리상의 어려움으로 인해 표본의 대표성을 충족시키는 범위 내에서 가능한 표본의 크기가 작은 것이 바람직함
- 대표적인 조사로 패널(panel)조사, 추세(trend)조사, 코호트(cohort) 조사가 있음

① 패널조사

- 동일한 응답자(들)에 대해 서로 다른 시점에서 자료를 수집하는 조사
- 조사대상이 되는 집단을 사전에 구성하고 이들을 대상으로 자료 수집
- 예: 기업이 소비자들을 대표하는 표본을 추출하고 이들을 대상으로 다양한 시점에서 자료를 수집하는 조사

② 추세조사

- 서로 다른 시점에서의 반복 측정을 통해 얻은 시계열 자료를 이용하는 조사
- 서로 다른 시점에서 조사대상의 특성 변화를 조사하며 조사대상이 반드시 동일할 필요는 없지만, 소사 목직에 해당하는 조사대상의 동일한 특징을 대상으로 자료를 수집함

  예 15년(2000-2015) 동안 매년 10대 청소년들의 특정 제품 구매성향에 대한 변화를 파악하기 위한 조사

- 패널조사에 비하여 대규모 표본을 통한 자료 수집이 가능함

③ 코호트조사

- 동일 시점에 특정한 사건을 경험한 대상들에 대해 서로 다른 시점에서 반복측정을 통해 자료를 수집하는 조사
- 추세조사와 마찬가지로 서로 다른 시점의 조사대상이 동일할 필요는 없지만, 조사 목적에 부합하는 사안에 대해 동일한 경험을 한 사람들을 대상으로 함
- 출생 코호트는 5년(1970~75년) 혹은 10년(1940~50년) 사이에 태어난 사람들을 지칭할 때 사용됨
- 사회현상의 변동에 대한 연구에서 중요하게 고려되는 조사로 새로운 사회적 경험을 다른 역사적 상황에서 조사하기 때문에 문화적 가치나 신념, 태도 등의 변화를 분석할 수 있음

  예 베이비 붐 시대에 태어난 사람들을 대상으로 1970/1980/1990/2000/2010년의 시대별 특정 조사과제의 변화 과정을 분석하는 조사

종단 자료의 비교 (Comparison of Longitudinal Data)

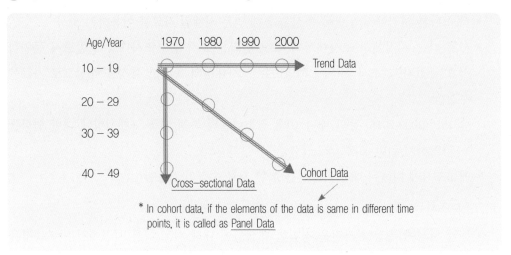

3) 인과적 조사

- 특정 현상을 야기한 원인과 그 결과 사이의 관계에 대한 조사
- 원인이 되는 변수(독립변수)와 결과가 되는 변수(종속변수)간 관계를 연구함
- 원인이 어떠한 결과를 가져오게 됨으로 원인은 결과보다 시간적으로 우선함
- 개방시스템(open system)을 전제로 하는 사회 현상에서는 결과를 발생시키는 원인이 여러 개 존재할 수 있음
- 특정 결과를 가져오는 원인을 규명하기 위해서는 이러한 원인 이외에 결과에 영향을 미칠 수 있는 다른 변수(외생변수: extraneous variable)들의 영향을 배제한 상태에서 원인/결과간 인과관계를 밝힐 수 있어야 함
- 경쟁가설의 배제원칙: 결과변수가 원인이 아닌 제3의 변수(또는 외생 변수)에 의해 설명될 가능성이 없어야 함
- 인과조사를 통해 인과관계를 밝힘으로써 어떤 현상을 설명하고 예측하는 것이 가능해짐
- 가설검정조사: '왜(why) 그런가?', '어떤 과정을 통하여 이런 결과가 도출되었나?' 등 문제의 원인을 묻는 질문에 대한 해답을 제공해주는 조사로 탐색조사나 기술조사 결과를 토대로 어떤 현상이 나타내는 인과관계를 규명하고 검정하고자 할 때 사용됨

(1) 인과관계의 조건

D. Hume[3]	• 원인과 결과간 인접성(contiguity) • 원인의 결과에 대한 시간적 우선성(temporal precedence) • 원인과 결과의 불변적 결합성(constant conjunction)
Collingwood[4]	• 원인은 효과가 발생하도록 동기(motive)를 부여함 • 원인에 의해 발생된 효과는 하나의 사건(event)이고 원인은 그러한 효과를 가져오는 상태(state of things)임 • 원인은 효과보다 선행함
J. S. Mill[5]	• 원인은 결과보다 시간적으로 우선함 (time precedence) • 원인과 결과는 서로 밀접하게 관련되어 있음 (concurrent variation) • 결과는 원인이 되는 변수들만으로 설명되고, 다른 변수들에 의한 설명은 제거되어야 함(control of extraneous variables) • **일치법**: 주어진 현상에 관한 두 개 또는 그 이상의 사례들이 공통된 하나의 조건을 가지고 있을 때 그 조건을 그 현상의 원인 또는 결과로 간주함 • **차이법**: 결과에 영향을 미치는 다른 모든 요인들이 동일하다는 가정 아래, 어떤 특정한 요인이 주어졌을 때 특별한 결과가 발생하고, 주어지지 않았을 때 그 결과가 발생하지 않는다면, 그 특정한 요인이 원인이 됨 • **일치차이병용법**: 어떤 주어진 현상이 증감할 때 다른 현상이 이에 비례적으로 증감하거나 강도가 달라지면 이 두 현상이 인과적으로 연결되어 있다고 간주함 • **잔여법**: (ABCD)가 (abcd)의 원인이 되고, A가 a의 원인이며, B는 b의 원인이고, C는 c의 원인이면, D는 d의 원인이 됨 • **공변법**: (ABC)는 (XYZ)와 동시에 일어나고, (AB+C)는 (XY+Z)와 동시에 일어나며, (AB−C)와 (XY−Z)는 동시에 일어나면, C와 Z는 인과적으로 연결되어 있음

(2) 실험조사

- 독립변수의 조작(manipulation)을 통해서 종속변수의 결과가 어떻게 나타나는지를 파악하는 조사
- 복잡한 사회현상 중 연구목적상 관심이 있는 요소(변수)만을 선별해서 그것들 간의 인과관계를 집중적으로 관찰·분석하는 방법

---

3) Hume, David(1711-1776).

4) Collingwood, R.G. (1940), An Essay on Metaphysics, Oxford, England: Clarendon Press.

5) Mill, John Stuart(1806~1873), quoted in Kaplan, The Conduct of Inquiry, p.16.

- 외생변수의 통제: 독립변수 이외에 종속변수에 영향을 미칠 수 있는 요인(외생변수)들을 통제한 상태에서 순수한 독립변수의 영향 정도를 분석할 수 있음
- 인과관계는 실험(experiment)적 조사를 통해 밝히는 것이 바람직함

3. 자료수집(Data Collection) 방법

(1) 서베이조사

- 조사대상의 생각이나 의견을 언어적 수단을 통해 묻는 조사
- 다수의 응답자를 대상으로 표준화된 설문조사를 통해 자료를 수집하는 방법으로 우편/전화/직접면담/인터넷/모바일 등의 수단을 사용하여 조사함
- 어떤 집단을 대표하는 표본을 통하여 그 집단에 관한 정보를 수집하는 조사로 조사내용이 반영된 구조화되어 있는 설문지나 면접을 통하여 자료를 수집함

(2) 관찰조사

- 특정 현상을 조사자의 눈이나 도구를 이용하여 관찰하는 조사
- 실제 발생하는 사건을 조사자가 현장에서 관찰하거나 녹화할 수 있으며, 발생하는 사건에 개입하거나 함께 참여하여 관찰할 수도 있음
- 관찰자가 시각/청각/후각/촉각/미각 등 오관을 통해 직접 관찰하고 기록할 수 있고, 다양한 기계적 장치나 장비를 이용하여 관찰할 수도 있음

4. 측정자료의 유형

(1) 양적조사

- 계량척도(간격/비율척도)를 통해 측정된 자료를 사용하는 조사로 모수통계분석이 가능함
- 사회현상도 자연현상과 마찬가지로 객관적 수치로 측정하여 계량화할 수 있으며 자연과학적 연구방법을 사회현상 연구에도 적용할 수 있다는 실증주의, 경험주의에 기반을 두고 있음

- 가설검정, 사실확인, 추론지향의 연역적 방법에 사용되며, 연역적 가설을 서베이조사를 통해 수집한 자료로 분석하고 검정함
- 체계적으로 계획된 조사설계에 따라 정해진 변수들에 대한 자료를 수집함
- 연구자는 연구대상을 객관적으로 관찰할 수 있는 존재임:
  조사자나 관찰자로부터 독립된 객관적인 현상이 존재한다고 가정하고 이를 정형화된 측정도구(척도)를 사용하여 조사함

(2) 질적조사

- 비계량척도(명목/서열척도)를 통해 측정된 자료를 사용하는 조사로 비모수통계분석이 가능함
- 사회현상은 자연현상과는 달리 객관적 실체가 아니라 정신능력을 가진 인간들이 만들어낸 함축적인 현상으로 사회현상을 연구하기 위해서는 자연과학적 연구방법과는 다른 고유의 연구방법을 사용해야 한다고 주장한 현상학, 해석학에 기반을 두고 있음 (방법론적 이원론)
- 인간의 생각이나 태도, 신념, 의도 등 계량화되기 어렵고 서술적으로 이해될 수 있는 내용을 관찰이나 해석적 방법을 사용하여 조사함
- 탐색/발견/서술지향의 성격이 강하고 현상 그 자체를 먼저 파악하고 이해하고자 수집된 자료를 근거로 잠정적인 이론에 도달하는 귀납적 과정을 선호함
- 조사자와 조사 대상자들의 주관적인 인지/지각/느낌/생각/해석 등을 모두 가능한 자료로 간주하고, 조사자의 준거틀을 사용하여 분석/해석함
- 조사에 필요한 절차나 단계들을 사전에 엄격하게 결정하지 않으며 상황에 따라 융통성 있게 적절한 방법들을 채택하여 조사함

핵심 연구방법론

Essentials of Research
Methodology

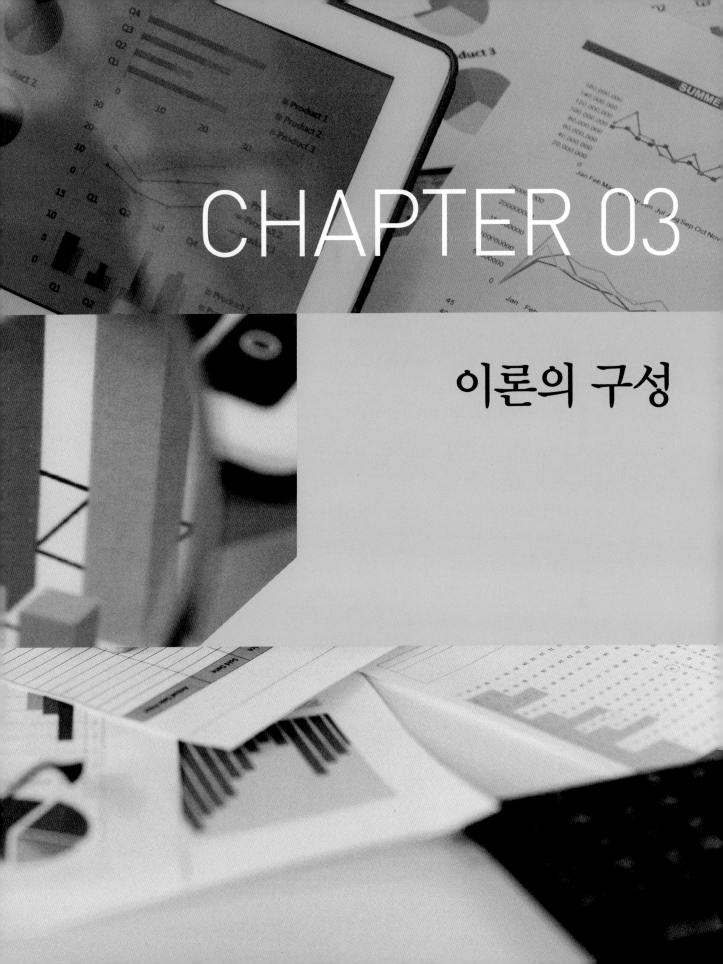

CHAPTER 03

이론의 구성

이론의 구성

1. 이론

(1) 이론(理論)

- 현상(現象)에 대한 체계적인 설명: 우리를 둘러싼 자연 및 사회 현상을 설명하고 예측하는 일련의 진술
- 특정 의미가 부여된 용어인 개념(concept)과 개념간 관계를 통해 표현됨
- 현상을 설명하는 내용으로 경험적으로 검정 가능하고, 일반화가 가능한 체계적 진술
- 현상에 대하여 논리와 관찰의 일치에 기초한 정당화된 주장(justified argument)

(2) 이론의 역할

- 연구의 이론적 배경 제공

  현상을 규명하는 연구와 관련된 논리적 근거와 배경을 제공하고, 연구의 범위와 방향을 제시함

- 현상의 개념화 및 분류

  현상이 나타내는 의미를 개념적으로 정의하고 설명하며 구조적 특성에 따른 분류를 통해 체계화함

- 현상에 대한 요약 및 설명

  현상을 통해 나타나는 내용에 대한 이해와 공감을 위하여 보다 간단히 정리·요약하고 일목요연(一目瞭然)하게 설명함

- 미래 현상의 예측

  앞으로 나타날 현상의 내용을 미리 설명하고 제시함

- 미지(未知)의 현상에 대한 탐구

  기존의 이론적 지식을 토대로 아직 설명되지 못하고 있는 미지의 현상에 대한 탐구를 가능하도록 함

(3) 이론의 구성요소

이론 (理論, Theory)	현상을 체계적으로 설명하고 예측하기 위하여 일련의 개념 및 개념들 간 관계로 표현된 문장으로 상호 연관된 명제들의 집합으로도 정의될 수 있음
명제 (命題, Propisition)	현상에서 나타나는 내용을 하나의 개념이나 일련의 개념들 간 관계를 통해 일반적으로 정의한 문장
가설 (假說, Hypothesis)	현상에서 나타나는 내용을 설명하는 잠정적 진술(眞術)이며 실증적으로 검정 가능한 명제로도 볼 수 있음
개념 (槪念, Concept)	이론을 구성하는 기본 요소이며 일반적으로 이해되고 공감되는 특정한 의미를 부여받은 용어임
변수 (變數, Variable)	조작화된 또는 수치화된 개념으로 해당 개념이 가질 수 있는 속성이 하나가 아닌 여러 개로 나타나고 이를 수치화(numerical matching) 함
가정 (假定, Assumption)	현상에 이론이 적용되기 위한 조건
원형 (原形, Paradigm)	특정 시대에 특정 현상에 대하여 관련 연구자집단이 상호주관적(intersubjective)으로 공유하는 신념이나 가치체계
모형 (模型, Model)	현상을 설명하는 내용을 복잡한 문장으로 제시하지 않고 이해가 쉽도록 표나 그림, 수식 등을 통해 내용과 형식을 단순화, 추상화, 체계화한 것

◖ 이론의 구성

개념(Concept)	변수(Variable)	가설(Hypothesis)	모형(Model)
개념적 정의 조작적 정의	독립변수/종속변수 조절변수/매개변수 외생변수/통제변수	둘 이상의 변수 간의 관계에 대한 추정적 기술	연구변수들 간의 체계적 관계를 표현

2. 개념

(1) 개념(槪念, Concept)의 정의

- 경험할 수 있는 사물(事物)이나 객체(客體, object)가 가지고 있는 공통의 속성을 통해 만들어낸 관념(觀念)에 대하여 사람들 사이에 동의되고 공감대가 형성된 생각

- 어떤 객체가 구체적으로 뜻하는 의미이며 추상적인 존재까지를 포함함

  ▶ 개념은 구체적일 수도 있고 추상적일 수도 있음

  ▶ 관찰된 현상(특정 대상)의 일반적 속성을 나타내는 추상적 용어

  ▶ 지각과 경험을 통해 나온 논리적 구성물로 의사소통을 위해 언어적 기호와 구성을 사용함

  ▶ 개념이 가지고 있는 추상적 수준이 존재한다면 이러한 추상성을 설명하기 위해 구성개념(construct)을 사용함

  ▶ 구성개념(construct):

    주어진 현상을 설명하기 위해 선택되거나 창조된 추상적 개념으로 내용의 복잡성에 따라 단차원 구성개념(unidimensional construct)과 다차원 구성개념(multi-dimensional construct)으로 나눌 수 있음

 구성개념(construct)과 변수(Variable)

- 구성개념은 연구자가 연구문제를 규명하고 정의하기 위하여 제시하는 개념(an idea specifically invented for a given research or theory-building)으로 연구조사에서 사용되는 변수의 기초가 됨
- 변수(variable)란 주어진 현상을 설명하기 위해 구체화된 구성개념이 조작적 정의를 통해 측정이 가능한 상태로 된 것을 의미함
- 변수는 현상이 가지는 속성으로 속성이 가지는 값에 계량적 수치를 부여할 수 있음
- 일례로, 사람의 지적능력(intelligence)을 측정하기 위해 IQ 점수를 사용한다면 지적능력은 구성개념, IQ 점수는 변수가 될 수 있으며, 이 때 IQ 점수는 지적 능력을 측정하는 한 가지 방법으로 사용될 수 있지만 항상 지적 능력을 측정하는 방법이라고 볼 수는 없음(변수는 구성개념을 측정하는 여러 방법 중 하나이며 연구자는 항상 연구목적과 구성개념에 맞는 측정방법을 사용하도록 해야 함)
- 과학적 연구는 이론적인 단계(theoretical plane)와 실증적인 단계(empirical plane)를 거쳐 진행되며 구성개념(construct)은 이론적 단계를 거쳐 개념화(conceptualize) 되고 변수(variable)는 실증단계에서 조작화(operationalize) 과정을 거치게 됨

(2) 개념의 기능

- **이론을 구성하는 기초단위**

  개념은 이론을 구성하는 가장 기본적인 요소이며, 이론은 연구문제와 가설 형성의 기초가 됨

- 의사전달의 매체

  과학적 조사에서 연구자들 간의 의사소통과 사유(思惟)의 기반을 제공함

- 인식하는 바의 추상화(an abstraction representing phenomena)

  ▶ 경험적 현상을 이해하는 방법과 관점을 제시함

  ▶ 감각 기관에 의한 인지(認知)가 어려운 현상에 대하여 공통의 공감대가 형성된 의미 전달

- 분류와 일반화의 수단

  ▶ 복잡한 현상을 이해하기 쉽도록 분류하고 규칙성을 띠는 현상을 일반화하는 수단이 됨

  ▶ 다양한 사회현상이나 경험의 차이를 분류하고 구조화하여 일반화하는 수단이 됨

- 이론 구축 및 지식의 축적

  과학적 지식이 논리적 연관성을 통하여 체계적인 구조를 가질 수 있도록 함

- 변수 규정

  현상이 제기하는 문제를 특정화시키는 주요 변수를 제시함으로써 연구 문제를 명백하게 해주고 측정 가능하도록 함

(3) 개념의 조건

한정성 (determinacy)	어떤 현상의 특정 측면을 모호하지 않고 명확하게 나타낼 수 있어야 함
통일성(uniformity)	개념 전달에서 있어 연구자간 동일한 의미를 가지도록 공감대가 형성되어 있어야 함
추상성 (abstractness)	개념이 나타내는 범위가 일반화될 수 있는지를 의미하며, 한정성과의 적절한 균형이 필요함
체계성(systematic)	다른 개념이나 대상과의 관계에 있어 적절하고 충분한 의미를 부여할 수 있어야 함

(4) 개념화(conceptualization)의 제한 요인

- 경험적 공유(shared experience)가 없는 경우 정확한 의미 전달이 어려울 수 있음
- 하나의 용어가 두 개 이상의 사실을 의미하는 경우
- 복수의 용어가 하나의 현상이나 사실을 의미하는 경우

- 준거틀(frame of reference)의 차이가 있는 경우
  - ▶ 사물을 관찰할 때 사용되는 지식/사상/관심의 총체적 사고인 준거틀과 다를 경우
- 적용되는 시간/장소가 다를 경우
  - ▶ 현상을 설명하기 위해 사용되는 개념의 적용 시간과 장소가 동일하지 않을 경우
- 실제화의 오류(fallacy of reification)
  - ▶ 추상적 용어를 사용하여 실제 경험할 수 있는 현상이 존재하지 않거나 연계가 어려운 경우
- 용어의 표준화가 어려운 경우
  - ▶ 동일한 내용에 대하여 서로 다른 용어를 사용하는 경우

(5) 개념의 한정

- 연구자간에는 개념을 매개로 의사 전달이 이루어지므로, 조사에 사용되는 용어는 그 개념을 한정시켜 명확하게 밝힘으로써 개념의 정확한 전달을 방해하는 요인들을 제거해야 함
- 일반적으로 통용되는 개념(concept)의 경우 구성개념(construct)에 비하여 추상성이 적고 구체적이기 때문에 이러한 한정 노력이 적은 반면 구성개념은 추상적이기 때문에 혼동을 줄이기 위해 내용을 명확하게 정의하는 것이 중요함
- 구성개념은 개념적/사전적 정의(conceptual/dictionary definition)와 조작적 정의(operational definition)로 정의될 수 있음

 개념적/사전적 정의(conceptual dictionary definition)

- 추상적 개념을 이해하는데 있어 혼동과 불일치를 막기 위해 해당 개념의 의미를 명확하게 정의할 필요가 있음
- 정의되는 대상의 뚜렷한 특성이나 성질을 나타내도록 해야 함
- 가능한 모호하지 않고 명백한 용어로 정의해야 함
- 개념적 정의를 위해 연관된 다른 개념이 사용되고 이 개념들에 대한 정의가 다시 이루어질 수 있음
- 다른 개념의 사용 : 원초적 용어와 파생적 용어를 사용하여 정의
  - ⊘ **원초적 용어(primitive terms)** : 다른 개념들에 의하여 정의할 수 없는 용어로서 그 의미에 대하여 일반적인 공감대가 형성되어 동의(shared agreement)가 이루어져 있는 용어

⊛ **파생적 용어(derived terms)** : 원초적 용어를 사용하여 정의되는 용어
  개념적 정의는 옳고 그름의 판단보다는 의사소통의 효과성/유용성에 대한 판단이 중요함

- 개념적 정의 방법
  ⊛ 정의의 대상이 되는 속성을 명확하게 설명할 수 있어야 함
  ⊛ 개념과 유사한 내용을 정의에 다시 포함시키는 순환적 정의를 피해야 함
  ⊛ 가능한 긍정적인 방향으로 정의하도록 해야 함
  ⊛ 연구자간 또는 범사회적으로 논란이 없는 명확한 용어로 정의함
    예 "고객 만족도" → "상품/서비스의 구매/소비에 바탕을 둔 총체적인 평가로써 고객이
      해당 상품/서비스를 구매/소비하여 경험한 대가에 대해 충분히 보상되었다고 인지하
      는 정도[1]

 조작적 정의(operational definition)

- 개념에 대한 경험적 해석과 실증이 가능하도록 정의하는 방법 : 조작적 정의는 개념에 경험
  적 의미를 부여함
- 개념을 관찰/측정 가능한 용어로 객관화 시켜 표현하는 방법
- 조작의 범위: 조사 목적을 달성할 수 있는 정도의 조작이 필요함
- 추상적 용어의 조작화는 이들을 나타내주는 지표(indicator)를 사용할 수 있음(지적 능력: IQ)
- 사회 현상의 경우 주관적/심리적 현상이 많아 표준화하기 어렵고 객관적인 측정도구 사용에
  제한이 있을 수 있음
- 객관성이나 관찰 가능한 경험이 중요하므로 이론체계 내에서 가지는 의미에 있어서는 제한
  적일 수 있음
- **개념적/조작적 정의간 일치: 타당도**
  ⊛ 조작적 정의로 개념을 완전히 설명/대변하기는 어려우며 때문에 일치 정도를 측정하는
    데에도 어려움이 있을 수 있고 이러한 일치 수준(타당도)을 가능한 제고하는 것이 사회과
    학 전반의 과제라고 볼 수 있음

---

1) Anderson et al.(1994). Customer satisfaction, market share, & profitability, Findings from Swede. Journal of Marketing, 58(3), pp.53-66.

3. 변수

(1) 변수(變數, Variable)

- 조작화(수치화: alphanumeric)된 개념
- 대상(현상)이 가지는 속성을 나타내는 개념
- 자체 조작화된 개념(self-operationalized concept)
  별도의 조작적 정의가 없어도 수치화를 통한 변수화가 가능한 개념 (예: 신장/체중/연령/소득)

(2) 변수의 유형: 이론구성에서의 역할

독립변수 (independent variable)	선행변수(antecedent variable) 또는 예측변수(predictor variable)로도 불리우며 종속변수에 영향을 미치고 종속변수의 분산을 설명해주는 변수
종속변수 (dependent variable)	예측된 변수(predicted variable) 또는 내생변수(endogenous variable)로도 불리우며 연구자의 주 관심이 되는 변수로 연구자는 연구 결과를 통해 종속변수의 변화를 설명하고 예측하려 함
조절변수 (moderating variable)	독립변수와 종속변수간 관계에 강하면서도 불확정적인 영향을 미치는 변수
매개변수 (intervening/mediating variable)	독립변수의 영향을 받아 다시 이를 토대로 종속변수에 영향을 미치게 되는 변수(종속변수에 영향을 미치기 위해서 독립변수가 작용하는 시점과 독립변수가 종속변수에 영향을 미치는 시점의 중간에 나타나는 변수)
외생변수 (exogenous variable)	연구이론에 포함되지는 않지만 이론을 구성하는 변수(독립/조절/매개/종속)간 관계에 영향을 미칠 수 있는 변수(제거/균형화/상쇄/ 무작위화를 통해 통제)
통제변수 (control variable)	독립변수의 종속변수에 대한 영향력을 정확히 규명하기 위해 통제되는 외생변수(독립변수와 종속변수 사이의 보다 명확한 관계를 조사하기 위해 통제하는 변수)

변수 유형 사례: 매개/조절변수

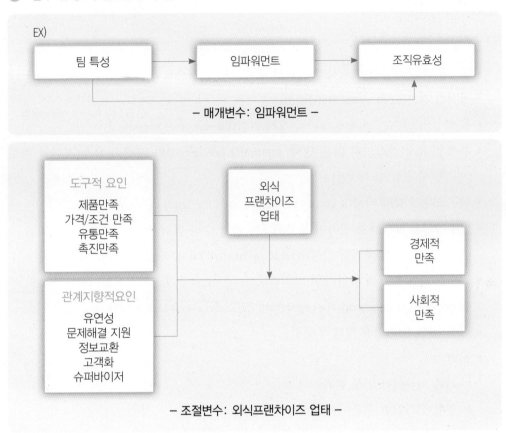

노모로지컬 네트워크(nomological network)

독립/종속/조절/매개변수 등을 사용하여 개념상호간의 관계를 체계적인 이론적 모델로 구축하고 시각화함

(3) 변수의 유형: 변수 수치(값)

- 연속변수(continuous variable): 특정범위 내에서 최소한 서열화할 수 있는 변수(서열/등간/비율척도)
- 범주변수(categorical variable): 양적 대소 구별이 없고 수치화가 불가능하여 부호화를 통해 범주화한 변수(명목척도)로 이범주(dichotomous)/다범주(polytomous)변수가 있음

4. 모형 및 가설

(1) 가설(假說, Hypothesis)

- 연구문제를 경험적인 조사가 가능한 형태로 논리적으로 정리한 연구문제에 대한 잠정적인 결론(Conjectural Statement)
- 둘 이상의 변수간 관계에 대한 추정적 기술(Presumptive Statement)
- 추측적 요소(검정되지 않은 명제: argument not tested)와 경험적 요소(경험적 검정이 가능해야 함)를 내포함
- 연구조사의 방향 제시(It guides the direction of the study)
- 연구목적을 달성하기 위하여 포함되어야 할 변수의 범위 제시:
  측정과 자료수집의 범위 결정(It limits what shall be studied and what shall not)
- 변수간 체계적 관계를 나타냄
  (It provides a framework for organizing the conclusions that result)
- 형식: 선언적/가정적 형태의 문장
- 원천:
  - ▶ 기존 이론이나 연구 결과
  - ▶ 경험에 기반한 직관이나 영감
  - ▶ 일반적으로 통용되는 사고/상식/논리

① 가설의 조건

개념적 명백성	조작적 정의가 가능하고, 의미의 수용/전달이 가능해야 함
경험적 검정 가능 (empirical relevance)	계량화를 통한 실증자료 측정이 가능해야 함
특정성(specification)	변수와 변수간 관계를 명확히 하고 표현이 논리적으로 간단 명료해야 함
기존 이론 체계와의 비교 가능	동일 연구 분야의 다른 가설이나 이론과 연관이 있어야 함
문제 해결	현상이 제기하는 문제(연구문제) 해결에 도움이 되어야 함
연구 방향	연구/탐구 의욕을 촉진하고 조사의 방향을 결정해야 함
적용 범위	일반화와 한정성의 적절한 조화를 이루어야 함

단순성	연구목적을 달성하는 수준에서 가능한 최소의 변수를 포함하도록 하여 내용을 간단히 나타내야 함
가치 중립성	객관적이고 기술적인 형태를 띠어야 함 (—— 일 것이다. —— 할 것이다. —— 될 것이다.)

② 가설의 유용성

- 사회현상의 잠재적 의미를 찾아내고 현상에 패턴을 부여함
- 연구에 대한 자극으로 새로운 연구문제를 도출해 냄
- 경험적 검정의 절차를 시사함:
  가설 형성과정에서 필요한 체계적인 사고를 통해 검정절차를 제시함
- 문제해결에 필요한 관찰과 조사의 적정성을 판단하도록 함
- 연구문제의 해결을 위해 관련된 지식들을 서로 연결해 줌

③ 바람직한 가설(Good Hypothesis)

- 연구목적을 달성하는데 적절한 가설(adequate for its purpose)
- 실증적으로 검정 가능한 가설(testable)
- 기존의 연관된 다른 가설/이론이 제시하지 못하는 부분을 설명하는 가설(better than its rivals)

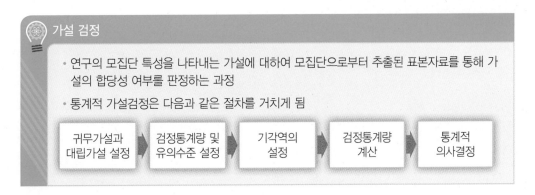

가설 검정

- 연구의 모집단 특성을 나타내는 가설에 대하여 모집단으로부터 추출된 표본자료를 통해 가설의 합당성 여부를 판정하는 과정
- 통계적 가설검정은 다음과 같은 절차를 거치게 됨

귀무가설과 대립가설 설정 → 검정통계량 및 유의수준 설정 → 기각역의 설정 → 검정통계량 계산 → 통계적 의사결정

(2) 모형(模型, Model): 연구 Framework

- 연구문제를 해결하기 위해 포함된 변수들의 체계적 관계를 일목요연하게 표현
- 연구의 범위 및 초점을 구체화

- 특정 현상을 설명하기 위한 분석틀(a representation of a system that is constructed to study some aspect of that system or the system as a whole)
- 설명적 표현을 목적으로 하는 가설/이론에 비해 요약/정리를 목적으로 함(It's role is not explanation but representation.)
- 연구초점을 개념적으로 나타냄(Conceptual Representation by Graphical Model):
  ▶ 도형/수학식/그림 등을 통해 표현됨
  ▶ 변수간 연관성을 나타내기 위해 흐름도(flowchart) 형태를 띠게 됨

핵심 연구방법론

Essentials of Research
Methodology

CHAPTER 04

연구 과정

연구 과정

1. 연구의 시작 : 이론의 발견

연구 아이디어를 구상하고 연구주제를 선정하며 이를 연구과제로 정의하고 연구가설/모형으로 표현·제시함

① 연구의 동기

연구가 시작되기 위해서는 다음과 같은 연구 동기가 필요할 수 있음

흥미/관심(interest)	특정 현상에 대한 관심
의문(question)	특정 현상이 왜 어떻게 나타나는지에 대한 의문
탐구(inquiry)	특정 현상에 대해 보다 많은 지식을 갖고 싶은 경우
의심(suspicion)	특정 현상을 이해하고 설명하는 방식에 대한 의구심
구상(構想/imagination)	특정 현상에 대한 설명 및 해석을 생각하는 경우
통찰(intuition)	특정 현상에 대하여 사전 지식이나 경험을 토대로 한 이해가 있는 경우
호기심(curiosity)	특정 현상이 제기하는 문제에 대하여 더 깊이 알고자 하는 마음
번민(anguish)	특정 현상이 제기하는 문제에 대한 고민
열망(rage to know)	특정 현상에 대해 알고자 하는 열정
자기의혹(self-doubt)	특정 현상에 대한 자기 지식/확신의 부정

호오도온(Hawthorne) 실험

- 하버드 대학교 심리학자 메이요(G.E. Mayo)와 경영학자 뢰슬리스버거(F.J. Roethlisberger)에 의해 수행된 실험으로 미국 Western Electric Company의 시카고 근교 호손 공장(Hawthorne Works)에서 당시 과학적 경영을 주창한 테일러(F. Taylor)의 이론에 따라 생산노동자에 대한 물리적/물질적 보상이 생산성을 증대시키는지를 알아본 실험
- 이러한 실험의 일환으로 조명을 밝게 한 좋은 근무조건에서 일하는 노동자와 그렇지 못한 조건에서 일하는 노동자의 생산성 차이를 보고자 하였으나 당시 피실험자였던

호손 공장의 노동자들은 자신들이 실험의 대상이 되었다는 사실을 알고 좋지 못한 조건의 노동자들도 열심히 일해서 자신들의 행동을 변화시킴으로써 물질적 요인의 향상이 반드시 노동자의 생산성을 증대시켜주는 것은 아니라는 결론을 내리게 됨

- 인간의 시회적 신리적 요인이 생산성에 큰 영향을 미칠 수 있음을 간파하고 이를 토대로 과학적 관리론의 한계를 보완하는 인간관계론이 대두되기 시작하었으며, 걸국 연구자(들)의 의혹으로 시작한 실험이 당시 경영학의 사조(思潮)를 과학적 경영(scientific management)에서 행동론적 경영(behavioral management)으로 뒤바꾸는 지대한 영향을 가져오게 되었음

창의성(ingenuity)

- 과학의 발전에 관한 역사적/철학적 해석을 제시한 저서인 "과학 혁명의 구조(The Sturcture of Scientific Revolution)"를 통하여 쿤(T. Kuhn)은 연구를 통하여 제시되는 이론을 해당 이론이 가지는 창의성(ingenuity)과 독창성(originality), 영향력(impact)이 큰 정도에 따라 쿤패러다임(Kuhn's Paradigm)/패러다임(Paradigm)/패러다임변형(Paradigm Variation) 등으로 구분함
- 이 중에서 가장 창의적이고 탁월한 이론을 쿤패러다임(Kuhn's Paradigm)으로 명명하였으며, 과학의 발전은 연관된 부수적인 이론들(paradigm, paradigm variation)들을 수반하는 이러한 뛰어난 이론(Kuhn's paradigm)에 의하여 주도될 수 있음을 주장함
- 이는 연구의 시작 단계에서 모든 연구자들은 자신들이 생각하는 연구의 아이디어가 얼마나 독창적(unique)이고 창의적(ingenuous)이며 문제를 해결할 수 있는 영향력이 큰지(influential)를 고려해야 함을 일깨워줌

② 연구 분야(Research Area)의 선택

- 연구자 본인의 관심 분야(interested area)
- 연구자의 기존지식이나 경험과 관련된 분야(existing knowledge and experience)
- 연구 시점에서 중요성이 부각되는 연구영역(evolving issues)
- 본인의 희망/진로/경력개발과 관련된 분야(career developing issues)

③ 연구 주제(Research Topic)의 선정

- 연구자가 흥미/관심을 느끼는 주제

- 관련 경험/사전지식이 많은 주제
- 관련 이론적 배경을 이해하고 있는 주제
- 관련 회의(세미나/콘퍼런스/포럼/자문회/토론회 등)에서 제기되는 주제
- 중요한 시사점이 있지만 이론적으로 해결되지 않은 주제
- 아직 연구되지 않은 주제

◑ 호텔관광분야 주요저널의 연구논문 주제[1]

Subject	1987-1991	1992-1996	1997-2001	2002-2006	2007-2011	2012-2016
CB			1	1	1	21
E&F	1	3	2	2	7	14
ENV			1		2	7
HRM					4	5
METH				2	2	8
MIS/IT				1	3	5
MKT			1	3	7	11
ORM					2	4
REGN			1		6	11
STM				1		4
THEO					1	2
TOUR_SEC					4	8
TREND		1	1		3	7

Note: CB = Customer behavior; E&F = Economics and finance; ENV = Environment; HRM = Human resource management; METH = Methodology; MIS/IT = Information system; MKT = Marketing; ORM = Operation and management; REGN = Region specific; STM = Strategic management; THEO = Theoretical frame; TOUR_SEC = Tourism section; TREND = General trends.

④ 연구 주제의 원천(Source)

- 기존 이론/연구/문헌(existing literature)
  ▶ 기존 연구/문헌에서 제시된 아이디어
  ▶ 기존 연구의 한계
  ▶ 기존 연구에서 제시된 시사점/제언
  ▶ 기존 연구들에서 제시된 연구결과들 간의 불일치
  ▶ 기존 연구들에서 제시된 개념적 틀의 재구성

---

1) Kim et al.(2018). Review of reviews: A systematic analysis of review papers in the hospitality and tourism literature, International Journal of Hospitality Management, 70, pp.49-58.

▶ 기존 연구들에서 다루지 못한 미비한 영역

▶ 기존의 이론체계(Existing Theoretical System)를 특정 상황에 맞도록 적용

▶ 기존 이론의 수정(변형/세분화/보완/반박)

▶ 기존의 이론에 근거한 새로운 이론의 연역적 도출

- **연구자의 실제적 경험(experience)/관찰(investigation)**

  ▶ 특정 분야/상황/사례에 대한 관찰 및 경험

  ▶ 특정 현상/상황이 야기하는 문제에 대한 인식

  ▶ 특정 현상/상황으로부터 나타난 결과에 대한 원인 규명

  ▶ 특정 현상/상황으로부터 결과 예측

⑤ 연구문제(Research Problem/Question)의 평가기준

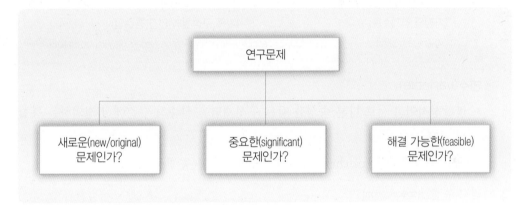

2. 연구의 구체화

(1) 이론의 형성

① 개념화(conceptualization)

- 의미가 불명확한 구성개념(construct)을 보다 간결하고 명확한 용어로 정의하고 설명하는 인지/지각적 과정

- 사회과학의 많은 구성개념들의 의미가 모호하고 불분명한 특성으로 인해 연구를 진행해 나가는데 있어 개념화 과정이 매우 중요함

- 보다 명확한 관련 용어들을 사용해서 원용어를 정의하는 사전식 접근과 비슷해서 사전식 정의(dictionary definition)이라고도 함

② 구체화(reification)

- 구성개념(construct)에 대한 개념적 정의와 이를 측정 가능한 측정변수로 정의하는 조작적 정의를 통해 연구자가 연구하고자 하는 연구 내용을 실증(empirical validation) 가능한 연구과제로 나타냄
- 조작화(operationalization)/조작적 정의(operational definition)
  구성개념(construct)을 실증 자료로 측정하는 지표(indicator) 또는 항목(item)을 개발하고 정의하는 과정

예:	구성개념		조작화
	(가정의 경제수준)	→	(가족 구성원의 연간 총수입)
	(Service Quality)	→	(SERVQUAL : Tangibles/Reliability/Responsiveness/Assurance/Empathy)[2][3]

- 변수(variable)
  - ▶ 불확정적이고 서로 다른 속성을 갖는 구성개념을 실증적 수준에서 정의하는 통합된 지표
  - ▶ 해당 속성에 대응(matching)하는 숫자(number)를 통해 정의함

③ 연역적 구체화(specification)

- 연구의 시작 단계에서 초기 아이디어를 이후 연구 가능한 연구주제/연구문제/가설로 구체화함(The process through which we specify what we mean when we use particular terms in research)
- 아무리 좋은 연구 아이디어라도 이를 연구 가능한 형태로 구체화시키지 못하면 연구를 시작해서 진행하고 완성하기 어려움

---

2) Parasuraman, A., Zeithaml, A.V., & Berry, L.L. (1985). "A Conceptual Model of Service Quality and its Implication for Future Research", Journal of Marketing, 49: 41-50.
   Parasuraman, A., Zeithaml, A.V., & Berry, L.L. (1988). "SERVQUAL: A Multiple-item Scale for Measuring Consumer Perceptions of Service Qualtiy", Journal of Retailing, 64(1): 12-40.
3) 이후 5가지 사항을 추가하여 조정됨 (Tangibles/Reliability/Responsiveness/Competence/Courtesy/Credibility/Feel Secure/Access/Communication/Understanding the Customer)

- 연구의 시간/공간적 범위와 초점을 명확히 함
- 실증 가능한 개념(concept)/구성개념(construct)을 선정하고 이를 변수화(defining variable)함
- 연구가설(research hypothesis):

  초기 연구 아이디어를 실증 가능한 변수간 관계를 통해 표현한 문장

(2) 연구의 구체화 사례

① 사례 1

- 의문/관심(Question/Interest)

  사회적으로 청소년 비행이 왜 나타날까? (Why there is juvenile delinquency?)

- 구체화(Specification)

  평소 가정교육을 제대로 받지 못하는 환경이 비행 청소년을 만들지 않을까?

- 개념/변수화(Theoretical expectation)

  ▷ 가정교육: 부모와 자녀간 대화빈도, 부모의 교육수준, 부모간 알력(충돌)빈도

  ▷ 청소년비행: 환각제사용 빈도, 흡연빈도, 음주빈도, 폭력빈도

- 가설(Testable hypothesis)

  가정교육이 좋지 않은 환경에서 자라난 청소년이 좋은 환경에서 자라난 청소년보다 비행을 더 많이 저지를 것이다.

② 사례 2[4]

- 의문/관심(Question/Interest)

  호텔종사원의 개인 능력은 호텔 성과에 어떠한 영향을 미칠까?

- 배경(Background)

  ▷ 호텔조직은 직무에 적합하고 서비스의 특성과 중요성을 잘 인식하고 있는 직원이 필요하다.[5]

---

4) 강금숙(2015), 호텔종사원의 다중지능이 역할기반성과에 미치는 영향, 세종대학교 대학원 박사학위논문

5) Cumming, E.A.(2005), An Investigation into the Relationship between Emotional Intelligence and Workplace Performance, MA Thesis, Lincoln University.

▶ 호텔 조직성과를 결정짓는 것은 종사원 개인의 다차원적인 능력과 감성조절이다.[6]

▶ 다중지능(Multiple Intelligences)은 지능(IQ)과 역량(Competency)을 포괄하는 종합적이고 다차원적인 능력을 나타내며, 인간은 적절한 환경적인 조건에 의하여 "6가지 지능"이 발달할 가능성이 있다.[7]

▶ 기업의 성과를 내기 위해서는 직무를 잘 수행할 수 있는 능력을 갖춘 직원을 채용해야 한다.[8]

● 개념/변수화(Theoretical expectation)

▶ 호텔직원의 다중지능과 호텔조직의 성과 간 관계

▶ 호텔직원의 다중지능과 호텔조직의 성과 간 관계에 있어 직무특성의 역할

▶ 호텔 조직의 직무성과를 훌륭히 이루어내는 직원의 다중지능 수준

● 가설(Testable hypothesis)

▶ 호텔직원의 다중지능은 그들의 역할기반성과에 유의한 영향을 미칠 것이다.

▶ 호텔직원의 직무특성에 따라 호텔직원의 다중지능이 역할기반성과에 미치는 영향은 다르게 나타날 것이다.

● 연구모형(research model)

그림 4-1 참조

③ 사례 3[9]

● 의문/관심(Question/Interest)

호텔에 진열된 예술품이 고객의 호텔 방문에 영향을 미칠 수 있을까?

● 개념/변수화(Theoretical expectation)

▶ 예술품을 어떻게 정의하고 나타낼까?

• 아트워크(artwork) 유형? → 예술적 아트워크(그림/조각/사진?) / 장식적 아트워크(인테리어/소품?)

---

6) Tsui, P.L., Lin, Y.S., and Yu, T.H.(2013), The Influence of Psychological Contract and Organizational Commitment on Hospitality Employee Performance, Social Behavior and Personality, 41(3), 443-452.

7) Gardner, H.(1999), Intelligence Reframed: Multiple Intelligences for the 2lst Century, N.Y. Basic Books.

8) 문용린外(2007), 개인의 역량 측정을 위한 다중지능 하위요소의 재분석, 교육심리연구, 21(2), 283-309.

9) 장호욱(2005), 호텔의 아트워크 특성이 호텔의 지각성과에 미치는 영향, 세종대학교 대학원 박사학위 논문

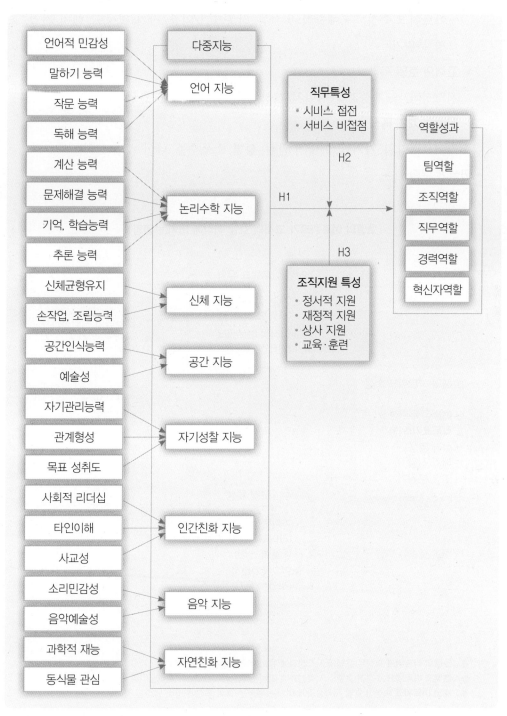

그림 4-1

- 아트워크 속성? → 예술적 우수성, 작품크기/외향, 작가 명성도, 배치/진열, 조명/분위기?

▶ **고객의 호텔 지각**

지각성과? → 개성지각(이미지/개성), 선호지각(선호도/충성도)?

▶ **고객의 개인 특성**

라이프스타일, 가치관, 예술적 관심, 성별, 소득수준, 나이

● **가설 & 모형**

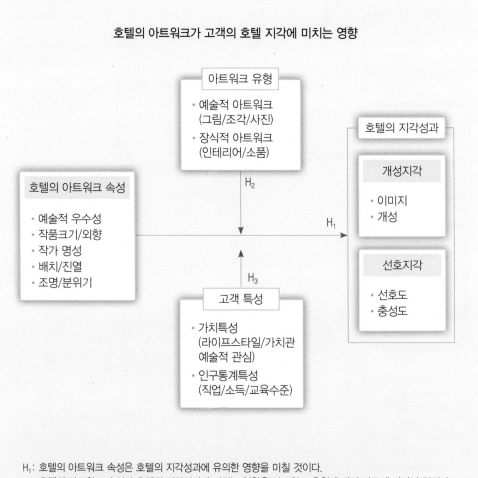

호텔의 아트워크가 고객의 호텔 지각에 미치는 영향

H₁: 호텔의 아트워크 속성은 호텔의 지각성과에 유의한 영향을 미칠 것이다.
H₂: 호텔의 아트워크 속성이 호텔의 지각성과에 미치는 영향은 아트워크 유형에 따라 다르게 나타날 것이다.
H₃: 호텔 아트워크 속성이 호텔 지각성과에 미치는 영향은 고객 특성에 따라 달라질 것이다.

3. 연구의 과정

1) 연구 과정(Research Process)

이론(현상에 대한 체계적인 설명)의 발견 및 정당화 과정

① 이론의 발견
(discovery)
연구문제 정의 및
가설설정 과정

- 연구문제의 정의
- 이론 고찰
- 현상 관찰/분석
- 개념/구성개념 정의
- 연구가설/모형의 제시

② 이론의 정당화
(justification)
조사설계에서
결과도출 까지의
과정

- 조사설계: 조작적 정의, 측정대상/도구/방법, 표본설계 및 추출
- 자료수집: 1차/2차 자료, 온라인/오프라인 자료, 양적(계량)/질적(비계량) 자료
- 편집 및 검토: 오류(error), 결측치(missing), 극단치(outlier), 신뢰성(reliability), 타당성(validlity)
- 자료분석 및 결과 해석: 가설 검정, 시사점 제시
- 결과도출: 결과 요약, 연구의 한계, 향후 연구방향

③ 이론의 제시
(presentation and publication)
조사결과의 일반화
과정

- 분석결과의 일반화: 표본조사 결과의 모집단 적용(일반화) 제시
- 기존 이론체계에 추가: 논리에 입각해 설정된 연구가설이 경험(수집된 자료)과 일치하는 경우, 연구를 통해 확인된 지식이 관련분야의 기존 이론에 추가됨

2) 연구조사의 단계

(1) 연역적 연구 디자인

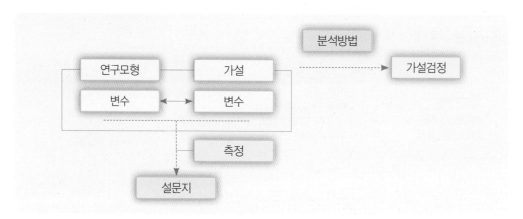

(2) 연역적 연구조사의 단계

① 연구목적/연구주제의 설정(Research Topics)

- 연구 관심 분야 선정
- 경험, 직관, 기존 문헌, 관찰, 사전조사 등을 통한 논리적 도출

② 문헌고찰

- **문헌고찰의 목적**
  - ▶ 기존 연구의 흐름(research trend) 제시
  - ▶ 기존 연구과의 차이 제시
  - ▶ 기존 연구에서 해당 연구가 차지하는 위치 이해
  - ▶ 본인 연구의 정당화 (예: 차별성/중요성/기여도)
- **문헌고찰의 이점**
  - ▶ 최근 연구동향(State-of-the-Arts) 파악
  - ▶ 본인 연구과제의 논리적 근거 제시
  - ▶ 연구방법에 대한 아이디어 획득
  - ▶ 분석방법의 적용 근거
  - ▶ 연구조사의 기준 참고: 표본수/유의수준/통계값 등

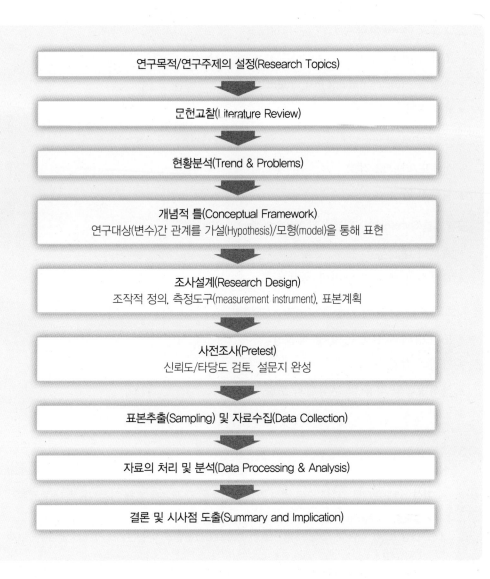

③ 현황분석(Trend & Problems)

- 이론과 현상의 연계를 통한 연구과제의 타당성 제고
- 연구과제와 관련된 글로벌/국가/지역/산업/기업/부서 현황 파악을 위한 자료 정리·
  제시

④ 개념적 틀(Conceptual Framework)

- 연구대상(변수)간 관계를 가설(Hypothesis)/모형(model)을 통해 표현

⑤ 조사 설계 (Research Design)

- 조작적 정의
- 측정도구(Measurement Instrument)/설문지
- 표본계획

⑥ 사전조사(Pretest)

- 신뢰도/타당도 검토
- 설문지 완성

⑦ 표본추출(Sampling) 및 자료수집(Data Collection)

- 표본의 대표성
- 자료수집 계획 및 방법의 적절성

⑧ 자료의 처리 및 분석 (Data Processing & Analysis)

- 분석 방법의 선택 논리 및 적절성
- 가정의 점검
- 분석방법의 적용 및 분석결과 도출
- 가설 검정

가설검정

- **가설**: 연구문제를 경험적으로 검정 가능한 변수들 간 관계를 통해 잠정적으로 내린 결론
- **가설도출 연구(Hypothesis Generating): 귀납적 연구**
  - ⊗ 현상 조사: 심층적 사례조사(In-depth case study)/관찰조사/전문가조사/집중면담(In-Depth Interview)
  - ⊗ 이론의 발견: 규칙/유형/집단/관계/공식
  - ⊗ 이론의 제시: 제안적 연구모형 및 가설의 도출

- **가설검정 연구(Hypothesis Testing): 연역적 연구**
  - ⊗ 이론의 발견: 개념화 및 변수 설정
  - ⊗ 이론의 구체화/정교화(Elaboration): 가설, 변수의 조작적 정의(Operationalization)
  - ⊗ 이론의 검정: 통계적 검정, 결과 해석
  - ⊗ 이론의 제시: 검정 결과 및 시사점

⑨ 결론 및 시사점 도출(Summary and Implication)

- 결과 요약
- 시사점 제시
- 연구 한계 및 향후 연구방향 제시

4. 연구의 평가기준 및 분석단위

(1) 연구의 평가기준

보편성(Universality)	연구결과가 적용되는 상황이 가능한 일반적이어야 함
반복성(Replication)	같은 연구/실험을 다시 해도 같은 결과가 나와야 함
통제성(Control)	연구에 영향을 줄 수 있는 외생변수(extraneous variable)들을 통제할 수 있어야 함
측정가능성(Measurement)	측정을 통해 자료를 수집할 수 있어야 함

(2) 연구의 분석 단위(Unit of Analysis)[10]

① 연구의 대상(target)

개인(Individual)	개인의 속성(attribute) 분석(student, employee, customer) ▶ 호텔 고객의 만족도 영향요인에 관한 연구
집단(Group)	둘 이상 개인의 집합(부부, family, household, department) ▶ 호텔의 프론트오피스와 백오피스간 업무효율성 비교 연구
조직(Organization)	둘 이상의 집단의 집합(company, NGO, DMO) ▶ 로컬호텔과 체인호텔간 경영전략의 효과성에 관한 비교 연구
지역/국가(Region/Country)	여러 조직을 포함하는 지역 또는 국경으로 구분되는 지역(Nation) ▶ 한/중/일간 국가 관광마케팅 전략의 차이에 관한 비교 연구
인공물(Social Artifact)	사회적 실체가 만들어낸 산물(building, brand, product) ▶ 국가 관광브랜드의 구성요소가 브랜드이미지에 미치는 영향

---

10) 연구를 시작하기 전 결정되어야 하며 연구의 대상(target)을 지칭함

② 분석단위의 이해

- 연구를 시작하는 단계에서 분석단위를 정확히 이해하고 정의하는 것이 중요함
- 기업을 대상으로 하는 연구에서는 기업의 크기나 수익, 조직체계와 같은 기업단위 (organizational-level)의 변수들을 측정하기 위해 기업을 대표하는 최고경영자나 이에 대해 적절히 답할 수 있는 관리자 한 명에 대한 설문조사를 통해서 자료를 수집할 수 있음
- 최고경영자의 개인 능력이 기업의 성과에 미치는 영향에 대한 연구의 경우, 개인과 기업의 두 가지 분석단위가 같이 포함된 연구과제로 볼 수 있음
  - ▶ 이와 같이 두 개 이상의 서로 다른 분석단위를 갖는 연구의 경우에는 어느 한 쪽으로 분석단위를 통일시키는 방법과 서로 다른 분석단위로 수집된 자료를 각각 별도로 분석하고 분석결과 도출 후 이를 연결시켜 해석하는 방법 등을 고려할 수 있음

핵심 연구방법론

Essentials of Research
Methodology

CHAPTER 05

조사설계

조사설계

1. 정의 및 목적

(1) 조사설계(Research Design)

- 연구문제에 대한 실증(경험)적 결론을 유도하기 위한 방법
- 실증 자료를 토대로 연구문제의 답을 얻기 위한 계획
- 연구를 진행해 나가고자 하는 전체적 그림(scheme)
- 구체화된 연구문제(가설)를 실증적으로 검정하기 위하여 자료를 측정, 수집하고 분석하는 일련의 계획

(2) 목적

- 연구문제에 대한 답을 얻는 효과적/효율적 방법 제시
- 변수간 관계(가설)를 실증(경험)적으로 연구하기 위한 틀 제공
- 연구문제를 실증 자료를 토대로 분석하기 위한 조사의 범위 제시
- 연구문제를 해결하는 적절한 분석방법 제시
- 분석결과의 해석 방향 제시

(3) 기준(Design Criteria)

연구문제를 해결할 수 있는가?
(연구가설을 적절히 검정할 수 있는 설계인가?)

연구결과의 일반화가 가능한가?
(외적타당성: external validity)

연구문제를 정확하게(타당하게) 해결할 수 있도록 외생변수를 적절히 통제할 수 있는가?
(내적타당성: internal validity)

2. 조사설계의 유형

(1) 구분 기준

① 연구 목적	탐색조사 (exploratory research)	특정 현상에 대한 연구 (관찰/문헌조사/내용분석(content analysis)/면접조사/사례조사/현장조사)
	기술조사 (descriptive research)	현상이 나타내는 특징을 기술(記述: describe)하는 목적으로 수행되는 조사(2차자료조사/관찰조사/서베이(survey)조사/빅데이터조사)
	인과조사 (causal research)	특정 현상의 원인을 규명하는 조사 (실험조사/유사실험조사)
② (독립)변수의 조작	실험설계 (experimental design)	연구자가 (독립)변수를 조작·통제하여 나타나는 결과를 분석하는 조사설계
	비실험설계 (non–experimental design)	연구자가 (독립)변수를 조작하지 않은 상태에서 측정히고 결과를 분석하는 조사설계 ▶ 서베이조사
③ 장소	현장설계 (field design)	현상(phenomenon)이 나타나는 현장(field)에서 연구문제와 관련된 자료를 직접 수집·분석하는 조사설계 ▶ 외생변수의 통제가 어려움
	실험실설계 (lab design)	개방(open)된 현장이 아닌 통제(controlled)된 실험실에서 수행되는 조사설계 ▶ 외생변수 인위적 통제 가능
④ 시점1: 횡단설계/ 종단설계	횡단설계 (cross–sectional research design)	특정 시점에서 연구대상을 조사/관찰하고 자료를 수집하는 조사설계
	종단설계 (longitudinal research design)	특정 현상을 여러 기간에 걸쳐 조사/관찰하여 자료를 수집하는 조사설계 • **추세조사(trend study):** 　▶ 시간의 변화에 따른 특정집단의 특정 속성 변화를 조사 • **코호트조사(cohort study):** 　▶ 시간 변화에 따른 특정집단(코호트)의 변화 과정을 조사(집단구성원이 동일하지 않아도 됨) • **패널조사(panel study):** 　▶ 시간 변화에 따른 특정집단의 변화 과정을 조사(집단구성원이 동일함)

⑤ 시점2: 사후실험설계 (Ex-post Facto Research Design)	과거	회고조사(retrospective study): 조사 시점보다 이 전에 발생한 현상에 대한 조사
	현재	현장조사(field study)/기술조사(descriptive study): 조사 시점에 발생하는 현상을 대상으로 수행되는 조사
	미래	전망조사(prospective study): 조사 시점보다 미래에 발생할 사건에 대한 조사
⑥ 연구자 개입여부	개입/관여 조사 (obtrusive research)	연구자가 연구의 대상인 현상에 개입하여 관찰/조사가 수행되는 경우 ▶ 실험/면접설문조사/현장조사/사례조사/민속지학조사 (ethnography)/개입관찰조사
	비개입/비관여 조사(unobtrusive research)	연구자가 연구 대상인 현상에 개입하지 않고 관찰/조사가 수행되는 경우 ▶ 2차자료조사/자기완성(self-completion)설문조사/비개입관찰조사

(2) 현장조사(field study)

- 연구의 관심대상인 현상(변수간 관계)이 발생하는 실제 현장에서 수행되는 비실험적 조사방법
- 독립변수의 조작없이 실제 발생하는 현상(연구 관심대상)을 관찰하거나 이와 관련된 내용에 대하여 조사대상자들의 의견을 물어봄
- 조사가 진행되는 현장이 모집단의 특성을 반영하도록 현실성 있는 조사를 진행함으로써 외적타당성을 제고할 수 있음
- 특정 현상이 발생하는 현장에서 연구하므로 연구 과정에서 이와 연관된 다른 중요한 관계를 발견할 수도 있음
- 변수를 조작하지 않고 수행되는 비실험적(non-experimental)조사이므로 특정 현상을 야기한 원인의 정확한 규명에 제한이 있을 수 있음
- 통제가 어려운 현장의 여건을 고려할 때 조사 현장의 여러 요인들로 인해 변수의 정확한 측정이 어려울 수 있음
- 현장실험이 주어진 상황에서 변수에 대하여 인위적인 변화를 가해서 조사하는 방법인 반면, 현장조사는 있는 상황을 그대로 가정하고 별다른 변수의 조작을 하지 않고 조사함

(3) 서베이(Survey)조사

① 내용

- 연구문제에 대하여 조사대상자가 가지고 있는 의견/생각/태도/인지/지각/신념 등에 대한 질문을 통하여 수행되는 조사
- 조사문항으로 구성된 설문지를 사용하는 설문조사가 주로 이용됨
- 사회과학 분야에서 연구문제에 포함된 측정변수들에 대한 응답자들의 의견을 조사하는 방법으로 자주 사용됨
- 단시간에 많은 수의 응답자로부터 상대적으로 적은 비용으로 응답을 얻을 수 있는 조사방법
- 많은 수의 설문문항을 사용하거나 이로 인해 오랜 시간 조사를 진행하는데 있어 응답자의 협조를 얻기 어려울 수 있음

② 유형

- **면접조사(personal interview)** : 조사자(interviewer)가 조사자(interviewee)를 직접 대면하여 수행하는 조사
- **우편조사(mail survey)** : 응답자가 설문지에 답하고 이를 우편으로 조사자에게 우송하도록 하는 조사
- **전화조사(telephone survey)** : 전화통화를 통해 응답자의 의견을 수집하는 조사
- **온라인조사(on-line survey)** : e-mail/web-site 등을 이용한 전자식(electronic) 설문조사

(4) 사후조사설계(ex-post facto research design)

- 관심이 되는 연구문제에 해당하는 내용이나 결과가 이미 발생한 경우
- 연구문제를 구성하는 (독립)변수의 통제가 불가능한 경우
- 연구를 수행하기 위해 (독립)변수를 통제하는 것이 도덕(윤리)적으로 바람직하지 않은 경우
- 독립변수의 통제에 많은 비용이 소요되거나 장시간이 필요한 경우
- 연구의 대상이 되는 특정 결과가 이미 발생한 이후에 그러한 결과가 나타나게 된 원인을 사후 조사하는 경우

- 독립변수에 대한 조작이 불가능하고 사후 조사로 인한 외생변수의 개입 가능성이 크기 때문에 변수간 직접적 인과관계를 밝히기 어려움
- 변수간 (상관)관계를 검정하는 연구문제의 경우 수행 가능
- 대부분의 서베이(survey)조사 설계가 여기에 해당될 수 있음[1]

 서베이조사

- 설문지/면접/전화/온라인(인터넷) 등을 이용하여 응답자가 연구주제와 관련된 질문에 답하게 함으로써 체계적이고 계획적으로 실증 자료를 수집/분석하는 조사방법
- 대개의 경우 사후조사이므로 인과관계를 밝히기는 어렵고, 현상의 탐색/기술/설명/예측 등을 위해 사용될 수 있음
- 많은 조사대상자들로부터 많은 정보를 단시간에 얻을 수 있는 장점이 있음
- 응답자(조사대상자)의 심리적인 상태에 따라 일관성이 없고 정확하지 않은 응답이 나타날 수 있음
- (측정)변수들에 대한 통제가 어려우므로 내적타당성이 결여될 수 있음

3. 실험설계(Experimental Design)

(1) 정의 및 내용

① 특징

- **인과관계의 규명** : 연구문제에 포함된 변수간 인과관계를 규명하기 위해 사용됨
- **변수의 조작** : 현상이 발생하는 현장(상황)을 엄격하게 통제한 상태에서 원인(독립)변수를 의도적으로 조작함으로써 나타나는 결과(종속)변수의 변화를 관찰/측정하여 인과관계를 규명함
- **연구문제에서 고려하는 변수이외의 외적 영향 배제** : 변수간 관계에 가능한 영향을 미칠 수 있는 외생변수의 영향을 통제함으로써 연구 변수간의 명확한(타당한) 인과관계를 분석할 수 있음

---

1)   실험설계의 측정을 위해 서베이조사가 사용되는 경우에는 사후조사설계에 해당되지 않음

- **실험대상의 무작위 선정** : 실험설계를 통한 조사결과를 일반화하기 위해서는 실험대상자들의 무작위 선정이 필요함
- **일반화의 어려움** : 통제된 실험상황의 인위성은 조사결과의 일반화(외적타당성)에 한계로 작용할 수 있음

 실험설계(experimental design)의 조건(3)

- **독립변수의 조작**(manipulation): 실험대상에게 독립변수의 변화(강도)를 임의적으로 조절하고 이를 통해 나타나는 종속변수의 변화를 관찰
- **외생변수의 통제**(control) : 독립변수 이외에 결과변수에 영향을 미칠 수 있는 모든 변수를 통제하고 독립변수만의 순수한 영향력을 조사함
- **실험대상의 무작위화**(randomness) : 연구의 대상이 되는 전체 모집단의 구성원이 실험대상으로 선정될 확률이 모두 동일하도록 함으로써 실험결과의 일반화를 기할 수 있음

② 실험설계의 표시

독립변수	X (실험적 처치: eXperiment treatment)
종속변수	O (결과치: Observation)
실험대상의 무작위 선정	R (무작위화: Randomization)
시간의 흐름	번호(1, 2, 3, ……), 화살표 (⟶)
실험설계의 기본 모형	O_1 X O_2 ⟶

사전/사후검사

- 사전검사 : 실험적 처치(실험자극)를 가하기 이전에 실험대상의 상태를 측정함
- 사후검사 : 실험적 처치 이후에 실험대상의 상태를 측정함

복수의 집단을 무작위로 선정하고 이를 대상으로 실험(독립변수를 조절)하는 경우

- EG(Experimental Group: 실험집단): 실험적 처치(독립변수의 조작)를 가하는 집단
- CG(Control Group: 통제집단): 실험적 처치를 하지 않고 실험집단의 실험결과와 비교하기 위한 집단[2]

---

2) 여기서 실험집단은 실험의 대상이 되는 집단이고, 통제집단은 모든 다른 조건은 실험집단과 동일하지만 실험적 처치를 하지 않는(실험자극을 주지 않는) 집단임

$$
\begin{aligned}
EG_1(R)&: O_1 \quad X_1 \quad O_2 \\
EG_2(R)&: O_3 \quad X_2 \quad O_4 \\
CG_0(R)&: O_5 \qquad\quad\; O_6
\end{aligned}
$$

(2) 실험설계의 유형

① 유형

실험설계 (Experimental Design)	• 실험변수의 조절시기/대상 통제가능 • 실험결과의 측정시기/대상 통제가능 • 실험대상의 무작위 선정
유사실험설계 (Quasi–Experimental Design)	• 실험변수의 조절시기/대상 통제 불가한 경우 있음 • 실험결과의 측정시기/대상 통제가능 • 실험대상의 무작위 선정 불가
비실험설계 (Nonexperimental Design)	• 실험변수의 조절시기/대상 통제 불가 • 실험결과의 측정시기/대상 통제 불가 • 실험대상의 무작위 선정 불가

② 실험 환경

현장실험(field experiment)

- 현상이 나타나는 현장(환경)에서 독립변수를 조작하여 결과를 (비교)분석하는 조사
- 외생변수에 대한 통제의 정도에 따라 실험실실험과 차이가 있음
- 변수간 관계가 실험실실험 보다 더 현실성이 있음:

  외적타당성(external validity)측면에서 더 유리함
- 복잡한 변수들간 관계에 대한 연구 가능
- 외생변수의 통제가 어려움
- 조사대상자를 무작위로 추출하는데 어려움이 있을 수 있음

실험실실험(lab experiment)

- 연구대상 변수의 완벽한 통제가 가능한 실험실 환경에서 수행하는 조사
- 독립변수의 통제 및 외생변수의 영향 제거 가능
  - ▶ 외생변수의 영향을 배제한 상태에서 변수간 관계 고찰 가능
  - ▶ 내적타당성(internal validity) 제고 가능

- 조사대상자의 무작위화(randomization) 가능
- 조사결과에 대한 측정의 정확도를 기할 수 있음
- 많은 수의 독립변수를 고려하는데 어려움이 있을 수 있음
- 실험환경의 인위성(artifitiality)
  ▶ 높은 외적타당성(external validity)을 기대하기 어려움

③ 실험설계 예시

사전사후통제집단 실험설계(Pretest-Posttest Control Group Design)

$$EG_1(R): \quad O_1 \qquad X \qquad O_2$$
$$EG_2(R): \quad O_3 \qquad\qquad O_4$$

- 실험효과 $= (O_2 - O_1) - (O_4 - O_3)$
- 상호작용시험효과를 제외한 대부분의 외생변수 통제 가능

- 사례
  ▶ 직원들에게 음악을 들려주었을 때 업무 성과에 긍정적인 영향을 미칠 수 있을 것
    인지에 대한 실험
  ▶ 실험집단(음악 노출)/통제집단(음악 비노출)을 무작위로 구성
  ▶ 실험집단은 독립변수(음악)의 노출 전/후 각각 종속변수(업무성과)를 측정
  ▶ 통제집단은 독립변수(음악)를 가하지 않고 종속변수를 사전/사후 두 번 측정

  (실험집단) EG(R): O_1 X(음악) O_2
  (통제집단) CG(R): O_3 O_4

솔로몬4그룹 실험설계(Solomon Four-Group Design)

(실험집단1) EG_1: O_1 X O_2 [실험효과 + 상호작용시험효과 + 외생변수효과]
(통제집단1) CG_1: O_3 O_4 [외생변수효과]
(실험집단2) EG_2:   X O_5 [실험효과 + 외생변수효과]
(통제집단2) CG_2: O_6 [외생변수효과]

• 사전측정 유/무 집단을 고려하여 사전측정에 따른 상호작용시험효과 분리 가능

  ▶ $(O_2 - O_1)$ = 실험효과 + 상호작용시험효과 + 외생변수효과

  ▶ $(O_4 - O_3)$ = 외생변수효과

  ▶ $(O_5 - 1/2(O_1 + O_3)$ = 실험효과 + 외생변수효과

  ▶ $(O_6 - 1/2(O_1 + O_3)$ = 외생변수효과

  상호작용시험효과 = [1] - [3] = $(O_2 - O_1) - (O_5 - 1/2(O_1 + O_3))$

  실험효과 = [3] - [4] = $O_5 - O_6$ 또는 $[1/2(O_2+O_5) - 1/2(O_4+O_6)]$

유사실험설계 : 사회과학에서는 순수실험조사를 수행하기 어려우며, 대신 유사실험설계를 이용한 조사 가능

• 비동질 통제집단 사전사후설계(nonequivalent control group design with pretest-posttest)

$$
\begin{array}{llll}
EG: & O_1 & X & O_2 \\
CG: & O_3 & & O_4
\end{array}
$$

• 동류집단설계(cohort design)

$$
\begin{array}{lll}
EG: & X & O_1 \\
CG: & O_2 &
\end{array}
$$

• 단일집단 반복실험설계(equivalent time-series design):

  시계열설계 (time-series experiment)

$$
EG: \quad O_1 \quad O_2 \quad O_3 \quad X \quad O_4 \quad O_5 \quad O_6
$$

  ▶ 독립변수를 노출시키기 전/후 일정한 기간을 두고 정기적으로 종속변수를 측정함

  ▶ 외생변수 중 성숙/회귀효과 통제 가능하나 우발적 사건/측정수단의 변화/실험대상의 소멸 등은 영향을 미칠 수 있음

• 단일집단 반복실험설계(equivalent time-series design):

  독립변수 반복설계 (repeated-treatment design)

$$EG:\ O_1\ X\ O_2\ (X)\ O_3\ X\ O_4$$

▶ 독립변수를 반복 노출해도 방해 요인이 없는 경우 적합

▶ 측정시점간 시간간격과 독립변수 노출을 무작위화하여 실험대상자가 측정/관찰되고 있다는 사실을 인지하지 못하도록 하는 것이 중요

• **단일집단 반복실험설계(equivalent time-series design):**
독립변수 제거설계 (removed-treatment design)

$$EG:\ O_1\ X\ O_2\ \ \ O_3\ (X)\ O_4$$

▶ 독립변수의 효과: $(O_2 - O_1)$

▶ 독립변수가 노출되지 않았을 경우 효과: $(O_4 - O_3)$

(3) 실험설계의 타당성

• 조사설계가 실험(측정)하고자 하는 내용을 정확히 수행하였는지를 나타냄

① 타당성의 유형

• 외적타당성(external validity):
해당 실험결과의 일반화 가능성을 나타냄

• 내적타당성(internal validity):
실험을 통해 측정된 결과가 순수하게 실험(독립)변수의 변화 때문에 나타난 것인지를 의미함

② 외생변수(extraneous variable) : 내적타당성을 저해하는 요인

우연적 사건(history)	조사설계와 관계없이 실험기간 중 발생하는 사건
성숙효과(maturation)	실험대상의 실험(독립)변수에 대한 자체적인 적응을 통해 나타나는 실험변수와 무관한 왜곡 반응
시험효과(testing effect)	실험변수와 상관없이 실험 자체가 결과변수에 주는 왜곡된 영향 • **주시험효과(main testing effect)**: 사전측정 자체가 사후측정에 주는 영향 • **상호작용시험효과(interaction testing effect)**: 사전측정 자체가 실험변수에 주는 영향
실험대상의 소멸(mortality)	실험기간 중 실험대상의 자의/타의 또는 의도/비의도적 탈락
측정방법의 변화 (instrumentation)	실험대상에 대하여 실험의 결과를 측정하는 방법이 동일하지 않음으로 인해 나타나는 오류
통계적 회귀 (regression artifact)	실험변수와는 무관하게 실험대상이 가지고 있는 자체적인 (극단/비극단) 성향이 결과에 미치는 영향
표본의 편중(interactions with selection)	실험대상(집단)을 무작위로 선정하지 못하는데 따르는 오류
보상(compensation)	통제집단에 소속된 대상자들에게 실험변수의 효과를 상쇄하는 보상을 주는 경우 발생하는 오류
대항(rivalry)	통제집단이 실험변수의 효과를 상쇄하기 위해 심리적으로 더 열심을 내서 반응하는 경우
사기저하(demoralization)	통제집단에 속한 대상자들이 실험집단에서 탈락됨으로써 나타나는 심리적 사기 저하

③ 외생변수의 통제방법

- 제거(elimination): 외생변수의 특정 속성만을 고려하여 해당 속성을 만족시키는 조사대상은 포함시키고 나머지는 제외함
- 균형화(matching): 외생변수의 각 속성별로 균등하게 조사대상을 고려함
- 상쇄(trade-off): 외생변수의 발생 시점을 균등화함으로써 시간적 우선순위에 따른 왜곡 현상을 방지함
- 무작위화(randomization): 조사대상자들의 선정을 무작위화함

CHAPTER 06

측정

측정

1. 측정의 정의 및 내용

(1) 측정(Measurement)의 정의

① 정의

- 특정한 규칙에 따라 사물이나 사건의 속성에 숫자를 부여하는 과정과 방법(the assignment of numerals to the attributes of objectives or events according to pre-defined rules)
  - ▶ 관찰된 현상의 경험적인 속성(변수)이 가질 수 있는 값에 대해 일정한 규칙에 따라 숫자를 부여하는 것
  - ▶ 연구의 대상이 되는 속성(attribute)/개념(concept)/구성개념(construct)에 대해 일정한 기준을 가지고 정량적 값(수치)을 부여하는 과정
- 이론을 구성하는 개념을 현실세계에서 관찰 가능한 자료와 연결시켜주는 일련의 과정과 방법

② 측정의 객관성

- 주관적 판단: 개인적인 기대치에 의한 판단
- 객관적 측정: 객관 타당한 기준에 의한 판단

"물 위에 떠 있는 얼음의 양"

- 주관적 판단: 대단히 많은 양의 얼음이 물위에 떠 있다.
  대부분이 물속에 잠겨 있다.
- 객관적 측정: 물 위에 떠 있는 얼음의 양(부피)은 전체 얼음의 0.001%이다.

③ 사회과학에서의 측정

- 속성의 추상성

  추상적인 개념으로 파악한 사회현상의 속성을 구체적인 숫자로 표현함
- 수치화의 어려움

  인간의 심리적 특성이나 무형의 속성에 대한 측정이 많이 이루어짐

- 표준화의 어려움

  같은 속성이라 해도 시간/공간적 연구 환경의 차이에 따라 측정이 달라질 수 있음

- 다항목 측정

  단일항목보다는 다항목(multi-items)을 통한 측정이 이루어지는 경우가 많음

- 평가의 중요성

  측정이 객관·타당하게 이루어졌는지에 대한 평가가 중요함

(2) 개념과 척도

① 개념(Concept)

특정한 현상이 갖는 특징들을 일반화시켜 추상적으로 표현한 것

② 구성 또는 구성개념(Construct)

연구자가 특정 연구를 위해 의도적으로 고안(考案)하고 선택해서 의미를 부여한 개념

③ 척도(Measure/Scale)

측정하고자 하는 대상의 속성에 부여되는 숫자들의 체계(numbering system)

> **척도: 측정에 사용되는 구체적인 도구**
> - 자연 현상의 측정: 물리적인 척도(저울, 자, 시계, 온도계 등)가 사용될 수 있음
> - 사회 현상의 측정: 설문 문항(questionnaire item)을 사용하는 경우가 많음

(3) 개념의 구체화(명확화)

① 개념적 정의(Conceptual Definition)

- 측정하고자 하는 속성의 의미를 설명을 통해 명확히 함
- 개념(concept)/구성개념(construct)의 불분명하고 모호한 내용과 요소를 보다 간결하고 명확한 용어로 정의

② 조작적 정의(Operational Definition)

- 개념적 정의를 측정 가능한 구체적인 형태로 표현
- 내용/의미적으로 정의된 개념이나 구성개념을 측정하는 과정과 방법

(4) 측정의 형태

① 추론측정(Derived Measure)

어떤 사물/사건의 속성을 다른 속성과 관련지어 측정

예 밀도 = 부피/질량

② 본질측정(Fundamental Measurement)

어떤 사물/사건의 본질적인 속성에 숫자를 부여하여 측정

예 키, 몸무게, 나이, 소득수준

③ 임의측정(Measurement by Fiat)

어떤 사물/사건의 속성과 측정값 간에 객관 타당한 관계가 있을 것으로 가정하고 측정

예 선호도, 지적능력, 가치관

2. 척도 유형

기본 척도	응용 척도
명목척도 서열척도 등간척도 비율척도	등급/평정 척도 순위척도 리커트 척도 의미차별화/어의차이 척도 고정총합 척도 연속평정척도 거트만 척도 서스톤 척도

(1) 기본척도: 명목/서열/등간/비율척도

① 명목척도(Nominal Scales) : 비계량척도(Non-metric Scale)

- **범주척도(categorical scale)**

  척도 값의 상호 수치적 비교가 불가능하고 구분 또는 확인만 가능함

- 상호 배타적인 집단으로 구분하기 위한 숫자 부여

  예 남 → 1, 여 → 2

- 대상의 특성 분류(classification)/확인(identification) 목적

  예 성별, 직업, 근무부서, 출신학교, 주소/지역

- 상호 배타성과 포함성(mutually exclusive & exhaustive)

  척도 값이 서로 겹치지 않으면서 측정대상의 다양한 속성을 가능한 모두 측정할 수
  있어야 함

- 가감승제(加減乘除) 연산 불가

  빈도(frequency), 교차표(cross-tabulation), 도표(table), 그림(figure) 등을 통해 분석

② 서열척도(Ordinal Scales) : 비계량척도(non-metric scale)

- 순서/순위 척도(ordered scale)

  측정 대상의 분류뿐 아니라 측정대상을 크기에 따라 순서적으로 배열할 수 있는 측
  정방법

- 측정대상간 순서를 밝히기 위해 사용할 수 있지만 대상간 양적 비교는 불가

  ▶ 서열/순위는 정할 수 있으나 서열의 크기/정도는 비교 불가

  ▶ 서열을 정해 측정함(rank ordered)

    예 올림픽메달(금/은/동), 달리기 1등/2등/3등, 석차, 상류층/중류층/하류층

    예 "나쁨/중간/좋음", "매우불만족/약간불만족/보통정도/약간만족/매우만족"
      "약간만족"은 "매우만족"보다 만족도가 상대적으로 떨어진다는 의미를 나타내
      며, 이를 수치화하기는 어려움

- 속성의 실제 값을 기준으로 유사/차이점을 평가하기는 어려움

  ▶ 모스경도계(Moh's scale of mineral hardness)

    광물의 경도를 다른 광물과 비교하여 상대적으로 단단한 정도로 측정

- 비교 대상이 다수인 경우

  여러 대상들을 비교/판단해서 순서/순위를 정하는데 어려움이 있을 수 있음

  ▶ 항목순위(categorized order)

    먼저 그룹(항목)으로 나누어 순위를 정한 다음 각 그룹(항목)별로 다시 순위를 정
    하고 이후 전체 순위로 정리함

▶ 선택순위(selected order)

전체를 대상으로 순위를 정하지 않고 그 중 몇 개만을 선택하여 순위를 정함

(**예** 전체 대상 중 1/2/3 순위만 선택해서 정함)

③ 등간척도(Interval Scales) : 계량척도(metric scale)

● 등간격(equal interval) 척도

▶ 부여된 순위 사이의 간격이 동일하게 비교되는 척도

▶ 속성을 측정하는 수준이 서열로 정리(rank-ordered)되어 있으면서 서열들 간에 동일한 간격이 존재하는 척도

● 절대 영점(absolute zero point)이 존재하지 않음

● 속성의 수준간 간격의 비교만 가능하며, 각 수준에 절대적인 숫자를 부여하여 비교하는 것은 불가능함

▶ 아래 세 가지 등간척도를 사용하여 구한 자료는 모두 같은 분석결과를 가져옴

a-b간 간격비교는 세 척도에 있어 동일하나, 이를 각각의 절대값으로 (비율 또는 배수)비교하면 동일하지 않게 됨

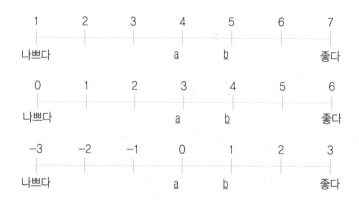

▶ 온도: 섭씨(Centigrade)/화씨(Fahrenheit)

섭씨10도-20도간 차이는 섭씨20도-30도간 차이와 같다고 말 할 수 있고,

섭씨20도-40도간 차이는 섭씨10도-20도간 차이의 두 배라고 말 할 수 있지만,

섭씨40도는 섭씨20도의 두 배 온도라고 말할 수 없음(각각을 화씨로 변환하면 두 배가 안 됨)

- 계량척도로 모수통계분석과 다변량통계분석이 모두 가능함
- **(응답)간격 인식의 오류**

    제시하는 값이 하나의 수치가 아닌 간격으로 나타낼 경우 발생하는 측정의 오류

    ▶ \$0 - \$10,000, \$10,000 - \$20,000, \$20,000 - \$30,000 과 같이 항목간 간격의 차가 일정하고 각 항목의 중간 값이 각각 \$5,000, \$15,000, \$25,000 과 같이 일정한 간격이라 해도 응답자가 실제로 응답하는 값에 따라 \$0 - \$10,000, \$10,000 - \$20,000 사이의 차이는 \$0에서\$20,000 까지 나타날 수 있으므로 이를 간격척도로 간주하기 어려움
- 사회과학연구에서 서열척도를 사용해야 하는 변수를 등간척도로 측정하는 오류가 종종 나타남

    예 마케팅 주요 개념(신념/가치/태도/인지/선호/의도/만족 등)에 대한 등간척도 적용

④ 비율척도(Ratio Scales) : 계량척도(metric scale)

- 순위(서열) 사이의 간격이 동일하면서 이들의 절대영점이 존재하는 척도
- 비율계산(대상간 비율적 비교) 가능
    ▶ 척도 예: 나이/소득액/경력년수/매출액/이익액/가격/종업원수 등
    ▶ 온도 : 켈빈(Kelvin)의 온도

        0값(섭씨-273.15도)이 모호한 값이 아닌 운동 에너지 값이 0이 되는 상태를 나타냄
- 승법(multiplicative)/대수(logarithmic) 변환이 가능:

    두 개의 값(원래 값과 변환된 값)이 비례적으로 유의미한 값을 가지게 됨
- 계량척도로 모수/다변량 통계분석 적용이 가능함:

    통계분석시 등간/비율척도는 모두 모수통계분석 적용이 가능하므로 상호 구분의 의미가 적음
- **사회과학 연구에서의 한계**
    ▶ 무형의 속성, 인지/사고를 측정하는 사회과학 연구에서의 비율척도 활용은 제한적임
    ▶ 응용척도로 고정총합척도(constant-summated scale), 상대고정(비율분할)척도 활용 가능

(2) 응용척도

기본척도(명목/서열/등간/비율척도)를 구현해 낼 수 있는 척도로 실제 조사환경에서 활용됨

① 등급/평정 척도(Rating Scale)

- 비교할 수 있는 연속성(값)을 사용하여 측정 대상을 평가하는 척도
- 문장의미, 숫자, 그림, 기호 등 다양한 방법을 통하여 속성의 수준을 연속적으로 비교하는 기준 제시
- 서열척도와 등간척도로 모두 사용되고 있음
  - ▷ 등간척도를 가정할 경우 수준값 간의 등간격이 보장될 수 있어야 함
- **"중요도"를 측정하는 등급척도 예**

  일반적으로 은행을 평가 할 때 다음의 각 속성들을 어느 정도 중요시하는지
  각 속성별로 가장 적절한 위치에 √표시를 해 주시오.

	전혀 중요치 않음						매우 중요함
직원의 친절성	__	__	__	__	__	__	__
시설의 현대화	__	__	__	__	__	__	__
예금 이자율	__	__	__	__	__	__	__
서비스의 신속성	__	__	__	__	__	__	__

- **"만족도"를 측정하는 등급척도 예**

  특정 A은행에 대하여 어느 정도 만족하는지,
  아래 각 속성별로 가장 적정한 위치에 √표시 해 주시오.

	전혀 중요치 않음						매우 중요함
직원의 친절성	__	__	__	__	__	__	__
시설의 현대화	__	__	__	__	__	__	__
예금 이자율	__	__	__	__	__	__	__
서비스의 신속성	__	__	__	__	__	__	__

② 순위척도

- 측정 대상들이 특정 속성을 가지고 있는 정도에 따라 대상들에 순위를 부여함
- **전체순위척도**

  순위를 부여하는 전체 대상 수가 적은 경우 모든 대상들에 대하여 순위를 부여하도록 함
- **선택순위척도**

  순위를 부여하는 대상 수가 많은 경우 모든 대상들을 비교하여 순위를 정하는데 인지적 한계가 있을 수 있으므로 전체 대상들 중 일부만 선택하는 방식으로 순위를 정하도록 함

여러 가지 유형의 음악 장르 중에서 귀하가 가장 선호하는 세 가지 음악 장르를 선택하여 순서대로 기술하십시오.

(선호) 1순위 _____

(선호) 2순위 _____

(선호) 3순위 _____

- **비교순위척도**

  순위를 부여하는 대상 수가 많은 경우 사용되는 척도로 모든 대상들을 두개 대상들씩 짝을 지어 이들 두 개의 대상들에 대한 순위를 정하도록 한 후 각 대상들의 순위를 합하여 최종 순위를 정하게 됨

  ▶ 영업 사원을 평가하는 데 있어 다음의 여러 요인들을 얼마나 중요하게 고려하는지, 각각의 두 가지 요인들에 대하여 더 중요하게 생각하는 난에 √표시 해 주시기 바랍니다.

	신뢰감		역량
	신뢰감		커뮤니케이션스킬
	신뢰감		사교성/사회성
	역량		커뮤니케이션스킬
	역량		사교성/사회성
	커큐니케이션 스킬		사교성/사회성

③ 리커트 척도(Likert Scale)[1]

- 응답자들을 구분하기 위하여 사용되는 등간척도
- 응답자가 서술식(descriptive)으로 제시된 문장에 대해 얼마나 동의하는지를 "동의 (agree) - 비동의(disagree)" 수준으로 측정함
- "동의 - 비동의"를 구성하는 응답범주는 명확한 서열성을 통해 반응의 상대적인 강도를 측정할 수 있도록 결정함
- 평정 척도(rating scale)의 한 유형으로 하나의 주제를 중심으로 여러 개의 진술 문항들(세트)을 구성함
- **리커트평정척도(Likert rating scale), 합계평정척도(summated rating scale)라고도 함**

  해당 진술(문장)들에 대한 응답자의 응답을 합산한 결과 점수를 측정치로 도출함
- **문항들 간 내적일관성(internal consistency)**

  동일한 주제를 다루는 서로 다른 진술(문항)들 사이에는 매우 높은 연관성이 보장되어야 함
- 태도나 가치, 신념 등 개인의 인지적 판단을 평가하는데 유용함
- **왜곡(측정 오류) 발생 가능**
  - ▶ 극단적인 선택을 피하려는 경향(중심화 경향)
  - ▶ 제시된 문장에 동의하고 싶어 하는 경향
  - ▶ 자신이 긍정적으로 보이도록 하려는 경향
  - ▶ 자기보고(self-report)식이기 때문에 주관성이 개입될 수 있음
  - ▶ 응답자마다 각 점수가 의미하는 긍정/부정(동의/비동의)에 대한 해석 정도가 다를 수 있음

---

1) Rensis Likert(1932)

리커트 척도 예

A은행에 대한 고객 평가	전혀 동의하지 않음				매우 동의함
A은행의 직원들은 고객에게 친절하게 대한다.	___	___	___	___	___
A은행은 최신 시설(ATM, wi-fi 등)을 갖추고 있다.	___	___	___	___	___
A은행의 예금 이자율은 높다.	___	___	___	___	___
A은행의 서비스는 신속하다.	___	___	___	___	___

④ 의미차별화/어의차이 척도(Semantic Differential Scale)

- 대상(자극: stimuli)들을 구분하기 위하여 사용되는 등간척도
- 속성의 내용을 묘사하는 양극단의 형용어구(bi-polar adjective)를 극단값으로 사용하는 등간척도
  ▶ 서로 대응되는 양극의 척도로 해당 문항(문장)에 대한 반응을 측정함
  ▶ 척도 양끝에 서로 상반된 형용수식어를 제시하고 이에 대한 응답자의 평가를 측정함
  ▶ 적절한 양극단의 형용어구를 구성/제시하는데 어려움이 있을 수 있음

의미차별화척도 예

A 은행에 대한 귀하의 평가를 아래 해당 난에 √표시로 나타내시오.

불친절한 직원	__ __ __ __ __ __ __	친절한 직원
지저분한 내부 시설	__ __ __ __ __ __ __	깨끗한 내부 시설
낮은 이자율	__ __ __ __ __ __ __	높은 이자율
느린 서비스	__ __ __ __ __ __ __	신속한 서비스

스테이펠 척도(Stapel Scale)

- 양극단의 형용어구 개발이 어려운 경우
- 하나의 형용어구를 제시하고 이의 양극단값을 숫자로만 표기하는 척도

- 의미차별화 척도와 유사하지만 각 척도별로 두 개가 아닌 한 개의 속성 표현을 사용함

  ▶ A은행에 대한 귀하의 평가를 속성별로 √표시 하시오(보다 동의할수록 높은 점수를 부여함).

−5	−4	−3	−2	−1	친절한 직원	+1	+2	+3	+4	+5
−5	−4	−3	−2	−1	충분한 현대식 시설	+1	+2	+3	+4	+5
−5	−4	−3	−2	−1	높은 예금 이자율	+1	+2	+3	+4	+5
−5	−4	−3	−2	−1	신속한 서비스	+1	+2	+3	+4	+5

⑤ 고정총합척도(Constant Sum Scale)

- 인지/지각 정도(수준)를 비율척도로 측정하는데 주로 사용됨
- 대안들에 대한 상대적 선호도 혹은 속성의 상대적 중요도를 절대영점을 가정하고 비교하는 척도

  ▶ 척도 예

총합 고정

다음의 다섯 개 음료브랜드에 대한 귀하의 상대적 선호 정도를 전체 합계가 '100'이 되도록 나타내 보시오.

_____ 코카콜라
_____ 펩시콜라
_____ 칠성사이다
_____ 게토레이
_____ 포카리스웨트
(100)

상대 고정

은행을 평가할 때 일반적으로 고려하는 다음의 속성들에 대하여 귀하가 생각하는 각 속성의 상대적 중요도를 예금 이자율을 100으로 가정하고 비교해서 부여하십시오.(전혀 중요하지 않은 경우 "0" 부여 가능)

_____ 직원의 친절성
_____ 시설의 현대화
(100) 예금 이자율
_____ 서비스의 신속성

상대 고정

레스토랑 서비스의 중요도를 10점이라고 할 때,
다른 속성의 중요도는 몇 점이라고 생각하십니까?

서비스 중요도 (10) / 맛 중요도 (   ) /
분위기 중요도 (   ) / 청결도 중요도 (   )

⑥ 연속평정척도(continuous rating scale)

- 응답자들의 인지적 응답을 비율척도로 측정하기 위해 사용됨
- 현상이 가진 속성의 정도를 연속선상의 응답범주로 제시
  ▶ 정밀한 평가값을 구하는 것이 의미가 있는 경우 사용
  ▶ 응답값이 매우 자세하게 구분될 수 있음
  ▶ 응답자가 응답값을 정확하게 구분할 능력이 없을 경우 부적절하고 오류를 발생시킬 수 있음

⑦ 거트만 척도(Guttman Cumulative Scale)

- 응답자들의 차이와 속성의 차이를 모두 측정할 수 있는 누적척도(Cumulative Scale)로 등급척도에 해당됨
- 동일한 주제에 대한 진술의 강도에 따라 응답문항을 서열적으로 정렬하고 각 문항에 서열점수를 부여함
  ▶ 측정하고자 하는 개념과 관련된 다수의 문항들을 질문의 강도에 따라 순서대로 나열할 수 있어야 함
  ▶ 문항들을 순서대로 배열할 수 있는지의 판단 여부가 척도 구성에 중요한 기준이 됨
  ▶ 척도 예 : 보가더스 척도(Bogardus Social Distance Scale)[2]

---

2) Emory S. Bogardus, Racial Distance Changes in the United States during the Past Thirty Years, Socialogy and Social Research, Vol.XLIII, pp.127-134, Nov. 1958.

▶ 아래 다섯 문항들을 a-e 순서대로 예/아니오(yes/no)로 물어보면서, 먼저 예(yes)로 응답하는 문항의 점수를 응답자의 인종적 편견(racial prejudice) 정도로 정함 (모두 "아니오"인 경우 "5"점)

▶ 반응척도
각 문항들이 해당 문항에 속하는 속성 점수(수준)를 가지고 있으면서 최종 응답으로 응답자들을 구분할 수 있는 척도로 응답자를 구분하는 척도(리커트척도)와 자극을 구분하는 척도(어의차이척도)의 성격을 모두 가지고 있다고 볼 수 있음

---

a. 나는 내 자식이 흑인과 결혼하고 싶다면 해도 괜찮다고 생각한다.(0)
(In general, I would have no objections to my son or daughter dating a black person as long as he or she were a good person.)

b. 나는 흑인이 마음에 든다면 함께 춤을 출 수 있다고 생각한다. (1)
(At a party with my friends, I would not hesitate at all to ask a black person to dance if I were attracted to him or her as a person.)

c. 나는 집에서 흑인과 함께 저녁식사를 해도 괜찮다고 생각한다.(2)
(I would have no objections to inviting a black person to dine in my house.)

d. 나는 이웃에 흑인이 살아도 괜찮다고 생각한다.(3)
(In general, I would not object to having a black family live next door.)

e. 나는 버스 옆자리에 흑인이 앉아 있어도 괜찮다고 생각한다.(4)
(In general, I would not object to sitting next to a black person on a bus.)

---

⑧ 서스톤 척도(Thurstone Scale) : 등급척도

- 속성(attribute)의 수준(level)을 나타내는 문항들에 대해 각 문항이 해당 속성을 어느 정도 나타내고 있는지를 평가하도록 하고 이를 척도화

- 먼저 측정하고자 하는 개념을 명확히 규정하고 해당 개념의 속성수준을 나타내는 문항들을 제시함

- 각 문항은 속성의 수준을 나타내는 정도에 따라 일정한 가중치(값)가 부여되어 있음

- 각각 다른 가중치를 갖는 모든 문항들이 일정한 순서대로 나열되어 제시됨

3. 척도의 구성

척도 구성시 다음과 같은 점들을 고려할 수 있음

① 척도점의 수

- 척도점(5점/7점/9점/11점 …)의 수가 많을수록 해당 문항이 측정하고자 하는 속성에 대한 응답자의 판별 능력(sensitivity)이 커지는 반면 응답자가 응답을 신뢰성(reliable) 있게 하는 것이 어려워질 수 있음

② 중앙(center)값의 제시 여부

- **짝수점 척도** : 중앙값이 주어지지 않음
- **홀수점 척도** : 중앙값이 주어짐
  - ▶ 응답자가 무의식적으로 중앙값에 답할 수도 있음
  - ▶ 이러한 부작용을 제거하기 위해 회피문항(예: 의견 없음)를 사용할 수 있음

③ 척도점의 균형

- **균형 척도** : 긍정적 의미를 갖는 척도 점의 수와 부정적 의미를 갖는 척도 점의 수가 같음
- **불균형 척도** : 긍정적 의미 또는 부정적 의미를 갖는 척도점이 어느 한 방향으로 더 많은 경우
  - ▶ 예시 : 귀하께서 승용차를 구매할 시 다음의 각 속성을 얼마나 중요하게 고려하는지 해당 난에 표시하시오.

균형 척도

	전혀 중요하지 않다	별로 중요하지 않다	어느 정도 중요하다	매우 중요하다
승차감	_____	_____	_____	_____
안전성	_____	_____	_____	_____
연비	_____	_____	_____	_____
스타일	_____	_____	_____	_____

불균형 척도

	중요하지 않다	어느 정도 중요하다	상당히 중요하다	매우 중요하다
승차감	_____	_____	_____	_____
안전성	_____	_____	_____	_____
연비	_____	_____	_____	_____
스타일	_____	_____	_____	_____

④ 항목수

- 단일항목 척도 : 속성을 하나의 문항으로 측정하는 경우
- 다항목 척도 : 속성을 두 개 이상 여러 개 문항들로 측정하는 경우

▶ 다항목 척도 예시:

태도 척도

A 브랜드를 구매하는 것은

나쁘다	___ ___ ___ ___ ___ ___ ___	좋다
어리석다	___ ___ ___ ___ ___ ___ ___	현명하다
해롭다	___ ___ ___ ___ ___ ___ ___	유익하다
바람직하지 않다	___ ___ ___ ___ ___ ___ ___	바람직하다

관여도 척도

XX 제품은

비싸다	___ ___ ___ ___ ___ ___ ___	싸다
관련이 크다	___ ___ ___ ___ ___ ___ ___	무관하다
의미가 크다	___ ___ ___ ___ ___ ___ ___	의미가 작다
유용하다	___ ___ ___ ___ ___ ___ ___	유용하지 않다
가치가 크다	___ ___ ___ ___ ___ ___ ___	가치가 작다
중요한 것이다	___ ___ ___ ___ ___ ___ ___	하찮은 것이다
유익하다	___ ___ ___ ___ ___ ___ ___	유익하지 않다
관심이 많다	___ ___ ___ ___ ___ ___ ___	관심이 없다
매력적이다	___ ___ ___ ___ ___ ___ ___	매력적이지 않다
필요하다	___ ___ ___ ___ ___ ___ ___	필요하지 않다

⑤ 척도의 방향성(일관성)

- **일방향 척도**

  응답범주의 의미가 일정한 방향으로 표현되도록 구성됨

- **혼합형 척도**

  응답범주의 의미가 일정한 방향으로 표현되지 않음

  ▶ 신중한 응답을 유도할 수 있는 반면, 응답에 혼동이 있을 수 있음

  ▶ 응답자들은 모든 항목들이 유사하다고 생각하여 신중하지 못 한 경우 잘못 표기
    할 가능성이 있음

⑥ 척도점의 의미 기술(anchoring)

- **양극단** : 척도점의 양 극단 쪽에만 척도점의 의미를 부여하는 방법
- **주요 점** : 척도점의 일부분(주요 부분)에만 의미 부여
- **모든 점** : 모든 척도점에 의미를 부여함

4. 설문지 작성

(1) 설문지(questionnaire)

① 설문지

- 응답자로부터 필요 정보를 획득하기 위한 일련의 정형화된 질문서

  (formalized set of questions to gather necessary information from respondents)

- 모든 응답자에게 동일한 문항을 질문하도록 구성한 표준화(standardized)된 측정 도구
- 계량/비계량 자료(quantitative & qualitative data) 수집에 사용되는 자료수집의 도구

  예 심리조사, 만족도조사, 태도조사, 의견조사, 인지조사 등

② 설문조사의 장·단점

장점	• 표준화되어 있어 단기간에 많은 양의 자료 수집이 가능함 • 표준화되어 있어 응답자별 비교분석이 가능함 • 객관적인 자료수집이 가능 • 다양한 응답형태, 문항구성 등을 통한 응답문항의 조정과 통제가 가능함
단점	• **문항 수의 제한**: 많은 양의 정보를 수집하기 위해 다수 문항으로 구성할 경우 응답률이 저하될 수 있음 • **표현의 제한**: 문장의 형태로 나타낸 언어적 의사소통으로 자료를 수집하는 방법으로 응답자들의 정확한 인지/지각적 판단을 유도하는 타당한 문장으로 나타내야 함 • **보편적 문항 구성의 어려움**: 모든 응답자들에게 해당되는 문항으로 구성하는데 어려움이 따를 수 있음 ▶ 특정 응답자에게만 해당되는 문항이 있는 경우 분기식(branching) 설문으로 구성할 수 있음

(2) 설문지 작성과정

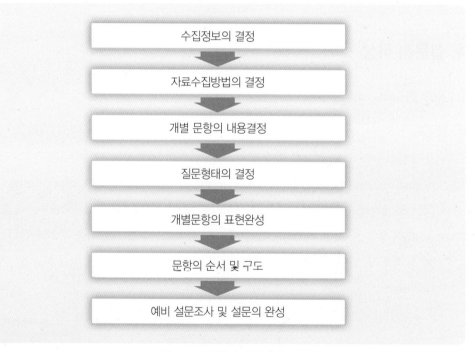

그림 6-1 설문지 작성과정

① 수집 정보의 결정

- 연구문제와 변수:

  연구문제를 구성하는 주요 변수(개념/구성개념)를 기준으로 결정함

- 연구 대상(현상):

  어떠한 현상(개념들간 관계)을 연구하는지를 고려하여 결정함

- 연구유형

  ▶ **탐색적 연구**: 연구문제와 관련된 직관/판단/통찰력/경험 등이 고려됨

  ▶ **기술적 연구**: 현상을 파악할 수 있는 변수들로 고려됨

  ▶ **인과적 연구**: 연역적 (인과)가설에 포함된 변수들을 고려함

② 자료수집방법의 결정

- **우편조사**

  설문 문항을 우편으로 전달/회수하므로 문항 수가 어느 정도 제한적이고 응답자가
  조사자의 도움 없이도 문항의 내용을 이해하고 답할 수 있도록 구성/표현해야 함

- **전화조사**

  응답자에 의해 임의로 조사가 중단될 수 있으므로 문항 수가 극히 제한적이고 짧은
  시간에 의미가 명확하게 전달될 수 있어야 함

- **면접조사**

  문항 표현에 있어 면접자가 이해할 수 있는 정도의 구체성이 요구되며 응답 항목이
  미리 준비되지 않은 주관식 문항도 자유로이 사용 가능함

- **인터넷조사**

  웹사이트, 이메일, 모바일 등을 활용한 조사로 문장 표현의 단순성/명료성이 요구되
  고 문항 수가 어느 정도 제한적임

③ 개별문항의 내용결정

- 개념의 구체화:

  측정하고자 하는 개념들의 개념적(conceptual)/조작적(operational) 정의(definition)
  를 고려함

- 응답능력/의도 고려:

  응답자가 실제 응답내용(값)을 정확하게 알고 있는지, 알고 있어도 이를 정확하게 답을 해줄 수 있을지에 대한 고려 필요
- 응답자들에게 지나치게 자세한 응답(값)을 요구하는 문항은 부정확한 응답이나 무응답을 초래할 수 있으므로 부적절함
- 너무 예민한 문항의 경우 응답이 곤란하여 응답을 회피하거나 정확하게 답하지 않을 수 있음

  ▶ 위신/체면(prestige): 응답자의 위신이나 체면에 손상이 갈 수 있는 문항의 경우

  ▶ 사생활(privacy): 응답자 개인의 사적인 문제와 관련된 문항의 경우

④ 질문형태의 결정

- 문항 표현

  ▶ 주관식

  자유응답형 문항으로 단답형, 기술형, 예시형(그림 사용 가능) 등으로 표현됨

  ▶ 객관식

  선택형 문항으로 다중택일(multiple items single choice)/자유선택(multiple items multiple choice)/서열선택(multiple items ordered multiple choice)/양자 택일형(dichotomous scale) 등으로 표현됨

  ▶ 다문항 제시의 경우 모든 대안이 다 포함되면서 서로 내용이 중복되는 문항이 없도록 해야 함(mutually exclusive & collectively exhaustive questionnaire items)

  ▶ 양자 택일형의 경우 응답의 신뢰성/편의성이 제고될 수 있으나 응답이 실제 응답자의 의견보다 훨씬 강하게 반영될 가능성이 있음

- 척도 유형

  기본척도 유형(명목/서열/등간/비율), 응용척도 유형(순위/등급/리커트/어의차이/고정총합 등)에 따라 문항 표현이 달라질 수 있음

- 자료분석방법

  연구과제를 검정하기 위한 통계적 자료분석 방법이 요구하는 가정을 고려할 수 있음

⑤ 개별문항의 표현(wording) 완성

- 의미가 명확한 단어/용어 사용:

  문항 표현에 있어 정확성을 저해할 수 있는 (시간/장소를 나타내는) 부사 사용은 자제하는 것이 바람직함

  ▶ "너무, 자주, 매우, 몹시, 종종, 때때로, 대략 - - 등"과 같은 부사 사용은 문항 표현에 있어 시공간적 명확성을 저해할 수 있음

- 응답값이 명확하게 구분될 수 있는 단어/용어 사용:

  ▶ "어느 정도, 약간, 거의"등 응답에 있어 정도(수준)의 명확성을 저해할 수 있는 표현에 신중해야 함

- 하나의 응답문항에 두 가지 내용/항목을 물어보는 것(double barrel)은 부적절함

  ▶ 접속사(그리고, 와, 과, 또는 - -) 사용을 자제하는 것이 바람직함

- 연구자 임의로 응답자들에 대한 가정을 해서는 안 됨:

  응답자가 특정 현상이나 내용을 이미 경험했거나 알고 있다는 가정에 있어 주의가 필요함

- 일반적으로 의미가 명확한 용어의 사용:

  학문적/기술적 용어(academic/technological term)의 경우 해당 용어에 대한 부수적인 설명/정의를 추가 제시함으로써 의미가 혼동없이 명확히 전달될 수 있도록 해야 함

- 응답의 방향이나 특정 응답값으로 유도하는 표현이 포함되지 않도록 함

  ▶ 연구자의 연구 의도가 설문 문항의 표현에 반영되는 경우

  ▶ 가설 검정의 방향 또는 결과가 응답에 반영되도록 표현하는 경우

- 홀수 척도로 중간값을 택할 수 있는 경우:

  응답자가 부주의/무의식적으로 중간값을 택하는 경향이 나타나지 않도록 문항 표현에 신중을 기해야 함

⑥ 문항의 순서 및 구도

- 연구문제와 직접 관련이 없고 구분/분류 목적으로 사용되는 인구통계관련 문항의 경우 응답자 개인적인 사항들과 관련되어 있으므로 뒤 쪽으로 배치될 수 있음

- 연구문제/가설에 나타난 변수의 순서를 고려하여 문항을 배치할 수 있음

- 분기형(branching) 문항은 문항 구성의 복잡성으로 인해 응답의 혼동을 초래할 수 있으므로 가능한 사용을 자제하는 것이 바람직함
  - ▶ 반드시 분기가 필요한 경우 설문 내용 중간에 분기형 문항을 제시하는 것 보다는 해당 응답자들을 위한 설문을 별도로 준비하는 것을 고려할 수 있음

⑦ 예비 설문조사(pre-test) 및 설문의 완성

- 최종 설문을 완성하기 전에 연구의 대상이 되는 모집단의 일부(20-30명 전후)를 선정하여 예비 설문조사를 실시하고 여기서 나타난 응답자들의 반응과 응답내용에 대한 사전 분석을 통해 설문 내용과 표현, 구성을 수정·조정할 수 있음
- 척도의 신뢰성과 타당성에 대한 사전 점검을 할 수 있음

핵심 연구방법론

Essentials of Research
Methodology

CHAPTER 07

신뢰성과
타당성

신뢰성과 타당성

1. 측정의 평가

(1) 측정오차(Measurement Error)

① 측정오차의 원천

- 측정개념의 추상성:

  현상에서 관찰/경험 가능하지 않은 추상적 개념에 대한 측정

- 구성개념(construct)의 다차원성:

  여러 하위요인과 내용으로 구성된 개념에 대한 측정

- 측정시점에 따른 측정대상자의 상태 변화:

  서로 다른 대상자를 서로 다른 시점에 측정

- 측정환경의 차이:

  측정이 이루어지는 환경의 차이

- 측정방법의 불완전성:

  최적의 척도 구성과 측정방법 결정의 어려움

- 측정도구와 측정대상자간 상호작용:

  측정도구에 대해 익숙한 정도와 이에 대한 응답자 반응형태의 차이

- 측정자와 측정대상자간 상호작용:

  측정자의 신분, 태도, 측정자와의 관계 등이 미치는 영향

- 자료의 편집(editing)/분석(analysis) 오차:

  수집된 자료를 편집하고 분석하는 과정에서 발생하는 오류

② 측정오차의 유형

- **측정값 = 실제값**(true/real value) **+ 체계적 오차**(systematic error) **+ 비체계적 오차**
  (unsystematic error)

- **체계적 오차** : 측정하고자 하는 진정한 값(true value)에 대한 편향(bias) 오류

▶ 측정의 타당성(validity)과 관련된 오류

● **비체계적 오차** : 측정의 일관성 없이 이루어지는데 따르는 무작위적(random) 오류

▶ 측정의 신뢰성(reliability)과 관련된 오류

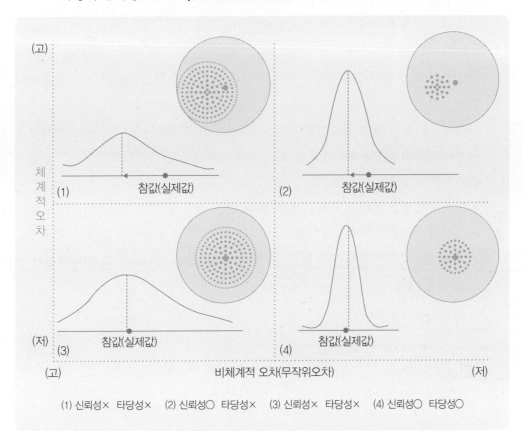

(1) 신뢰성× 타당성×   (2) 신뢰성○ 타당성×   (3) 신뢰성× 타당성×   (4) 신뢰성○ 타당성○

그림 7-1 측정값의 확률분포도로 본 **신뢰성과 타당성**

(2) 측정의 평가

① 측정의 적절성에 대한 평가 : 신뢰성 ⟷ 일관성 / 타당성 ⟷ 정확성

● 신뢰성(reliability)/타당성(validity): 과학적 연구가 정확하고 객관 타당하게 진행되었는지 또는 진행되고 있는지에 대한 평가 기준

▶ 신뢰성:
척도가 구성개념을 얼마나 일관성 있게 (안정적으로) 측정하는가?

▶ 타당성:

척도가 구성개념을 얼마나 정확히 측정할 수 있는가?

② **측정의 필요/충분조건 : 신뢰성(필요조건) / 타당성(충분조건)**

- 신뢰성은 특정 연구가 올바른 연구가 되기 위해서 갖추어야 하는 필요조건(necessary condition)이 됨
- 타당성은 특정 연구가 올바른 연구로 평가되기 위한 충분조건(sufficient condition)이 됨
- 구성개념을 일관성 있게 측정한다 해도 (진정한 측정값과 다른) 잘못된 구성개념을 측정하면 신뢰성은 존재한다고 볼 수 있지만 타당성 있는 측정으로는 보기 어려움
- 신뢰성은 타당성의 전제 조건:
    - ▶ 신뢰성이 없으면 타당성을 논할 수 없음
    - ▶ 올바른 구성개념을 측정해도 측정의 일관성이 없다면 타당성을 말할 수 없음
    - ▶ 신뢰성이 낮으면 타당성이 높을 수 없지만 신뢰성이 높다고 반드시 타당성이 높은 것은 아님

2. 신뢰성(Reliability)

(1) 정의 및 내용

- 구성개념(construct)의 진정한 값을 측정하는데 있어서의 일관성(consistency), 안정성(stability), 예측가능성(predictability) 등을 의미함
- **동일성:**

동일한 개념(구성개념/변수)에 대해 같은 측정도구(척도)로 측정을 반복했을 때 동일한 측정값을 얻을 수 있는 정도
- **일관성:**

동일한 대상에 대해 같거나 비교 가능한 측정도구를 사용하여 반복 측정할 경우 동일한 결과를 얻을 수 있는 정도

- 측정값이 변동오차를 포함하고 있는 정도, 즉 어떤 하나의 측정값이 관찰시마다 어느 정도 일관성 없이 나타나는지를 의미하는 오차의 정도 (the extent to which a measuring instrument contains variable errors, that is, errors that appear inconsistently from observation to observation during any one measurement attempt)
- 연구가 제시하고 있는 이론에 포함된 개념(변수)들과 조사 설계를 가지고 해당 연구를 다시 수행 했을 때에도 같은 결과가 나올 수 있는지에 대한 정도를 나타냄

> 신뢰도 계수 = 1 − (오차성분의 분산)/(측정결과의 분산)
> = (측정결과의 분산 − 오차성분의 분산)/(측정결과의 분산)
>
> ※ 측정값에서 측정에 따르는 무작위오차를 제외한 나머지 부분을 나타냄

(2) 신뢰성 측정방법

① 재검사법(test-retest reliability)

- 동일한 상황에서 동일한 측정도구로 동일한 대상(개념)을 시간을 달리하여 두 번 측정하고 결과가 얼마나 동일한지 비교
- 시점을 달리한 두 측정결과(값)에 대한 상관계수
  - ▶ 상관계수가 클수록 신뢰성이 높음
  - ▶ 측정의 일관성을 의미하는 신뢰성 기준을 가장 잘 반영하지만, 두 번 측정하는데 따르는 비용과 조사의 시·공간적인 제한으로 실제 수행하기 어려운 측면이 있음
- 외생변수의 영향 가능
  - ▶ 동일한 측정도구를 두 번 적용함으로써 앞선 측정이 이후 측정에 영향을 미치는 주시험효과를 고려해야 함

② 복수양식법(parallel-forms/alternative-form reliability)

- 최대한 비슷한 두 가지 형태의 측정도구를 동일한 응답표본에 차례로 적용하여 얻은 결과 값의 상관도를 측정하여 구함
- 두 개 이상의 동등한 측정도구 개발이 어려움 (예 SERVQUAL/SERVPERF)

③ 반분법(split-half reliability)

- 측정도구를 임의로 반으로 나누어 측정한 두 결과 값의 상관계수
  - ▶ 두 측정도구의 측정치(값)간에 상관계수가 높을수록 신뢰성이 높다고 추정

- 전제조건:

    측정도구가 같은 개념을 측정한다는 것이 명백해야 하며, 양분된 각 측정도구의 항목 수는 자체가 각각 완전한 척도를 이룰 수 있도록 충분해야 함
- 전체 측정문항들을 반반으로 나누어서 이들 간 관계를 살펴보는 것은 전체 측정문항들이 특정 개념을 일관성 있게 측정하는지를 평가하는 신뢰성의 원래 의미를 반영하는 것으로 보기는 어려움
    ▶ 전체 측정문항수가 홀수인 경우, 정확히 반반으로 측정문항들이 나뉘어질 수 없음

④ 내적일관성(internal consistency reliability)

- 여러 개의 측정항목으로 동일한 개념을 측정하는 경우 이들 측정 항목간 측정의 일관성을 나타냄
- 연구의 주요 개념을 측정하는 측정도구(변수)들이 해당 개념을 어느 정도 일관성 있게 대변하는지를 나타내는 정도
- Cronbach's Alpha 계수로 측정:

    내적일관도 계수(a measure of internal consistency reliability)
    ▶ 개념을 측정하는 측정도구(변수)가 하나일 경우, Cronbach's Alpha 계수 도출이 어려움
    ▶ 하나의 개념을 측정하는 측정도구(변수)들이 다항목(3-5개 이상)일 때 적절
    ▶ 항목분석(Item Analysis): 신뢰성을 저해하는 측정항목을 찾아내어 이를 제거함으로써 신뢰성을 높임

Cronbach's alpha[1]

- 서베이의 진정한 신뢰도의 하한값

    (alpha is a lower bound for the true reliability of the survey)
- 서베이 응답의 분산 중 응답자들의 차이에 의해서 나타나는 분산의 비율

    (the proportion of the variability in the responses to the survey that is the result of differences in the respondents)

---

1) Cronbach, L.J. (1951). Coefficient alpha and the internal structure of tests. Psychometrika, 16, 297-334.

$$\alpha = k(\text{cov}/\text{var}) \,/\, 1+(k-1)(\text{cov}/\text{var})$$

k: 서베이 항목의 수(number of items on the survey)
cov: 항목간 공분산의 평균(average inter-item covariance)
var: 항목 분산의 평균(average item variance)

- 모든 서베이 항목들의 분산이 같다고 가정할 때

  (Under the assumption that the item variances are all equal)

  Standardized item alpha: $\alpha^{2)} = kr \,/\, 1+(k-1)r$

(3) 신뢰성 제고 방법

- 측정도구의 모호성을 제거함
- 측정 항목수를 늘림
- 측정(면접)자들의 측정(면접)방식과 태도에 있어 일관성을 유지함
- 조상대상자가 잘 모르는 분야에 대한 측정을 지양함
- 자체 검정 문항:

  동일한/유사한 문항을 사용한 반복 질문을 통해 응답의 일관성을 자체 평가함
- 검정된 측정도구 이용:

  이전 조사에서 이미 신뢰성이 있다고 인정된 측정도구 이용
- 사전조사(Pre-test):

  설문 완성 전에 적은 수(15명~30명 이내)의 표본으로 응답자들의 이해도 평가

  ▶ 측정문항이 의미하는 바에 대해 이해를 잘 하고 있는지?

  ▶ 응답자들이 답을 하는데 주저하거나 부담을 갖는 문항 표현은 없는지?

  ▶ 응답자들이 응답하기에 어려운 점은 없는지?

  ▶ 응답자들이 측정문항을 이해하는데 있어 오해의 소지는 없는지?

---

2) 또는 Spearman-Brown stepped-up reliability coefficient

3. 타당성(Validity)

(1) 정의 및 내용

- 측정도구가 원래 측정하고가 하는 이론적 개념(구성개념, 변수)을 얼마나 정확히 측정하였는지를 나타내는 정도:
  - ▶ 내적타당성(internal validity)이라고도 불림
  - ▶ 외적타당성(external validity)은 측정도구의 일반화 정도를 나타냄
- 특정한 개념이나 속성을 측정하기 위하여 개발한 측정도구가 해당 개념/속성을 얼마나 정확히 반영하는지를 나타내는 정도:
  - ▶ 조사대상 개념(구성개념, 변수)의 개념적 정의와 조작적 정의를 얼마나 정확히 하는지에 영향을 받음
  - ▶ 타당성은 측정의 일관성 보다는 측정의 정확성에 초점을 맞춤
  - ▶ 측정도구가 측정하고자 하는 개념을 얼마나 정확하게 측정했는지의 정도
  - ▶ 개념을 정확하게 측정하지 못하면 이론적 모형이나 가설을 정확히 검정하기 어려움
  - ▶ 개념을 정확하게 측정하는 측정도구를 사용하면 해당 개념이 포함된 이론/가설/모형에 대한 타당한 검정이 가능하겠지만, 반드시 이를 보장할 수는 없고 이론을 구성하는 가설이나 연구모형의 타당성은 별도로 측정할 수 있음
  - ▶ 구조적 인과관계에 대한 모형 타당성 검정:
    구조방정식모형분석(Structural Equation Model Analysis)을 사용하여 검정할 수 있음

☞ 계량적(수치적) 값 제시의 한계

- 개념을 정확하게 측정 했는지를 계량적인 값으로 제시하기 어려움
- 평가하고자 하는 개념의 진정한 값(의미)을 모르는 상태에서 타당성을 계량적으로 제시하는데 한계가 있음
  - ▶ 측정의 일관성을 다루는 신뢰성과는 달리 측정의 정확성을 평가하는 타당성의 경우, 해당 개념의 진정한 값(true value)을 알기 어려워 측정도구가 측정하고자 하는 개념과 얼마나 비슷한지를 평가하는데 어려움이 있음
- 구성타당성(집중/판별/이해 타당성)을 계량적으로 평가하는 방법(확인요인분석)은

제시되어 있지만 측정값이 측정대상의 진정한 값에 얼마나 가까운지를 평가하기에
는 제한적임

(2) 타당성의 유형

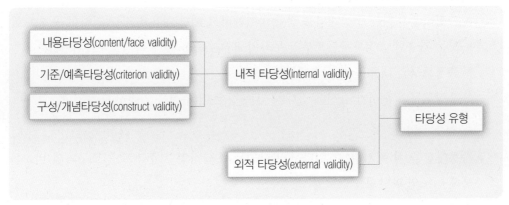

그림 7-2 타당성 유형

① 내용 타당성

- 측정도구가 측정하고자 하는 개념을 얼마나 잘 반영하고 있는지를 나타내는 정도:
  - ▶ 측정도구가 측정하고자 하는 속성이나 개념을 정확히 측정할 수 있도록 되어 있
    는지, 측정항목 표본이 측정항목의 모집단을 어느 정도 잘 대표하고 있는지를 나
    타냄
  - ▶ 측정도구가 가져야 할 최소한의 타당성
- 측정도구의 대표성:
  측정도구가 측정대상(개념, 변수)이 가지고 있는 속성을 얼마나 대표성 있게 포함하
  고 있는지의 정도
- 측정대상/현상이 가지고 있는 무수한 속성들을 파악하는 것이 (특히 사회과학에서)
  어려울 수 있음
  - ▶ 측정 기준이 주관적 판단에 의해 결정되기 쉬움
  - ▶ 객관적/통계적 검정이 어려움
- 주관적인 판단이 개입될 소지가 크기에 계량적으로 제시하기 어려우며 제시의 객관
  성/논리성이 중요함

▶ 기존연구 참조 제시

▶ 관련 2차 자료 제시

▶ 주관적 판단의 근거 논리를 설득력 있게 제시

● 내용타당성 제고 방법:

▶ 측정하고자 하는 구성개념을 정확히 이해하고 해당 내용을 잘 정리하여 구체화 함

▶ 모든 가능한 측정도구들로부터 무작위 표본추출을 통해 측정도구를 구성함

▶ 측정도구의 내용을 정확히 제시함

▶ 측정도구의 순서가 사전에 정해져 있는 경우 이 순서를 일정하게 유지함

② 기준/예측 타당성

● 측정대상을 잘 평가할 수 있다고 판단되는 독립적인 기준과 측정도구와의 비교를 통해 척도의 타당성을 검정함

● 하나의 개념이나 속성의 상태에 대한 측정이 미래 시점에 있어서의 다른 속성이나 개념의 상태를 예측할 수 있는 정도로 실증타당성(empirical validity)이라고도 불림

● 측정하고자 하는 개념을 객관적으로 측정하는 도구가 제시되어 있는 경우 타당성 측정을 위해 사용하기 유용한 개념임

▶ 타당한 측정기준(도구)을 얻는 것이 어려움

● 측정도구와 측정결과간의 관계에 관심을 둠 (→ 측정도구 값과 측정결과와의 상관관계)

▶ 측정도구의 타당성이 높으면, 측정도구 값과 측정도구가 측정하고자 하는 속성 간에 높은 상관관계가 존재

例 채용 전 시험성적과 채용 후 근무성적간 상관관계

▶ 사용가능한 좋은 기준(측정도구)을 개발 또는 확보하는데 어려움이 있을 수 있음

▶ 사회과학의 경우, 사용하기 어렵거나 측정도구와 측정 결과 간의 상관이 모호한 경우가 많음

기준타당성의 유형

● 예측타당성(predictive validity):

측정도구(기준) 값과 미래 나타날 측정하고자 하는 속성(값) 간의 상관관계

- 동시타당성(concurrent validity):

  측정도구(기준) 값과 같은 시간대에 나타나는 측정 속성(값) 간의 상관관계

- 비교타당성(comparative validity):

  집단비교법(know-groups Technique): 상반된 특성을 가진 두 개의 집단에 측정도구를 적용하여 그 결과가 얼마나 다르게 나타나는지를 보는 방법 (상반된 특성을 가진 집단을 구할 수 있는 경우)

- 기준문항타당성(validity by criterion-question):

  응답을 판별하는데 기준이 될 수 있는 문항을 포함시켜 해당 기준 문항의 값과 다른 문항들의 합계 점수간 상관관계 분석

③ 개념/구성타당성(construct validity)

- 측정도구가 실제로 조사자가 측정하고자 하는 추상적인 개념(변수, 구성개념)을 적절하게 측정하였는지를 나타내는 척도 (Construct validity is the extent to which a set of measured items actually reflect the theoretical latent construct they are designed to measure)

🔘 개념/구성타당성 유형

- 집중타당성(convergent validity):

  동일한 개념을 측정하기 위하여 서로 다른 측정도구가 사용될 경우 이들 서로 다른 측정도구에 의하여 얻어진 측정값 간의 상관관계 (→ 높아야 바람직함)

- 판별타당성(discriminant validity):

  서로 다른 개념을 측정하는 각각의 측정도구가 있을 때, 이들 서로 다른 개념에 대한 측정값 간의 상관관계(→ 낮아야 바람직함)

- 이해타당성(nomological validity):

  측정대상(개념/변수)간의 이론적 관계가 측정값(결과)간의 관계를 통해서 확인되는 정도를 의미하며 측정대상에 해당하는 측정값 간의 상관관계를 통해 나타남 (→ 높아야 바람직함)

  ▶ 특정 개념과 유사한 여러 다른 개념들이 존재하는 경우: 이들 개념들을 모두 측정할 수 있는 측정방법일수록 이해타당성이 높은 측정방법이 됨

▶ 외적타당성(external validity):

측정결과를 실제 상황에서 어느 정도까지 적용할 수 있는지(일반화 할 수 있는지)를 나타내는 정도

내적타당성(internal validity)과는 서로 상충적(trade-off)관계를 가지고 있음:

- 내적타당성↑ ↔ 외적타당성↓
- 내적타당성↓ ↔ 외적타당성↑

(3) 타당성(Validity) 제고 방법

- 측정대상(구성개념/변수)에 대한 정확한 이해
- 측정대상의 배경이 되는 전반적인 이론 분야에 대한 충분한 지식
- 측정대상의 배경이 되는 현상(상황)에 대한 충분한 경험
- 기존 관련 연구에서 사용되어 타당성을 인정받은 측정도구(방법)의 사용
- 사전조사를 통한 측정도구 정제
  ▶ 측정대상(구성개념/변수)와 이를 측정하는 측정도구(항목)들 간의 상호 상관관계가 낮은 측정항목 제거
  ▶ 측정대상(구성개념/변수)을 측정하는 새로운 측정도구(항목)의 개발 및 추가

(4) 타당성(Validity) 평가 방법

- 내적 타당성을 전체적으로 평가하기는 어려우며 이 중 개념/구성타당성을 평가하는 방법으로 다음과 같은 방법들을 들 수 있음
  ▶ 개념/구성타당성 자체를 하나의 객관적인 수치(값)으로 평가하기는 어려우며 집중/판별/이해타당성 또는 요인분석의 설명력이나 확인요인분석의 적합도 등을 통해 다양하게 분석/해석될 수 있음

① 다속성–다측정 방법(MTMM: Multi-Trait Multi-Method)[3]

- 조사대상이 가지는 두 개의 서로 다른 속성과 이를 측정하는 두 개의 서로 다른 측정방법(도구)이 필요함

---

3) Campbell, D.T., & Fiske, D.W. (1959). Convergent and discriminant validation by the multitrait-multimethod matrix. Psychological Bulletin, 56(2), 81-105.

- 집중/판별타당성 평가:

  2개 이상의 개념에 대해 측정할 수 있는 도구를 각각 2개 이상 개발하고 이들 측정 도구의 집중/판별타당성을 평가함

  ▶ **집중타당성**: 같은 구성개념을 측정하기 위한 측정도구(값) 간에는 높은 상관이 있어야 함

  ▶ **판별타당성**: 서로 다른 구성개념을 측정하기 위한 측정도구(값) 간에는 상관이 낮아야 함

- 측정방법이 달라도 동일한 속성을 측정하는 것은 비슷한 결과를 산출하는 반면, 다른 속성은 동일한 방법에 의해 측정이 된다 해도 다른 결과가 나온다는 논리에 근거함

- 동일한 속성을 다른 방법에 의해 측정한 결과간 상관관계는 다른 속성을 같은 방법에 의해 측정한 결과간 상관관계보다 높아야 함

② 요인분석(Factor Analysis)

- 서로 상이한 개념들을 측정하는 여러 문항들이 있을 때, 이들 문항들을 전체로 묶어 요인분석을 적용하면 원래의 각 개념을 측정하는 문항들로 요인이 묶이고 도출되는지를 분석함

- 요인의 회전(factor rotation)

  ▶ **직교 요인회전**(orthogonal factor rotation):

  문항간 상관관계가 높은 요인들로 묶이면서 요인간에는 서로 독립성을 유지하도록 하는 방법

  ▶ **사각 요인회전**(oblique factor rotation):

  요인간 독립성은 보장할 수 없지만 요인의 설명력을 최대로 하면서 진정한 내재적 차원(요인)을 도출하는 방법

- 누적분산설명력(cumulative % of variance explained):

  요인분석을 통하여 도출된 요인들의 누적분산설명력이 크게 나타나야 해당 요인들에 대한 타당성 해석이 가능함

③ 확인요인분석(confirmatory factor analysis)

- 집중타당성(convergent validity) : Lx_1 Lx_2 Lx_3 Lx_4 간의 상관

- 판별타당성(discriminant validity):

  (Lx_1 Lx_2 Lx_3 Lx_4) 와 (Lx_5 Lx_6 Lx_7 Lx_8) 간의 상관

- 이해타당성(nomological validity):

  두 구성개념(Supervisor Support ↔ Work Environment)간의 상관

  ▶ Lx_1 Lx_2 Lx_3 Lx_4 간의 상관(집중타당성)이 (Lx_1 Lx_2 Lx_3 Lx_4) 와 (Lx_5 Lx_6 Lx_7 Lx_8) 간의 상관(판별타당성)보다는 크게 나타나야 함

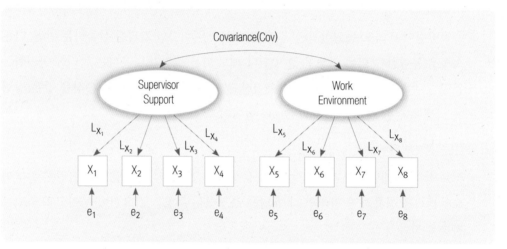

그림 7-3 관리자지원(supervisor support)과 직무환경(work environment)간 관계에 관한 경로 도형

AMOS(SPSS): CFA(Confirmatory Factor Analysis) and Construct Validity

- Convergent Validity(집중타당도):

  내적일관성(internal consistency)을 나타냄

  ▶ standardized factor loadings coefficient(표준화요인부하계수):

    0.7보다 큰 값이 바람직함(should be 0.7 or higher)

- Average Variance Extracted(AVE: 평균분산추출)

  = Σ(표준화요인계수^2) / (Σ(표준화요인계수^2)+Σ측정오차분산)

  ▶ 0.5보다 큰 값이 바람직함(should be 0.5 or higher)

- Construct Reliability(CR: 개념신뢰도)

  = (Σ표준화요인계수)^2 / ((Σ표준화요인계수)^2+Σ측정오차분산)

  ▶ 0.7보다 큰 값이 바람직함(should be 0.7 or higher)

- Discriminant Validity(판별타당성):

  두 개념 각각의 AVE값은 두 개념간 상관계수 제곱값(r^2) 보다 크게 나타나야 함

  (AVE estimates for two factors also should be greater than the square of the correlation between the two factors)

- Nomological Validity(이해타당성):

  한 이론(가설)을 형성하는 두 개념을 측정하는 측정값간 상관계수는 유의적으로 나타나야 함

④ 동일방법편의(Common Method Bias)

- 연구의 구성개념이 동일한 방법에 의해 측정되었을 경우 발생할 수 있는 측정값의 편의(bias)[4]

- 동일한 응답자에게 비슷하게 구성된 측정도구(설문문항)를 제시하는 경우 발생할 수 있는 응답의 연계 상관 오류:

  ▶ 실증연구에서 독립변수와 종속변수를 같은 방법으로 측정할 경우 발생할 수 있는 체계적인 오류

  ▶ 하나의 설문지에서 독립변수와 종속변수를 같이 측정함으로써 변수간 공분산이 나타나게 되고 이로 인해 원래의 변수간 상관에 비해 상대적으로 측정값의 상관성이 높게 나타날 수 있음

  ▶ 자기보고기법(self-administered surveys)을 사용하는 횡단연구에서 발생 가능성이 높음

  ▶ 동일방법분산(common method variance):

  동일방법편의로 인해 발생하는 (통계적 의미의) 공분산을 나타냄

동일방법편의의 원인

- 응답자 편의: 응답자로부터 발생할 수 있는 오류

  ▶ 사회적으로 바람직한 방향으로 응답을 하고자 하는 의식적/무의식적 응답자 성향:

---

4) Podsakoff, P.M., MacKenzie, S.B., Lee, J.Y., & Podsakoff, N.P. (2003). Common method biases in behavioral research: A critical review of the literature and recommended remedies. Journal of Applied Psychology, 88, 879-903.

응답자가 응답을 통해 사회적으로 선호되는 사람임을 나타내려는 경향으로 자기기만과 의도적 왜곡이 나타날 수 있음

▶ 응답의 일관성을 유지하고자 하는 의식적/무의식적 응답자 성향:
무의식적으로 유사한 질문에 일관성을 유지하려는 경향으로 자신의 기존 가치관에 맞도록 응답을 하려는 현상

▶ 응답자가 지각하는 이론의 내재적/가상적 상관성으로 인한 영향:
설문문항에 제시된 연구문제에 노출이 됨으로써 해당 연구문제에 포함된 이론적 변수들 간의 가상적 상관성을 갖게 되는 현상

▶ 응답자의 개인적 기질로 인한 영향:
개인이 가지고 있는 원래의 긍정/부정적 정서로 인해 응답에 영향을 미치는 현상

● **측정방법 편의**: 측정방법(도구)로부터 발생할 수 있는 오류

▶ 측정문항내용 외에 문항의 형식이 측정결과에 영향을 미칠 수 있음[5]
문항수가 상대적으로 너무 적거나 많은 경우, 모든 변수에 동일한 척도를 적용한 경우 등

▶ 설문항목의 모호성, 불명확성: 구성개념 자체가 복잡하거나 애매한 경우

▶ 측정상황(대면조사)에 따른 응답자/조사자간 상호 영향: 독립변수와 종속변수를 같은 시점/공간에서 측정하는 경우

---

5) Cronbach, L.J. (1946). A case study of the splithalf reliability coefficient. Journal of Educational Psychology, 37(8), 473-480

동일방법편의 해결방안

연구설계 단계	• **응답 원천의 분리**: 독립/종속변수를 각각 다른 응답 원천으로부터 측정 　▶ 변수에 따라 불가능한 경우가 있음 • **측정 환경의 분리**: 구성개념의 측정시기/측정환경을 달리함 　▶ 연구자의 시간/노력/비용의 상대적 부담감을 높일 수 있음
자료수집 단계	• **질문순서 조절**: 설문문항의 순서를 상이하게 배열 • **설문항목 표현의 명확성** • **관련 변수(독립/종속변수)간 측정척도의 차별화**: 　독립/종속변수 척도를 다르게 구성 • **변수추가**: 측정변수와 관계없는 표시변수(marker variable)를 추가함
자료분석 (통계처리) 단계	• Harman's Single Factor Test • 편상관관계를 활용한 편의영향 제거 • 측정 잠재변수의 통제 • 비측정 잠재변수의 통제

기존 연구의 동일방법편의 해결 유형[6)]

Category	Overall	Journals			
		IJHM	JHTR	CQ	IJCHM
Procedural remedy	69	32	7	18	12
IV and DV from different sources	38	16	3	13	6
Temporal separation	22	9	3	4	6
Psychological separation	2	1	0	1	0
Methodological separation	7	6	1	0	0
Others	0	0	0	0	0
Statistical control	84	62	6	2	14
Harman's single factor test	70	50	6	2	12
Partial correlation procedure	4	3	0	0	1
Control with a directly measured latent method factor	2	2	0	0	0
Control with an unmeasured latent method factor	7	6	0	0	1
Control with multiple method factors	1	1	0	0	0
CFA marker technique	0	0	0	0	0

Notes: Procedural remedies and statistical controls are from Podsakoff et al. (2003) and Williams et al. (2003). 16 of 137 articles (12%) utilized multiple techniques in one study.

---

6) Min, H., Park, J., & Kim, H.J.(2016). Common method bias in hospitality research: A critical review of literature and an empirical study. International Journal of Hospitality Management, 56(July), 126-135.

Harmon's Single-Factor Test(단일요인검정)[7]

- 동일방법편의(공통방법오류)가 심각하면 모든 변수들을 대상으로 한 요인분석에서 고유치(eigen value)가 1 이상인 요인이 한 개만 도출되거나, 또는 여러 개의 요인이 도출되어도 그 설명력이 한 요인에 집중됨

- 탐색적 요인분석(exploratory factor analysis)의 비회전 주성분분석 (unrotated principal components analysis), Varimax 회전 주성분분석(principal component analysis with varimax rotation), Varimax 회전 주축요인분석(principal axis analysis with varimax rotation) 등을 사용하여 분석 후, 요인이 하나만 도출되거나 가장 분산 설명력이 큰 제 1요인의 분산설명력이 너무 클 경우 동일방법편의가 심각한 것으로 간주함

Harman's single factor test for Common Method Variance

- Variance that is attributed to the measurement method rather than the constructs of interest
- Because all data are self-reported and collected through the same questionnaire during the same period of time with cross-sectional design
- CMV may cause systematic measurement error and further bias on the estimates of the true relationship among theoretical constructs
- All variables are entered into an exploratory factor analysis, using unrotated principal components factor analysis, principal component analysis with varimax rotation, and principal axis analysis with varimax rotation
- The 1st (largest) factor is not account for a majority of the variance
- If a substantial amount of common method variance is present. either (a) a single factor will emerge from the factor analysis, or (b) one general factor will account for the majority of the covariance among the variables
- All variables are loaded on one factor to examine the fit of the confirmatory factor analysis model
- The CFA shows that the single-factor model does not fit the data well

⇒ Then, the common method variance is not of great concern and thus is unlikely to confound the interpretations of results.

---

7) Podsakoff, P.M., & Organ, D.W. (1986). Self-reports in organizational research: Problems and prospects. Journal of Management, 12, 69-82.

⑤ 측정동일성(Measurement Invariance/Equivalence)

- 연구에 제시되는 구성개념을 다양한 대상과 집단 간에 적용시키기 위해서는 측정동일성이 확보되어야 함
- 많은 연구자들이 제안한 모델을 자신의 연구 가설로 설정하고 이를 검정하기 위해서 설문문항을 사용하고 있으나 이는 응답대상이 동일하다는 가정 하에 진행되는 것이며, 서로 다른 대상과 집단에 적용 시에는 집단간 차이가 나타날 수 있음에 각별한 주의를 기울여야 함
- 변수간 관계를 조사하는데 있어 집단(성별, 직업별 등)간 조절효과를 살펴보고자 할 때 작성된 설문문항이 집단간에 동일하게 인지되고 있는지를 확인함으로써 설문문항(척도)에 대한 타당성을 확보할 수 있음

측정동일성의 구성요소

- 형태동일성(configural invariance)
- 측정동일성(measurement/metric invariance)
- 절편동일성(scalar/intercept invariance)
- 요인분산동일성(factor variance/covariance invariance)
- 오차분산동일성(error variance invariance)

형태동일성:
집단별 기저모형의 적합도를 확인하는 측정동일성으로 집단별 모형 적합도 산출 후 적합성 지수를 비교함 (두 집단별 적합성 지수의 합치도(stacked model) 수치도 참고)

측정동일성:
요인적재치(부하량) 동일성이라고도 하며, 집단별 요인계수가 같다고 가정한 후, 모형의 적합도를 확인하는 측정동일성. 아무런 제약을 하지 않은 기본모델(unconstrained model)과 집단에 따른 모형에 요인 적재치를 동일 제약한 모형 간 적합도 차이를 비교함

절편동일성:
요인적재치 동일제약을 한 모형과 각 측정항목의 절편까지 동일 제약을 한 모형을 비교함

요인분산동일성:
집단별 잠재변인(latent factors)들간 분산과 공분산의 동일성 검정으로 요인적재치 동일 제약한 모형과 전체 분산에 대한 동일 제약한 모형을 상호 비교함

오차분산동일성:
요인적재치 동일 제약한 모형과 측정항목 오차 분산에 동일 제약한 모형을 상호 비교함

▶ 검정순서

→ 형태동일성

→ 측정동일성(요인부하량동일성)

→ 공분산동일성(요인분산동일성)

→ 측정동일성/공분산동일성

→ 측정동일성/공분산동일성/오차분산동일성

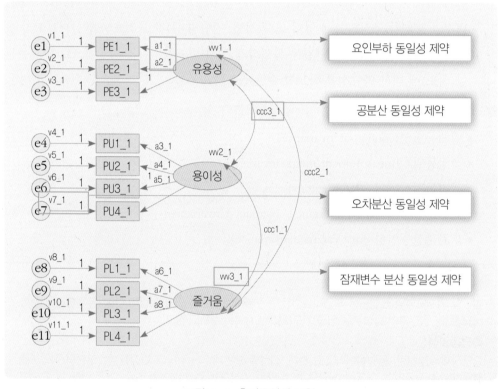

그림 7-4 측정동일성 모형

SPSS 예제: 신뢰도 분석

→ Analyze ⇒ Scale ⇒ Reliability Analysis ⇒ Alpha ⇒ Dialogue Box 로 분석변수 이동

→ 내적일관성 신뢰도계수(Cronbach's): 표본 50명, 측정문항 5개 항목

Case Processing summary

Cases		N	%
Cases	Valid	50	100.0
	Excluded	0	.0
	Total	50	100.0

a. Listwise deletion based on all variables in the procedure.

Reliability Statistics

Cronbach's Alpha	N of Items
.620	5

- 신뢰도 검정을 위한 내적일관성 측정 결과, 신뢰도 계수 값이 .620으로 나타남
- 항목분석(item analysis)를 통한 신뢰도 계수 제고

  Analyze → Scale → Reliability Analysis → Statistics: Descriptives (Item/ Scale/ Scale if item deleted) √   => Continue => Ok
- 관련 통계치: Item Total Statistics

  ▶ Scale Means If Item deleted:

  해당 측정변수항목이 빠졌을 때의 나머지 측정항목들의 분산

  ▶ Scale Variance If Item deleted:

  해당 측정변수항목이 빠졌을 때의 나머지 측정항목들의 분산

  ▶ Corrected Item-Total Correlation:

  해당 측정항목과 나머지 측정항목들의 합(sum)과의 상관계수

  ▶ Cronbach's Alpha If Item deleted:

  해당 측정항목이 빠졌을 때 나머지 측정항목들의 Cronbach's Alpha값

측정항목 V5를 제거할 경우, 신뢰도 계수(Cronbach's) 값이 .628로 높아진다는 것을 알 수 있음

Item—Total Statistics

	Scale Mean if Item Deleted	Scale Variance if Item Deleted	Corrected Item—Total Correlation	Cronbach's Alpha if Item Deleted
V1	6.00	2.939	.328	.596
V2	6.22	3.073	.517	.509
V3	5.70	2.949	.378	.565
V4	6.06	2.956	.451	.527
V5	6.18	3.416	.241	.528

- "Item-Total Statistics", "Cronbach's Alpha if Item Deleted"의 값 비교를 통해 V5를 제거한 후, 내적일관성을 다시 분석한 결과 Cronbach's Alpha 값이 .628로 나타남

Reliability Statistics

Cronbach's Alpha	N of Items
.628	4

Item—Total Statistics

	Scale Mean if Item Deleted	Scale Variance if Item Deleted	Corrected Item—Total Correlation	Cronbach's Alpha if Item Deleted
V1	4.64	2.031	.371	.594
V2	4.86	2.204	.555	.478
V3	4.34	2.188	.344	.608
V4	4.70	2.214	.407	.560

- 위의 Item-Total Statistics에서 볼 수 있는 바와 같이, 측정문항을 삭제하여 더 이상 Cronbach's Alpha값을 개선(Improve) 할 수 없음
- 본 데이터의 신뢰성(내적일관성)을 나타내는 Cronbach's Alpha 값은 0.628 임

→ Parallel 모형을 이용한 신뢰도 측정

▶ 5개 측정항목, 50명의 응답자 자료에 대한 신뢰도 검정을 Parallel 모형을 이용하여 측정

Case Processing summary

		N	%
Cases	Valid	50	100.0
	Excluded	0	.0
	Total	50	100.0

a. Listwise deletion based on all variables in the procedure.

Test for Model Goodness of Fit

Chi-Square	Value	17.318
	dr	13
	Sig	.185
Log of Determinant of	Unconstrained Matrix	−4.908
	Constrained Matrix	−4.540

Under the parallel model assumption

- Test for Model Goodness of Fit에서 Chi-Square(χ^2) 값은 17.318(p>.05)로 나타나, 모형 적합도 검정을 통해 응답 변량(variance)이 일관성 있게 나타났음을 알 수 있음
- Test for Model Goodness of Fit(적합도 검정)에서 Chi-Square(χ^2) 값의 유의수준이 0.05 이상일 경우 적합하다고 할 수 있음
- Reliability Statistics에서 Common Variance 값을 통해 변량의 폭(range of variance)이 .441로 나타났고, 신뢰도계수(Reliability of Scale)는 .620로 나타남

Reliability Statistics

Common Variance	.441
True Variance	.109
Error Variance	.332
Common Inter–Item Correlation	.246
Reliability of Scale	.620
Reliability of Scale (Unbiased)	.636

Item–Total Statistics

	Scale Mean if Item Deleted	Scale Variance if Item Deleted	Corrected Item–Total Correlation	Squared Multiple Correlation	Cronbach's Alpha if Item Deleted
V1	6.00	2.939	.328	.142	.596
V2	6.22	3.073	.517	.344	.509
V3	5.70	2.949	.378	.206	.565
V4	6.06	2.956	.451	.298	.527
V5	6.18	3.416	.241	.111	.628

• F-test를 통해 응답자 간의 측정항목에 대한 응답의 (분산)차이를 검정한 결과, F값 6.367(p<.05)로 응답간 분산 차이가 유의함을 알 수 있음

ANOVA

		Sum of Squares	df	Mean Square	F	Sig
Between People		42.884	49	.875		
Within People	Between Items	8.464	4	2.116	6.367	.000
	Residual	65.136	196	.332		
	Total	73.600	200	.368		
Total		116.484	249	.468		

Grand Mean = 1.51

핵심 연구방법론

Essentials of Research
Methodology

CHAPTER 08

표본추출
(Sampling)

표본추출(Sampling)

1. 표본추출의 목적 및 내용

(1) 표본추출의 정의

- 연구 대상인 모집단을 모두 조사하는 것(전수조사)이 불가능하거나 어려울 때 모집단의 일부를 추출하여 조사하게 됨
- 모집단의 일부인 표본에 대한 조사를 통하여 연구 대상인 모집단의 특성을 추론함

① 전수조사(Census)

- 모집단에 속한 구성원 전체를 대상으로 직접 조사해서 자료를 수집하는 방법
  - ▶ 모집단 전체에 대한 실제 정보가 필요할 경우
  - ▶ 모집단의 크기가 비교적 작아서 전체를 조사하는 비용이 크지 않을 경우 가능
  - ▶ 사회과학 분야에서 연구의 대상이 되는 모집단 전체를 조사하는 것이 불가능할 경우가 많음

② 표본추출(Sampling)

- 모집단에서 추출한 일부분의 내용을 토대로 모집단의 특성을 파악하고자 하는 경우 수행함
  - ▶ 조사 시간과 비용, 인력 등을 절약할 수 있음
  - ▶ 모집단의 수가 무한히 많거나 모집단의 정확한 파악이 불가능한 경우 효과적임
  - ▶ 표본의 모집단 대표성(정확성)을 보장하도록 추출하는 것이 중요함
    - → 최근 빅데이터 분석과 질적자료 분석이 활발하게 진행되고 방대한 자료에 대한 효율적인 분석이 가능하게 되면서 표본수에 대한 제한이 적어지고 있음

(2) 표본추출의 목적

① 대표성(representativeness)

- 최대의 모집단 대표성(maximum population representativeness):

▶ 모집단에서 추출된 표본이 전체 모집단의 특성을 가장 잘 대변(represent)할 수 있도록 함

▶ 모집단의 크기와 분산의 크기가 커질수록 표본의 대표성을 유지하기 위한 표본크기가 커질 수 있음

② 효율성(effectiveness)

● 최소의 표본크기(minimum sample size):

▶ 모집단의 특성을 잘 반영하는 가장 적은 수의 표본을 추출하여 표본추출에 소요되는 비용/시간 등을 최소화

● 통계적 효율성(statistical effectiveness):

▶ 표본크기가 일정할 경우:
통계적 추정치의 표본오차가 적은 표본추출방법이 통계적으로 더 효율적임

▶ 모집단의 특성이 집단내 분포가 동질적이고 집단간 차이가 클 경우:
층화표본추출이 통계적으로 더 효율적임

▶ 모집단의 특성이 집단내 분포가 이질적이고 집단간 차이가 적을 경우:
군집표본추출이 통계적으로 더 효율적임

(3) 관련 개념

① 모집단(Population)

● 연구목적과 관련되는 자료의 전체집단(the entire set of relevant units or data)

● 연구자가 연구목적을 달성하기 위해 관심의 대상이 되는 사람·사물·조직·지역 등의 전체집합

● 연구자가 자료를 수집해서 직접적인 분석이나 통계적 추정에 의해 정보를 얻고자 하는 대상 집단

● 모집단 규정의 고려 사항:

▶ 연구의 대상(study object)

▶ 표본(추출)단위(sampling unit)

▶ 범위(extent)

▶ 시/공간(time & place)적 제한

② 표본프레임(sampling frame)

- 연구대상이나 표본단위가 수록된 목록:
  유형(책자) 무형(파일) 모두 가능
- 모집단을 얼마나 잘 대표하는지를 고려하는 것이 중요함
- 표본프레임 오류(모집단과 표본프레임이 일치하지 않는 오류)
  표본프레임 오류가 적어야 정확한 표본추출이 가능함
  → 표본프레임이 모집단내에 포함되는 경우(표본프레임<모집단)
  → 모집단이 표본프레임내에 포함되는 경우(모집단<표본프레임)
  → 모집단의 일부분이 표본프레임의 일부분과만 일치하는 경우

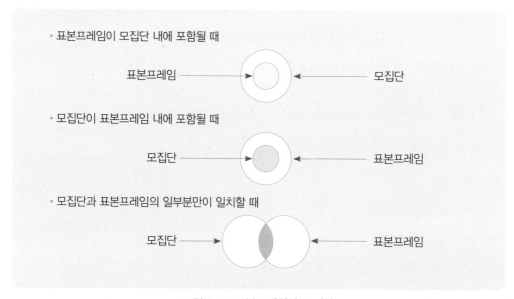

그림 8-1 표본프레임과 모집단

③ 표본(sample)

- 모집단에서 추출된 모집단의 부분집합(a subset of the population)
- 실제 자료수집의 대상이 됨

④ 표본(추출)단위(sampling unit)

- 모집단의 개별 단위(a single member of the population)
- 표본추출의 개별 단위

- 자료수집의 개별 단위
- 개인, 부서/부문, 조직/기업, 지역, 국가, 사물 등

⑤ 모수(parameter)

- 모집단의 특정 값(a particular value of the population)
- 모집단의 특성(분포)을 규정짓는 값

⑥ 통계량(statistic)

- 표본의 특정 값(a particular value of the sample)으로 표본통계량(sample statistic)으로도 불림
- 모집단의 일부분인 표본의 특성(분포)을 규정짓는 통계값

2. 표본추출의 통계적 의미

(1) 표본 조사

① 기술통계(descriptive statistics)

- 모집단/표본의 특성 파악:
  모/표본평균(mean)과 모/표본분산(variance) 등 수집된 자료의 특성을 설명/기술하고 요약해 주는 정보를 고려함
- 전수조사와 표본조사의 경우 동일하게 적용가능
- 현실적으로 전수조사는 수행하기 어려우며 모집단의 특성(모수)은 미지수로 간주

② 추정통계(inferential statistics)

- 표본자료를 토대로 연구가설을 검정하고 이 결과를 모집단에 적용
- 부분적인 정보를 토대로 미지의 전체 정보를 추측하는 통계 분야
- 표본통계량으로부터 모집단의 특징을 요약·설명하는 모수(parameter)를 추정하는 통계 분야

③ 표본조사

- 연구 대상인 모집단을 표본추출을 통하여 분석하는 조사

- 표본오차(sampling error):

  표본통계량(sample statistic)과 모수(population parameter)간 차이
- 바람직한 표본조사: 표본오차(표본통계량과 모수간 차이)를 최소화하는 조사
- 표본통계량과 표본오차를 통해 모수 추정: 표본오차의 추정을 위해 통계 분포이론
  을 적용함

연역적 연구가설 검정

모집단 전체에 대한 자료수집이 불가능할 경우 모집단의 일부로 추출된 표본자료를
토대로 모집단의 분포를 추정(statistical inference)하고 가설을 검정(statistical test)하
게 됨

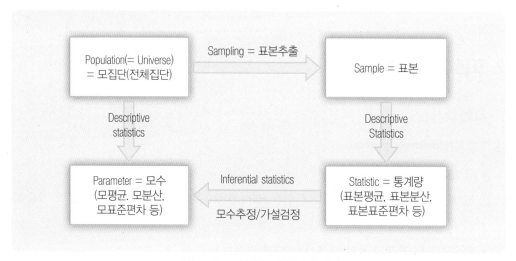

그림 8-2 표본추출의 통계적 의미

(2) 표본분포(sample distribution)

① 표본분포와 확률분포

- 특정 변수가 갖는 변수값과 그 빈도간의 관계를 나타내는 식/표/그림
- 모집단분포(population distribution)

  모집단의 값과 각 값간의 빈도를 나타냄
- 표본분포(sample distribution)

  표본의 값과 그 빈도간 관계를 나타냄

- 확률분포(probability distribution)

  확률변수 값(또는 구간: x)에 배정된 확률(P(x))을 나타내는 식/표/그림

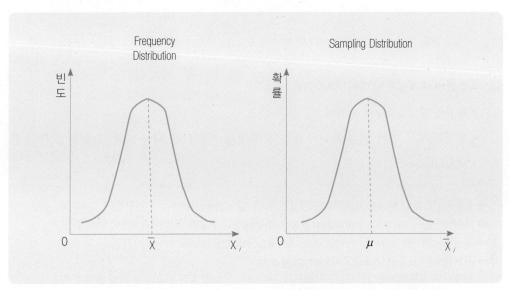

그림 8-3 빈도분포(frequency distribution)와 확률분포(probability distribution)

② 확률분포의 종류

- 대칭분포(symmetric distribution):
  ▶ 종형분포(bell-shaped distribution)의 형태를 가짐
  ▶ 중간 값을 중심으로 중간 위 아래 값들의 빈도가 동일한 분포
    → 정규분포(normal distribution), t-분포(t-distribution) 등
- 비대칭분포(asymmetric distribution):
  ▶ 중간 값을 중심으로 중간 위 아래 값들의 빈도가 동일하지 않은 분포
  ▶ 편향분포(skewed distribution): 오른 쪽이나 왼쪽으로 편향된 분포의 형태를 가짐
    → 우편향분포(positive skewness: skewed distribution to the right):
      χ^2분포 (chi-square distribution)

정규분포

- 중간값의 빈도가 제일 많고 그 위 아래로 멀어질수록 해당 값들이 나타날 빈도(확률)이 적어지는 종모양의 대칭분포(bell-shaped symmetric distribution)

- Y = 확률변수 X_i에 상응하는 확률분포(빈도)

$$Y = \frac{N}{\sigma\sqrt{2\pi}} e^{\frac{-(X_i - \mu)^2}{2\sigma^2}}$$

N = 전체 표본수, μ = (확률변수 X_i의 평균), σ = $\bar{X}$ 표준편차, π = 3.1416···, e = 2.7183···.

표본분포(sampling distribution)

- 표본통계량(sample statistic) 값들의 분포
- 모집단에서 여러 번의 표본추출을 통하여 표본조사를 하는 경우 추출된 표본의 통계량(statistic)들의 분포

→ 표본평균(sample mean), 표본분산(표본표준편차), 표본비율(proportions), 표본평균 차이(−)의 분포
→ **표본평균분포(sampling distribution of sample means)**: 추출된 표본들의 평균값들의 분포
→ 표본평균의 평균(mean of sample means)은 모집단의 평균(population mean)과 동일
→ **표본평균의 표준편차(표준오차: sampling error)**:
　모평균의 표준편차를 표본크기의 제곱근으로 나눈 값으로 표본추출이 완전치 못해서 특정 표본평균이 모평균으로부터 떨어진 정도를 나타냄
→ 표본의 크기가 증가할수록 표본평균의 표본분포(sampling distribution of sample means)의 변화폭(variability) 크기가 작아짐
→ **중심극한정리(central limit theorem)**:
　모집단으로부터 30회 이상의 표본을 추출하는 경우, 해당 표본들의 표본평균(sample mean)들로 이루어진 표본분포는 정규분포(normal distribution)의 특성을 따름

---

t 분포(student's t-distribution)

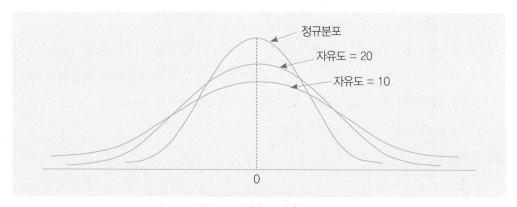

정규분포
자유도 = 20
자유도 = 10

0

그림 8-4　표본 크기와 t 분포

- Gosset(1908): student라는 익명으로 소표본(n<30)에서의 표본분포는 정규분포를 따르지 않음을 발견
- 표본의 크기(자유도: degrees of freedom)에 따라 표본분포가 변함

3. 표본추출 과정 및 방법

1) 표본추출과정

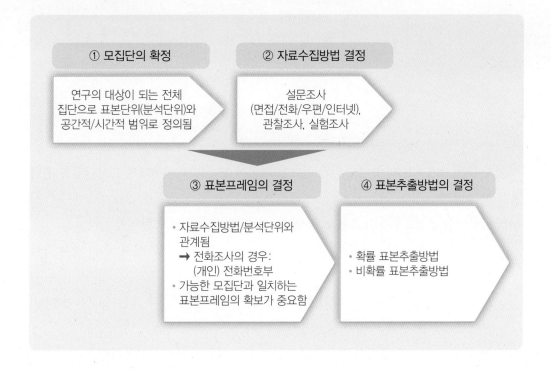

2) 표본추출방법

(1) 확률표본추출

- 모집단으로부터 표본을 추출했을 때 해당 표본이 추출될 확률을 구할 수 있는 표본추출
- 표본추출시 무작위성(randomness)이 보장됨

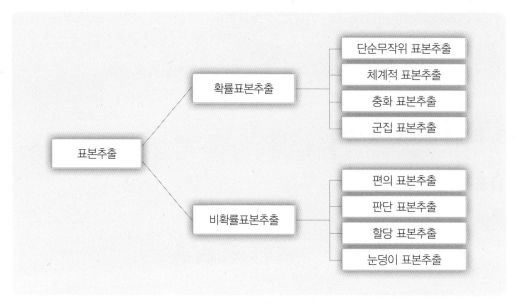

그림 8-5 표본추출방법 유형

① 단순무작위표본추출(simple random sampling)

- 모집단(크기 = N)의 표본단위가 선택될 확률이 모두 같도록 n개의 표본단위를 선택하는 방법
- 모집단의 구성요소들이 표본으로 선택될 확률이 알려져 있고 동일함
- 연구대상이 되는 모집단의 특성에 대한 이해나 지식을 가지고 있지 못 한 경우 확률표본추출을 사용하고자 할 때 적합한 방법임
- 모집단을 확정하고 표본프레임을 작성(또는 확보)한 다음 각 표본에 고유번호(id) 부여하고 표본 추출
  - ➡ 표본크기(n)를 결정하고 난수표(random number table)를 이용하여 단순무작위 표본추출을 할 수 있음
  - ➡ SPSS procedure: Analyze→Complex Samples→Select Samples→Simple Random Sampling

② 층화표본추출법(stratified random sampling)

- 모집단이 동질적(homogeneous)이면 이질적(heterogeneous)인 모집단보다 표본오차가 더 적은 표본을 산출할 수 있다는 가정 논리에 기초함

- 먼저 모집단을 상호 독립적이고 포괄적인(mutually independent & collectively exhaustive) 소집단으로 구분함
- 모집단을 동질적인 소집단들(층: strata)로 층화하고, 각 집단에 대하여 단순무작위표본추출을 함

비례층화추출법

- 모집단에 대한 각 소집단(층: strata)별 크기에 비례해서 소집단별 표본수를 결정함

불비례층화추출법

- 주 분석변수에 대한 각 소집단(층: strata)의 분산에 비례해서 소집단별 표본수를 결정함
  - ▶ 분산이 큰 소집단에서 상대적으로 더 많은 표본 추출
  - ▶ 구성요소들의 동질성이 높은 소집단은 상대적으로 적은 수의 표본 추출
  - ▶ 각 층의 크기와 상관없이 같은 수의 표본을 뽑는 방법도 불비례층화추출에 해당됨
  - ▶ SPSS procedure: Analyze → Complex Samples → Select Samples → Stratified Sampling

③ 군집표본추출법(cluster sampling)

- 모집단을 상호동질적인 소모집단(군/집락, cluster)으로 분류하고, 이들 중 일부 소모집단 선정 후, 선정된 소모집단에서만 표본을 추출하는 방법
- 일반적으로 지역(region/area)이 군/집락이 되는 경우가 많고, 이 경우 광범위한 전체 지역에서 표본을 추출하지 않고 이 중 몇 개 지역을 먼저 추출하고 이들 추출된 지역내에서만 표본을 추출하는 방식을 택하게 됨
- 모집단을 수개의 집단으로 분류한다는 점에서 군집추출과 층화추출은 비슷한 성격을 가지고 있으나, 모든 소(부분)집단에서 표본이 추출되는 층화추출과는 달리, 군집추출은 소모집단들 중에서 먼저 추출된 소모집단에서만 표본을 추출하게 됨

군집추출/층화추출

- **층화추출**: 부분집단(층)간은 이질적(heterogeneous) / 부분집단(층)내는 동질적(homogeneous)이라고 가정
- **군집추출**: 부분집단(군)내는 이질적 / 부분집단(군)간에는 동질적이라고 가정

➡ 예: 다단계 군집표본추출(cluster sampling)

1단계 군집표본추출(one-stage cluster sampling):

모집단에서 추출된 소모집단(군)에 있는 모든 구성요소를 표본으로 이용하는 경우

2단계 군집표본추출(two-stage cluster sampling):

모집단에서 추출된 소모집단(군)에서 다시 표본을 확률적으로 추출하는 경우

3단계 군집표본추출(three-stage cluster sampling):

모집단에서 추출된 소모집단(군)에서 다시 더 세부적인 소모집단(군)을 무작위로 선정하고 이들 선정된 소모집단(군)에서 표본을 확률적으로 추출하는 경우

➡ SPSS procedure : Analyze→Complex Samples→Select Samples→Cluster Sampling

④ 체계적 표본추출법(systematic sampling)

- 표본프레임에서 최초의 표본을 무작위로 선정한 다음, k(sampling interval)번째 마다 순차적으로 표본을 추출하는 방법

  ➡ 여기서 k(sampling interval)은 표본비율(sampling fraction)의 역수로 산정하며 모집단수(N)를 표본수(n)로 나누어 계산함

- 표본프레임의 리스트가 어떤 체계에 의하여 나열되어 있는 경우 이러한 체계성이 반영되어 표본의 대표성과 무작위성이 저해될 수 있음

  ➡ SPSS procedure: Analyze→Complex Samples→Select Samples→Systematic Sampling

⑤ 지역표본추출법(area sampling)

- 지역이 소모집단(군)이 되는 경우의 군집표본추출에 해당됨

- 단순무작위표본추출 또는 체계적 표본추출에 의해 n개의 소모집단(지역, 동)을 선정하고 선정된 n개 동의 모든 가구를 조사하는 방법

  ➡ 다단계지역표본추출법(multi-stage area sampling):

  단순무작위표본추출 또는 체계적 표본추출에 의해 n개의 동을 선정하고 선정된

n개의 동에서 다시 단순무작위표본추출이나 체계적 표본추출방법으로 m개 가구를 선정하는 방식으로 2단계 이상의 표본추출을 거치는 경우

(2) 비확률표본추출

- 모집단으로부터 표본을 추출했을 때 해당 표본이 추출될 확률을 구하기 어려운 표본추출
- 표본추출시 무작위성이 보장되지 못하고 편의성/임의성이 개재됨

① 편의표본추출법(convenience sampling)

- 조사자의 편의에 의하여 조사자가 편리한 장소/시간에 접근하기 쉬운 조사대상을 표본으로 추출함
- 모집단의 특성이 비교적 동질적(homogeneous)이라고 가정될 때 사용하게 됨
- 모집단의 대표성을 통한 정확한 자료 수집보다는 저비용으로 신속하게 자료를 수집하고자 할 때 사용함
- 측정도구(measure), 설문지 개발을 위한 사전조사에 사용될 수 있음

② 판단표본추출법(judgment sampling)

- 연구자가 조사목적에 가장 적합하다고 판단되는 대상을 선택하는 방법:
  - ▶ 연구자의 주관적 판단이 개재될 수 있음
  - ▶ 조사목적에 부합하는 표본을 선정한다는 의미에서 목적표본추출(purposive sampling)이라고도 불림
- 연구자가 표본의 선택기준을 정하고 이 기준을 토대로 가장 적합한 대상을 선정하는 방법
- 연구자가 모집단의 실체와 표본 구성에 대하여 잘 알고 이해하고 있는 경우 효과적임
- 무작위로 추출된 표본이 모집단을 적절히 대표하지 못한다고 판단될 경우 효과적인 대안이 될 수 있음
- 모집단이 크고 실체 파악이 어려울 경우, 적합한 대상을 선정하는데 어려움이 있을 수 있음

③ 할당표본추출법(quota sampling)

- 모집단을 분류기준(인구통계적/경제적/사회문화적/환경/지역 요인)에 의해 소집단으로 구분하고 각 집단별로 필요한 대상을 임의(편의)로 추출하는 방법:
  ▶ 소집단에서 표본 추출시 사전에 정해진 비율(pre-specified quota)로 추출할 수 있음
- 모집단에 대한 사전지식이 있고, 모집단을 일정한 특성(분류기준)으로 구분할 수 있을 때 사용 가능
- 각 소집단에 할당된 표본의 비율은 모집단에 대한 각 소집단의 구성비율을 토대로 정함
- 소집단에서의 표본 선정이 임의로 이루어지므로 최종 선정된 표본의 모집단 대표성이 떨어질 수 있음

④ 눈덩이표본추출법(snowball sampling)

- 연구자가 모집단에 대한 정보가 전혀 없어 모집단의 실체를 전혀 모르고 표본추출을 해야 하는 경우 사용하는 방법
- 모집단에 관한 전문 지식을 가지고 이해를 하고 있는 전문가에게 연구자가 연구목적에 가장 부합하는 첫 표본을 소개 받거나 연구자 스스로의 판단으로 연락 가능한 첫 표본만 추출한 다음, 이 표본을 통하여 이후 표본을 계속적으로 소개받는 방식으로 추가하면서 표본을 추출하는 방법
  ▶ 판단표본추출은 연구자 자신이 가장 적합하다고 판단하는 표본을 한 번에 추출하는 반면, 눈덩이표본추출의 경우 다른 전문가를 통해 첫 표본을 소개 받아 추출하고 이를 통해 계속적으로 다음 표본을 소개받아 추출해 가는 방법임

4. 표본 크기(sample size: n)의 결정

(1) 표본크기의 성격

- 추정치가 얼마나 정확해야 하는지, 얼마나 많은 시간과 비용을 사용할 수 있는지 등을 고려해야 함
- 다른 조건이 같다면 표본수가 클수록 추정 정확도가 높아지는 대신 효율성(시간, 비용)은 감소함

- 표본수가 늘어날수록 모집단에 대한 추론의 정확성이 높아지게 됨
  ▶ 표본수가 늘어날수록 표본분포가 모집단의 참값을 중심으로 집중됨
- 모집단의 분산이 클수록(모집단 구성원들이 다양한 특성을 가질수록) 표본의 수는 커져야 함
- 면접, 실험조사 보다는 서베이(survey)조사의 경우 표본 수가 커지는 경향이 있음

(2) 표본크기의 결정: 비확률 표본추출

- 특별한 결정 방법이 존재하지 않으며, 사용가능한 예산과 시간에 따라 조사자 판단으로 결정
- 기존 관련연구의 표본크기 참조
- 가설/모형 검정을 위한 통계분석기법의 표본크기 가정 참조
- 모집단으로부터 추출한 응답표본의 특성을 구분 짓는 주요 변수가 존재하는 경우: 해당 변수들의 교차표를 구성하는 각 카테고리 표본이 30 이상이 되도록 전체 표본 수 구성[1]

예 A대학교의 학부 재학생 의견조사:
학년과 성별에 따라 학생들의 의견이 달라질 수 있다고 판단되는 경우
학년(1/2/3/4)과 성별(남/여)에 따라 교차표를 구성하면 총 8개의 카테고리가 나타나고 각 카테고리별로 30명씩 표본을 할당하여 추출한다면 총 240명의 표본을 추출하여야 함 (각 카테고리별로 중심극한정리(central limit theorem)가 적용되어 표본분포 추정이 가능하게 됨)

---

(3) 표본크기의 결정: 확률 표본추출(신뢰구간 접근법)

- 모집단의 조사대상 변수값의 분산, 신뢰수준, 허용오차 등을 통해 결정함
- 조사하고자 하는 변수의 분산이 클수록 표본의 크기는 커지게 됨
- 추정치에 대해 높은 신뢰수준을 원할수록 표본의 크기는 커지게 됨
- 허용오차가 작을수록 표본크기는 커지게 됨

---

1) Baker et al.(1994). Marketing research theory and methodology and the tourism industry: A nontechnical discussion, Journal of Travel Research, Winter, pp. 3-7.

$$n = z^2 \frac{\sigma^2}{d^2}$$

Z: 신뢰수준(통상 90%/95%/99%)과 관련된 Z값
(특정 유의수준에서의 임계치: 95% 신뢰수준 Z값 1.96)
σ^2: 모집단 분산(표준편차) 추정치
(사전조사/사전정보/경험 등을 토대로 추정)
(임의 방법: 표본의 최대값과 최소값의 차이를 6으로 나누어 σ 추정)
d: 허용오차(평균값의 단위와 같은 단위 사용)

➡ Z값(신뢰수준), σ^2(분산)이 클수록, d(허용오차)가 작을수록 n(표본크기)은 커짐

5. 표본조사의 오차

(1) 오차의 유형

- 표본추출을 통하여 조사를 수행하는 경우 발생할 수 있는 오차(오류: error)는 표본 추출과정에서 발생하는 오차와 그 이외의 오차로 구분할 수 있음

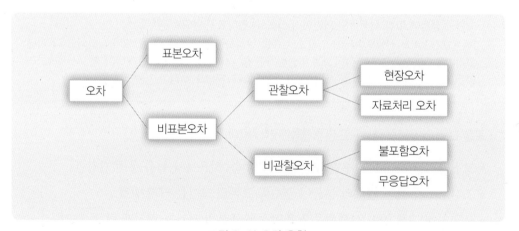

그림 8-6 오차 유형

(2) 표본오차

- 표본의 선정과정에서 발생하는 오류
- 연구대상이 되는 모집단의 진정한 값과 모집단의 부분인 표본에서 구한 값과의 차이

(3) 비표본오차

① 관찰오차 : 조사상황에서 발생할 수 있는 오류

현장오차	조사 상황/현장에서 조사자(면접원)와 응답자(표본) 사이의 상호작용으로부터 발생하는 오류: ▶ 조사/응답 상황에서 응답자가 자신이 생각하고 판단하는 대로 답하지 못하고 조사자(면접원)가 의도하거나 원하는 대로 응답을 하게 되는 경우 나타나는 현장오류
자료처리오차	자료 기록 및 처리상에서의 오류: ▶ 응답자의 정확한 응답을 조사자가 잘못 기록하는 경우 ▶ 설문응답의 분석을 위해 컴퓨터 입력을 하는 과정에서 잘 못 입력하는 경우

② 비관찰오차 : 표본프레임이나 표본설계, 응답자 등으로부터 발생하는 오류

불포함오차	표본프레임이 불완전해서 모집단을 정확히 반영하지 못하는 경우 발생하는 오류: ▶ 표본프레임으로 사용된 전화번호부에 누락된 응답자들은 표본에 추출될 수 없는 경우 ▶ 표본프레임이 불완전해서 모집단에는 속하지만 실제로 조사대상이 될 가능성이 없는 경우
무응답오차	표본추출과정에서 선정된 표본 중 일부가 의식적 또는 무의식적으로 응답을 하지 않는 경우 발생하는 오류

SPSS 예제: 층화/군집표본을 사용한 다단계 표본추출

- Analyze → Complex Samples → Select Samples → Design a sample

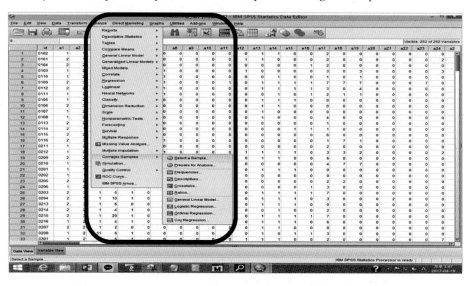

➡ Log File명을 임의로 입력함(나중 이 Log File명을 사용하여 이미 수행한 표본추출 방식을 대상만 달리하여 똑 같은 방식으로 수행할 수 있음)

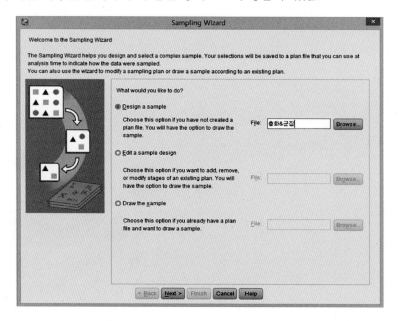

→ 총 3단계 표본추출:

- 1단계: 모집단의 특성이 성별[a1]에 따라서는 서로 조사문항에 대한 의견이 다르고 (층화표본추출)

  연령[a2]에 따라서는 상호 의견이 비슷할 것이라고 (군집표본추출) 가정하고

- 2단계: 직업[d3]에 따라서는 서로 조사문항에 대한 의견이 다르고(층화표본추출)

  자녀수[d5]에 따라서는 상호 의견이 비슷할 것이라고 (군집표본추출) 가정하였으며

- 3단계: 학력에 따라서는 서로 조사문항에 대한 의견이 다르고 (층화표본추출)

  월평균소득[d7]에 따라서는 상호 의견이 비슷할 것이라고 (군집표본추출) 가정하였으며 최종적으로는 해당 군집에 대하여 표본추출(단순무작위표본추출)을 수행함

→ "층화 => stratify", "군집 => clusters"에 해당 변수명 입력

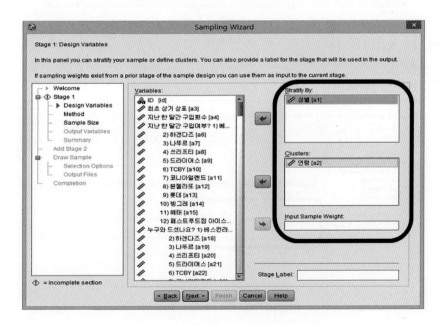

→ 각 층(strata: 성별)별로 추출할 군집수(=2) 입력

→ 표본추출방법: simple random sampling(단순무작위표본추출)

/ without replacement(되돌림없는 표본추출)를 선택함

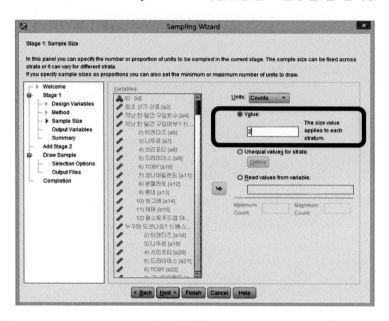

→ 다음 단계(2단계)로 진행

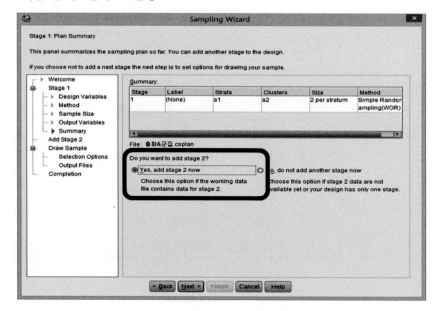

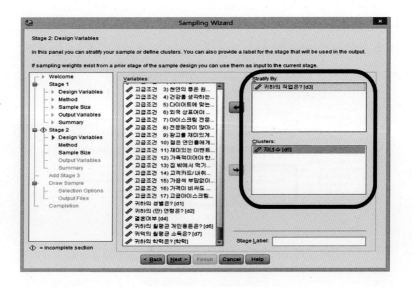

→ 다음 단계(2단계)에서

모집단의 특성이 직업[d3]에 따라서는 서로 조사문항에 대한 의견이 다르고(층화 표본추출)

자녀수[d5]에 따라서는 상호 의견이 비슷할 것이라고(군집표본추출) 가정함

다음 단계(2단계)에서 층화표본추출(층화=>직업), 군집표본추출(군집=>자녀수) 변수 입력

→ 각 층(strata: 직업)별로 추출할 군집수(=2) 입력

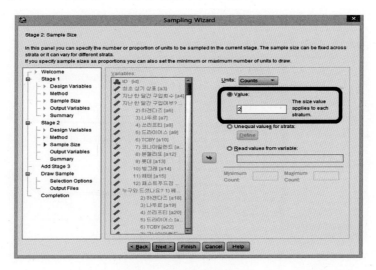

➜ 다음 단계(3단계)로 진행

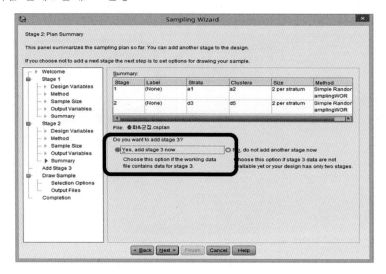

➜ 다음 단계(3단계)에서

모집단의 특성이 학력에 따라서는 서로 조사문항에 대한 의견이 다르고(층화표
본추출), 월평균소득[d7]에 따라서는 상호 의견이 비슷할 것이라고(군집표본추
출) 가정하였음

➜ 다음 단계(3단계)에서 층화표본추출(층화=>학력), 군집표본추출(군집=>월평균
소득) 변수 입력

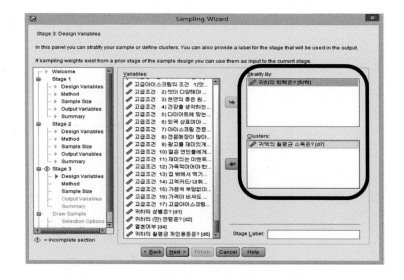

→ 각 층(strata: 학력)별로 추출할 군집수(=2) 입력

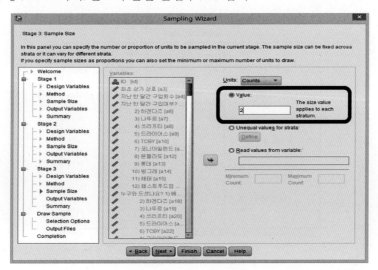

→ 표본추출(1/2/3단계) 결과 정리표

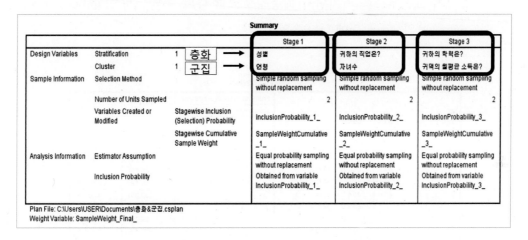

→ 표본추출(1단계) 결과: 표본을 각 층(남/여)별로 2개(군)씩 추출한 결과

Summary for Stage 1

		Number of Units Sampled		Proportion of Units Sampled	
		Requested	Actual	Requested	Actual
a1 =	1	2	2	100.0%	100.0%
	2	2	2	66.7%	66.7%

Plan File: C:\Users\USER\Documents\층화&군집.csplan

➡ 표본추출(2단계) 결과

Summary for Stage 2

				Number of Units Sampled		Proportion of Units Sampled	
				Requested	Actual	Requested	Actual
a1 = 1	a2 = 1	d3 =	1	2	1	200.0%	100.0%
			2	2	1	200.0%	100.0%
	a2 = 2	d3 =	1	2	1	200.0%	100.0%
			2	2	1	200.0%	100.0%
			3	2	1	200.0%	100.0%
			5	2	1	200.0%	100.0%
a1 = 2	a2 = 2	d3 =	1	2	1	200.0%	100.0%
			2	2	1	200.0%	100.0%
			3	2	2	66.7%	66.7%
			4	2	2	100.0%	100.0%
			5	2	1	200.0%	100.0%
	a2 = 3	d3 =	3	2	2	40.0%	40.0%
			4	2	2	66.7%	66.7%
			5	2	1	200.0%	100.0%

Plan File: C:\Users\USER\Documents\총화&군집.csplan

➡ 표본추출(3단계) 결과

3단계 표본추출을 거치면서 최종적으로 추출된 표본수가 'Numberof Units Sampled'의 'Actual'란에 나타나 있음

Summary for Stage 3

						Number of Units Sampled		Proportion of Units Sampled	
						Requested	Actual	Requested	Actual
a1 = 1	a2 = 1	d3 = 1	d5 = 0	학력 =	1	2	2	66.7%	66.7%
		d3 = 2	d5 = 0	학력 =	2	2	1	200.0%	100.0%
	a2 = 2	d3 = 1	d5 = 1	학력 =	1	2	1	200.0%	100.0%
		d3 = 2	d5 = 0	학력 =	2	2	2	66.7%	66.7%
		d3 = 3	d5 = 0	학력 =	3	2	2	66.7%	66.7%
		d3 = 5	d5 = 0	학력 =	5	2	2	66.7%	66.7%
a1 = 2	a2 = 2	d3 = 1	d5 = 0	학력 =	1	2	1	200.0%	100.0%
		d3 = 2	d5 = 0	학력 =	2	2	2	66.7%	66.7%
		d3 = 3	d5 = 0	학력 =	3	2	2	66.7%	66.7%
			d5 = 2	학력 =	3	2	1	200.0%	100.0%
		d3 = 4	d5 = 0	학력 =	4	2	2	66.7%	66.7%
			d5 = 1	학력 =	4	2	1	200.0%	100.0%
		d3 = 5	d5 = 0	학력 =	5	2	2	66.7%	66.7%
	a2 = 3	d3 = 3	d5 = 2	학력 =	3	2	2	100.0%	100.0%
			d5 = 4	학력 =	3	2	1	200.0%	100.0%
		d3 = 4	d5 = 1	학력 =	4	2	2	66.7%	66.7%
			d5 = 2	학력 =	4	2	2	66.7%	66.7%
		d3 = 5	d5 = 1	학력 =	5	2	1	200.0%	100.0%

Plan File: C:\Users\USER\Documents\총화&군집.csplan

핵심 연구방법론

Essentials of Research
Methodology

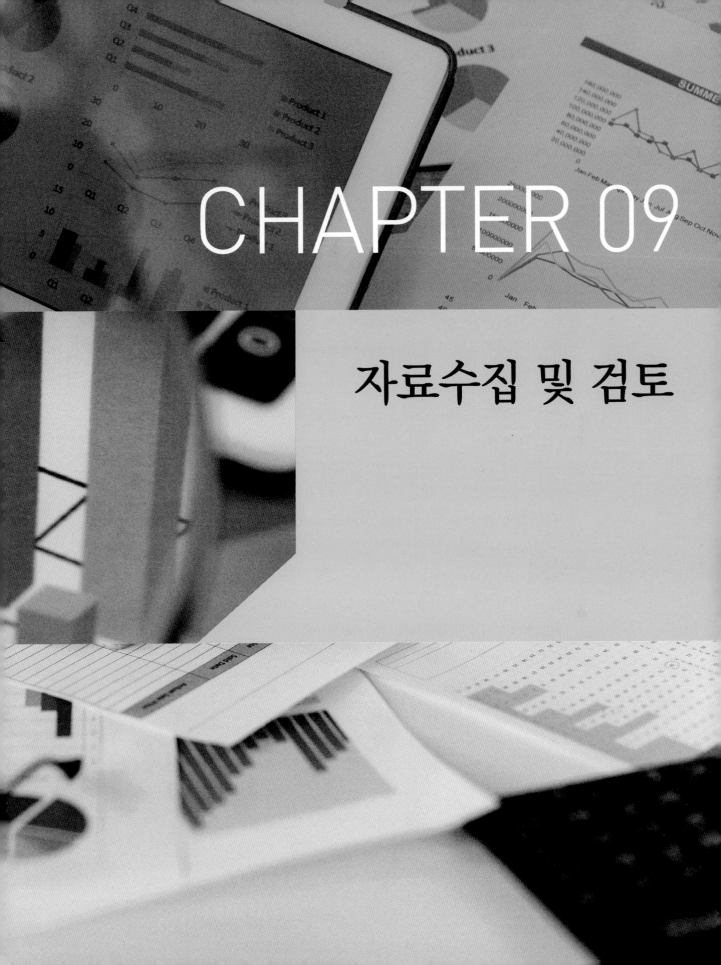

CHAPTER 09

자료수집 및 검토

자료수집 및 검토

1. 자료수집

(1) 정의 및 내용

- 연구자가 현상을 경험적으로 관찰하고 조사하는 과정
- 연구목적을 달성하기 위하여 필요한 자료를 현상에서 획득하는 과정과 방법
- 연구이론(가설/모형)을 검정(hypothesis testing)하기 위해서 필요한 실증자료를 얻는 과정과 방법

(2) 자료(data)의 유형

① 1차 자료(primary data)

- 연구자가 연구문제를 해결하기 위해서 직접 수집하는 자료
- 연구목적에 부합하는 자료인지에 대한 평가(신뢰성/타당성)가 필요함
- 의사소통(communication)이나 관찰(observation)하는 방법으로 자료수집 가능

② 2차 자료(secondary data)

- 기존에 이미 존재하는 자료
- 연구자가 연구목적을 달성하기 위해서 직접 수집한 자료가 아닌 다른 일반적인 목적을 위해 이미 발간/간행되어 있는 자료

2차 자료의 유형

- **공표된 자료(published data):**
  누구나 공공의 목적으로 자유롭게 이용할 수 있도록 개방된 자료
- **상업용 자료(syndicated data):**
  전문 조사기관에서 조사하고 분석하여 상업적 목적으로 판매되는 자료
- **외부 자료:**
  정부/공기관/기업/협회/학술기관/연구소/전문조사기관 등에서 발간된 자료
  (온라인자료 포함)

- 내부 자료:

  조사자가 소속된 기관에서 내부적으로 조사하여 보유하고 있는 자료

2차 자료의 가치

- 학문적/실무적 현황과 추세를 파악하는 참고 자료가 될 수 있음
- 연구문제를 탐색/발견하는 기초 자료가 될 수 있음
- 연구문제를 구체화하고 보다 정확히 정의하는데 필요한 참고자료가 될 수 있음
- 연구문제를 해결하는 방법(조사설계/측정변수/표본설계/분석방법 등)을 구상하는 데 필요한 참고 자료
- 연구문제(가설/모형)를 실증적으로 검정하는 자료가 될 수 있음
- 1차 자료를 통한 연구결과를 해석하는 통찰력 제공

2차 자료의 한계

- 연구의 본 목적과는 다른 목적을 위해 수집된 자료이므로 연구문제를 해결하는데 적절하지 못 할 수 있음
- 자료가 발간된 시점이 상당히 경과하여 시의 적절하지 못할 수 있음
- 발간 주체가 되는 기관과 발간자료의 신뢰성이 떨어질 수 있음

2차 자료 수집시 고려사항

- 적합성(fitness):

  연구의 목적에 부합하는 자료이어야 함
- 정확성(accuracy):

  자료의 내용이 잘 못된 부분 없이 정확해야 함
- 신뢰성(credibility):

  자료를 제공하는 기관/개인에 대한 정보가 명확히 나타나 있어야 함
- 일관성(consistency):

  비슷한 내용의 자료를 서로 다른 기관에서 발간한 경우 해당 자료 간에 내용이 상호 일치해야 함
- 명확성(clearity): 조사방법(methods)의 제시

  해당 자료를 조사하고 수집한 과정과 방법이 명확히 제시되어 있어야 함

- 객관성(objectivity) : 편견(bias)의 배제

  자료 제공 기관 또는 개인의 주관적 판단이나 의견이 개입되어 있지 않고 객관적이어야 함

(3) 자료수집(data collection) 방법

① 의사소통법(communication method)

특징

- 언어적(linguistic) 수단 사용:

  언어적 수단을 매개로 하는 의사소통을 통해 자료를 수집하는 방법
- 조사대상의 생각/판단/의견을 언어/그림/사진/상징 등을 사용하여 조사함[1]

구분

- 체계화(systematic)/구조화(structured) 정도:

  조사내용이 표준화되어 사전에 계획되고 준비되는 정도에 따라 체계적 방법과 비체계적 방법으로 구분됨
- 공개성(undisguised) 유무:

  조사 대상자에게 조사 내용을 알리는 정도에 따라 공개적(undisguised)/비공개적(disguised) 방법으로 구분됨

체계적/공개적 의사소통법

- 모든 응답자가 동일한 질문에 답할 수 있도록 자료수집방법이 표준화(구조화)되어 있음
- 응답자들에게 자료수집의 목적 및 내용을 알리고 자료가 수집됨
- 계량적 자료 수집이 가능함

  ➡ 서베이(survey)조사(설문조사)

비체계적/공개적 의사소통법

- 모든 응답자가 동일한 질문에 답할 수 있는 표준화된 조사 항목이 사전에 준비되어 있지 않음

---

1) 그림/사진/상징 등을 사용하는 조사라고 해도 질문시 또는 최종 응답을 얻기 위해서 언어적 도구를 사용하게 됨.

- 응답자들에게 자료수집의 목적 및 내용을 알리고 자료가 수집됨
- 비계량적(질적) 자료 수집에 적절한 방법
  → 심층면접법(in-depth interview), 표적집단면접법(FGI: Focus Group Interview)

◉ 비체계적/비공개적 의사소통법

- 모든 응답자가 동일한 질문에 답할 수 있는 표준화된 조사 항목이 사전에 준비되어 있지 않음
- 응답자들에게 자료수집의 목적 및 내용을 정확히 알리지 않아 응답자들이 이에 대한 이해/인식이 충분히 되지 않은 상태에서 조사 자료를 수집하는 방법
- 비계량적(질적) 자료 수집에 적절한 방법
  → 투사법(projective technique)

표 9-1 1차 자료 수집방법

수집 방법	세부 방법	조사 유형
의사 소통법	체계적/공개적 의사소통법	서베이(설문)조사: 면접/전화/우편/전자(인터넷) 설문법
	비체계적/공개적 의사소통법	심층면접법, 표적집단면접법(FGI)
	비체계적/비공개적 의사소통법	투사법: 연상법/완성법/구성법/ZMET/표현법
관찰법	자연적/인위적 관찰	
	공개적/비공개적 관찰	
	체계적/비체계적 관찰	
	직접/간접 관찰	간접관찰: 추척조사, 인터넷접속경로조사
	참여/비참여관찰	민속지학조사(참여관찰)
	인간의 관찰/기계를 이용한 관찰	기계 관찰: 모션픽쳐카메라, 오디미터

② 관찰법(observation method)

◉ 특징

- 인간의 눈이나 이를 보조하는 기계적 장치를 통해 조사대상자의 행동을 조사하는 방법
- 조사대상과의 의사소통 없이 관찰을 통해 자료를 수집하는 방법
  → 언어/그림/사진/상징 등을 사용하는 의사소통이 수반되지 않음
- 관찰자의 주관적 판단에 따른 관찰 오류가 발생할 가능성이 있음

구분

- 관찰 환경에 대한 관찰자의 통제 및 관찰 방법 등에 따라 자연적/인위적, 공개적/비공개적, 체계적/비체계적, 직접/간접, 참여/비참여, 인간/기계 관찰로 구분될 수 있음
- 조사대상자의 과거 행적에 대한 추적조사(trace technique)도 포함됨

2. 관찰조사

(1) 관찰 환경

① 자연적 관찰(natural setting observation)

- 조사자(관찰자)가 인위적인 조작을 가하지 않은 실제적 상황에서 조사대상자(피관찰자)의 행동을 관찰함
- 조사결과의 일반화가 용이함 → 외적 타당성이 높음

② 인위적 관찰(contrived setting observation)

- 조사자(관찰자)가 인위적으로 관찰 상황을 설정하고 조사대상자(피관찰자)의 행동을 관찰함
- 주관성이 배재된 정확한 관찰이 가능하고 외생변수의 통제가 가능함 → 내적타당성이 높음

(2) 공개 여부

① 공개적 관찰(undisguised observation)

- 피관찰자가 자신의 행동이 관찰된다는 사실을 알고 있는 상태에서 관찰됨
- 피관찰자가 보통 때와 다른 인위적 행동을 할 수 있음

② 비공개적 관찰(disguised observation)

- 피관찰자가 자신의 행동이 관찰된다는 사실을 모르고 있는 상태에서 관찰됨
- 숨겨진 카메라나 일방투시거울(one-way mirror) 등을 통한 관찰로 윤리적 문제의 소지가 있음

(3) 관찰 내용의 사전 준비 여부

① 체계적 관찰(structured observation)

- 연구목적에 따른 관찰 내용을 사전에 준비한 표준양식에 따라 관찰하는 방법
- 관찰할 내용이 사전에 명확히 결정되어 있어 효율적 관찰이 가능함
- 사전에 결정된 관찰 내용에서 중요한 행동 부분이 누락된 경우 조사의 타당성이 결여될 수 있음

② 비체계적 관찰(unstructured observation)

- 관찰하고자 하는 구체적인 내용이 사전에 결정되지 않은 상태에서 관찰하는 방법
- 조사 목적에 해당하는 관찰을 달성하지 못 하는 경우도 발생할 수 있음

(4) 관찰 내용

① 직접 관찰(direct observation)

- 연구의 대상이 되는 행동이 일어나는 시점/상황에서 조사자가 직접 관찰하는 방법
- 실제 현상이나 행동을 관찰할 수 있으므로 정확한 측정이 가능함

② 간접 관찰(indirect observation)

- 연구의 대상이 되는 행동이 발생한 후 이의 흔적을 추적 관찰하는 방법
- 접속경로(click stream)조사:
  피관찰자의 특정 사이트 방문 활동을 서버 로그파일(Log file)을 통해 조사함

(5) 관찰 개입

① 참여 관찰(participant observation)

- 관찰자가 피관찰자와 함께 관찰상황에 참여하여 피관찰자를 관찰함 (민속지학조사: ethnography)
- 가장 현실적인 관찰이 될 수 있는 반면 관찰자의 행동이 피관찰자들에게 영향을 미칠 수 있음

② 비참여 관찰(non-participant observation)

- 관찰자가 관찰상황에 개입하지 않고 피관찰자를 관찰함

- 자연스런 상황에서 비참여 관찰을 할 경우 피관찰자도 모르게 실제 상황을 관찰할 수 있으므로 도덕적 논란(ethical issue)을 나을 수도 있음

(6) 관찰 도구/방법

① 인간에 의한 관찰(human/personal observation)

- 조사자가 직접 조사대상의 행동을 관찰
- 조사자가 관찰내용을 빠른 시간에 조사/해석할 수 있음
- 관찰/분석 오류가 높을 수 있음

② 기계를 이용한 관찰(mechanical observation)

- 조사자가 관찰시 기계적 도구를 이용하는 방법
- 인간이 직접 관찰하기 어렵거나 관찰에 고도의 정확도가 필요한 경우
- 객관/타당한 관찰을 통해 관찰/분석 오류가 낮음

> **관찰에 사용되는 기계적 도구**
>
> - **모션픽쳐카메라**(motion picture camera):
>   피관찰자의 움직임을 관찰하는 카메라
> - **오디미터**(audiometer):
>   TV에 부착하여 시청내용(시간/채널)을 조사하는 기계적 장치
> - **피플미터**(people meter):
>   TV에 부착하여 고유번호(id)가 부여된 개별 시청자의 시청내용(시간/채널)을 조사하는 기계적 장치
> - **싸이코갈라바노미터**(psychogalavanometer):
>   조사내용에 대한 반응으로 피관찰자의 생체변화(땀분비)를 조사하는 기계적 장치
> - **동공카메라**(eye camera):
>   시각적 조사내용에 대한 반응으로 피관찰자의 시선(눈동자 움직임)을 추적조사(eye tracking)하는 장치
> - **퓨필로미터**(pupilometer):
>   시각적 조사내용에 대한 반응으로 피관찰자의 눈동자의 크기와 변화를 조사하는 기계적 장치
> - **뇌영상촬영장비**(MRI):
>   시각적 조사내용에 대한 반응으로 피관찰자의 두뇌 변화를 조사하는 기계적 장치

3. 서베이(survey)조사

(1) 정의 및 특징

- 표준화(구조화)된 설문지를 사용하여 다수의 응답자에게 동일한 방식으로 질문하는 조사
  - ▶ 표준화된 설문지를 사용하여 자료수집이 용이하고 사회과학 연구에서 가장 널리 사용되는 자료수집방법
  - ▶ 표준화된 척도(설문)를 사용하므로 대규모 표본에 대한 조사가 가능함
  - ▶ 표준화된 척도를 사용하여 응답자간 비교가 용이하고 다양한 통계분석이 적용 가능함
- 조사항목(척도) 개발에 시간/노력/비용 필요할 수 있음
  - ▶ 조사항목수가 많을 경우 응답률이 떨어질 수 있어 깊이 있는 질문이나 다수의 응답항목을 포함시키기 어려운 측면이 있음
  - ▶ 응답자 스스로 답하는 경우(self-administered questionnaire)가 대부분이어서 조사설계가 타당하지 못 한 경우 응답의 정확성을 담보하기 어려움
- 응답표본의 모집단 대표성이 보장될 경우, 연구결과의 일반화 가능성(generalizability)이 높음
- 응답자들의 의견/판단/생각에 대한 조사로 직접적 관찰이 불가능한 사회 및 인지적 현상에 대한 자료수집이 가능함

(2) 서베이조사 방법

① 대인면접법(personal interview) : 면접설문(interview questionnaire)법

- 조사자/면접자(interviewer)가 응답자/피면접자(interviewee)를 직접 대면하여 설문조사를 통해 자료를 수집하는 방법
  - ▶ 복잡/상세하고 다양한 내용을 집중적으로 질문/조사할 수 있음
  - ▶ 직접 대면으로 응답률이 상대적으로 높고 응답사례를 할 경우 응답률을 더 제고할 수 있음
- 연구목적에 적합한 응답자 선정:

▶ 소수의 응답자에 대한 조사이므로 연구목적에 부합하는 대상자 선정이 매우 중요함

▶ 연구 모집단의 특성을 잘 대변(represent)할 수 있는 대상자를 선정하여야 함

- 조사자/응답자간 상호작용을 비롯해서 조사 외적인 요인이 응답에 영향을 미칠 수 있음

  ▶ 면접원에 따라 동일 문항에 대한 응답자의 반응이 상이하게 나타날 수 있음

  ▶ 응답자들이 사회적으로 바람직한(socially desirable) 응답을 할 가능성이 있음

대인면접법 유형

- 사무실 면접법(in-office personal interview):

  피면접자의 사무실을 방문하여 조사

- 가정방문 면접법(in-home personal interview):

  가정을 방문하여 조사

- 중심거리 면접법(mall-intercept personal interview):

  대중이 많이 모이는 중심거리에서 대상자를 선정하여 조사

- 컴퓨터보조 면접법(computer-assisted personal interview):

  면접시 컴퓨터를 보조 도구로 사용하여 면접을 진행하는 조사

② 전화설문법(telephone quesionnaire survey)

- 조사자가 응답자와 전화를 통해 설문조사를 하고 자료를 수집하는 방법

- 응답표본을 추출하는 표본 프레임으로 전화번호부를 사용할 수 있음

  ▶ 전화번호부가 모집단을 대표하거나 포함하는 경우 비교적 정확하게 모집단에서 표본을 추출할 수 있음

  ▶ 표본추출시 무작위성(randomness)이 보장되는 표본추출을 통해 표본의 대표성을 제고할 수 있음

- 방문이나 설문 우편송부가 필요 없어 상대적으로 저렴한 비용으로 신속한 조사가 가능

- 오랜 시간 전화통화가 쉽지 않아 응답설문의 길이가 제한적일 수 있음

  ▶ 응답자의 상황에 따라서 일방적으로 거절이나 중단이 되는 경우가 발생할 수 있음

  ▶ 전화통화 초기에 응답자의 관심과 참여를 유발할 수 있는지 여부가 조사 진행에 중요한 요인이 됨

컴퓨터보조 전화면접법(computer-assisted telephone interview):

전화 면접시 컴퓨터를 사용하여 면접을 진행하는 조사로 연결이나 질의/응답에 컴퓨터를 사용할 수 있음

③ 우편설문법(mail questionnaire survey)

- 연구자가 설문지를 우편으로 응답자에게 보내고 응답자가 편리한 시간/장소에서 답한 후 이를 다시 (반송용 봉투를 사용하여) 연구자에게 우편으로 송부하는 자료수집방법
- 응답자가 시·공간적 제약 없이 비교적 자유롭게 조사에 참여할 수 있어 대표적인 서베이조사 방법으로 널리 사용되어 왔음
- 응답자 주소/연락처 정보를 파악(identify)할 수 있는 표본프레임이나 관련 자료가 필요함
- 조사자의 보조 설명 없이 응답자 스스로 답을 할 수 있도록 작성된 형태의 설문 (self-administered questionnaire) 개발이 필요함
- 대인/전화 면접조사에 비해 상대적으로 응답(조사) 기간이 길어질 수 있음
- 응답자의 적극/자발적인 참여가 없을 경우 응답의 정확도가 떨어지고 응답률이 낮아질 수 있음
- 조사자가 직접 응답자를 찾아가 조사내용 설명과 함께 협조를 구하고 나중 우편으로 응답설문지를 받는 방식의 조사를 통해 응답의 정확도를 높이고 응답률을 제고할 수 있음
- 응답의 적극적인 참여와 동기 부여를 위해 사례품(incentive item)을 사용할 수 있음

④ 전자설문법(electronic survey) : 인터넷 설문법(Internet survey)

- 인터넷 환경에서 컴퓨터를 사용하는 설문조사를 통해 자료를 수집하는 방법
- 연구 대상이 되는 모집단을 대표하는 표본(the representative sample to population) 확보가 중요함
  - ▶ 응답표본의 DB(이메일주소)를 확보하고 있는 경우 단시간 내에 많은 응답을 적은 비용으로 얻을 수 있음
  - ▶ 응답자의 온라인(이메일)주소를 통해 조사가 되므로 응답자의 익명성 보장이 어려움

- 디지털 환경에서 수행되는 조사로 문자 이외의 다양한 컨텐츠 활용이 가능함
  - ▶ 조사자/응답자간 직접적인 접촉 없이 상호작용(mutual interface)적인 설문조사가 가능함
  - ▶ 멀티미디어(음악/사진/그림/동영상 등)를 활용한 조사가 가능함
  - ▶ 온라인(on-line)조사 전문기업에 의뢰를 통한 조사 대행 가능

전자설문법 유형

- e-mail 조사:

  응답표본의 이메일 주소로 설문을 보내고 응답설문을 다시 이메일로 받는 방법
- home page 조사:

  조사자 홈페이지에 작성된 설문에 응답자가 접속하여 설문에 답하는 방법
- 컴퓨터를 이용한 자기면접조사(Computer Assisted Self Interview: CASI):

  인터넷상에서 제공된 질문에 대해 응답자가 답하도록 개발/작성된 조사방법

4. 비체계적조사

(1) 비체계적/공개적 조사: 면접법(interview technique)

① 심층면접법(in-depth interview)

- 연구 주제에 대해서 응답자가 가지고 있는 생각/신념/태도/의견/믿음/느낌 등을 가능한 상세히 그리고 자유롭게 표현하도록 유도하여 자료를 수집하는 조사 방법
- 조사(설문)항목이 미리 정해져 있지 않고 조사/응답 상황에 따라 면접자가 적절한 질문의 내용과 순서를 조정할 수 있어 연속적이고 심도 깊은 조사를 할 수 있음
- 응답자 내면의 생각을 표현하도록 유도해 낼 수 있는 숙련된 조사자(면접자)가 필요함
- 조사과정과 결과분석에 조사자(면접자)의 주관적 편견이 개입될 소지가 있음
- 조사자의 능력에 따라 조사결과의 신뢰도/타당도가 변할 수 있음

② 표적집단면접법(Focus Group Interview: FGI)

- 특정한 장소에 소수의 참가자들(focus group)을 모이게 하고, 진행자(moderator)가

연구 주제에 관하여 참석자들 간에 자유로운 대화나 토론을 유도하여 필요한 정보/자료를 수집하는 방법

- 연구자가 탐색적 연구주제를 가지고 있을 때 적합한 자료조사 방법이 될 수 있음
- 모집단을 대표할 수 있는 표본 선정이 중요함
  ▶ 대개 8-10명 전후로 표적집단이 선정되기에 조사결과의 일반화가 어려울 수 있으므로 가능한 모집단을 잘 반영할 수 있는 표본을 선정해야 함
  ▶ 조사 참가자는 연구 목적에 부합하는 대상자로 선정이 되어야 하고 해당 분야 전문가나 일반인 모두가 대상자가 될 수 있음
- 조사를 객관타당하게 진행할 수 있는 조사자 선정이 중요함
  ▶ 비체계적 연구이므로 결과에 대한 조사자의 객관 타당한 분석과 해석이 중요함
  ▶ 조사자는 면접 능력과 함께 조사를 주관하고 원활히 진행할 수 있는 능력을 갖추어야 함
- 응답에 다른 참가자들이 영향을 미칠 수 있음
  ▶ 다른 참석자들의 응답으로 원래 생각지 못했던 응답을 떠올릴 수 있음
  ➔ 정해진 설문항목 없이 참가자들의 자유로운 토론과 의견개진을 통하여 자료를 수집하므로 필요한 경우 참가자들이 다른 참가자들의 의견을 고려하면서 자기 내면의 생각을 표출하도록 유도할 수 있음
  ▶ 다른 참석자들로 인해 솔직/정확한 응답이 나오지 않을 소지가 있음
  ➔ 조사 참가자가 내면의 생각과 판단을 조사 환경이나 주위 다른 참석자들에 의해 영향을 받지 않고 자유로이 답할 수 있는 조사 환경을 조성해야 함
- 탐색적 조사를 위해 사용될 수 있음
  ▶ 연구이론(가설)을 검정하기 위한 척도(설문문항) 개발을 위해 사용될 수 있음
  ▶ 현상에서 나타나는 문제점을 규명하기 위해 사용될 수 있음
- 조사 결과의 도출을 위해 표적집단의 의견 수렴이 요구되는 경우 델파이(delphi)방법과 병행해서 사용될 수 있음

(2) 비체계적/비공개적 조사 : 투사법(projective technique)

- 연구의 목적이나 주제를 응답자가 모르도록 하면서 간접적으로 조사하는 방법

- 응답자 본인이 사전에 응답 관련 내용을 정확히 인지/인식하지 못하고 있는 경우에도 응답자 내면의 상태를 이끌어내도록 하는 방법
  - ▶ 응답자가 정확한 응답을 꺼릴 수 있는 사적인 주제, 민감한 내용, 사회적 규범과 관련된 조사 주제의 경우 해당 주제에 대한 직접적인 질문을 하지 않으므로 적합한 조사 방법이 될 수 있음
  - ▶ 결과 해석에 조사자의 주관적 편견이 작용할 수 있으므로 숙련된 조사자가 필요함
  - ▶ 조사시 상징/비유/은유/암시 등 간접적 표현 수단이 사용될 수 있음

① 연상법(association technique)

- 응답자에게 조사목적과 관련된 자극을 제시하고 이를 통해 떠오르는 생각을 자유롭게 표현하도록 함

⊙ 단어연상법(word association technique):

- 조사목적과 관련된 여러 개의 단어들과 이를 통해 연상될 수 있는 단어들을 병렬식으로 함께 제시하고 이들을 상호 연관되는 것끼리 연결시키도록 함으로써 응답자의 연상되는 생각을 조사하는 방법
- 조사목적과 관련된 단어들을 나열/제시하고 응답자들이 이 단어들을 보고 가장 먼저 연상되는 단어들을 표현하도록 함
- 응답을 통해 나타난 특정 단어의 빈도수, 응답시간, 무응답수 등을 통해 응답내용과 함께 응답과 관련된 태도나 감정 개입 정도를 파악할 수 있음

  예 신제품 마케팅시 브랜드명 결정

② 완성법(completion technique)

- 응답자에게 조사목적과 관련하여 완성이 되지 않은 불완전한 내용(문장/스토리)을 제시하고 이를 완성하도록 하는 조사 방법

⊙ 문장완성법(sentence completion technique):

- 조사목적과 관련된 미완성 상태의 문장을 제시하고 응답자가 해당 문장을 완성하도록 함으로써 자료를 수집하는 방법

◉ **문단완성법(paragraph completion technique):**
- 조사목적과 관련된 미완성 상태의 문단을 제시하고 응답자가 해당 문단을 완성하도록 함으로써 자료를 수집하는 방법

◉ **스토리완성법(story completion technique):**
- 조사목적과 관련된 미완성 상태의 글을 제시하고 응답자가 해당 글을 완성하도록 함으로써 자료를 수집하는 방법

◉ **만화완성법(cartoon completion technique):**
- 조사목적과 관련하여 글(대화내용)이 빠진 미완성 상태의 만화를 제시하고 응답자가 해당 글을 채워서 만화내용을 완성하도록 하는 방법
  - ▶ 만화 속 인물들의 대화를 빈 칸으로 두고 이를 기입하도록 함
  - ▶ 만화 속 인물의 행동을 설명하도록 함

③ **구성법(construction technique)**
- 응답자들이 조사목적과 관련된 자극(그림/사진/만화)에 대한 반응을 스토리(이야기)/대화/기술 등의 방법으로 자유롭게 구성하도록 함으로써 자료를 수집하는 방법

◉ **그림응답법(picture response technique):**
- 응답자에게 조사목적과 관련하여 명확하게(또는 모호하게) 그려진 그림을 해석하도록 함으로써 자료를 조사하는 방법
- 응답자는 제시된 그림에 대한 자신의 생각이나 느낌, 개성을 반영하여 해석하고 응답하므로 응답자의 심리상태 파악과 해석이 가능함

◉ **만화응답법(cartoon response test):**
- 응답자에게 조사목적과 관련된 만화를 보여주고 만화 속에 나타난 인물 또는 글(말)에 어떻게 반응하는지를 조사하는 방법

◉ **사진분류법:**
- 응답자에게 여러 유형의 사진을 제시하고 조사목적과 가장 연관성이 크다고 생각되는 사진을 선택하도록 하고 관련 내용을 조사하는 방법

은유법(ZMET: Zaltman's Metaphor Elicitation Technique):

- 응답자들의 무의식 속에 있는 핵심 동인이나 욕구를 비언어적/시각적 이미지를 통해 은유적으로 제시하도록 해서 응답을 유도하는 방법
- 응답자들이 조사목적과 관련하여 갖는 생각과 느낌을 가장 잘 나타낸다고 생각하는 그림들을 (잡지/카탈로그/사진앨범 등에서 선택하여) 가져오도록 하고 이를 토대로 인터뷰를 통하여 조사목적과 관련된 응답자의 마음속 의미를 찾아가는 조사방법
- 기존 정성적 조사방법으로는 쉽게 파악하기 어려운 응답자의 잠재적 사고를 파악하기 위해 언어가 아닌 이미지를 이용하며 은유를 통해 응답자의 생각과 감정을 체계적으로 파악함
- 응답자가 언어적으로 표현하지 않아도 되므로 응답자에게 존재하는 인지적 장애를 극복하고 잠재해 있는 생각이나 욕구를 찾아내는데 유용함
- 조사자들은 응답자들이 제시한 내용을 토대로 주요 개념을 도출하고 이들의 관계를 정리한 공유개념도(Consensus Map)를 작성하고 해석함

④ **표현법(expressive technique)**

- 응답자에게 조사목적과 관련하여 글/그림/사진 등으로 표현된 상황을 제시하고 이에 대해 타인이 그 상황에 처했을 때 가지게 될 감정/태도 등을 나타내도록 하거나, 응답자가 그러한 상황에서 다른 사람으로서 행동이나 역할을 수행하도록 함으로써 자료를 수집하는 방법

역할연기법(role playing)

응답자에게 조사목적과 관련된 상황에서의 어떤 역할을 주고 그 역할을 수행하는 역할자로서 행동을 하도록 함으로써 응답자의 행동에 반영되는 내면적인 부분을 조사하는 방법

제3자법(3rd-person technique)

응답자에게 제시된 상황에서 응답자가 자기 자신이 아닌 타인(제 3자)으로써 그 상황에 처했을 경우에 가질 수 있는 느낌이나 생각, 믿음 등 내면적인 부분을 이야기하도록 조사하는 방법

5. 경험 조사

(1) 현상학적 조사(Phenomenology)

- 연구 대상이 되는 내용에 대하여 응답자가 개인적으로 경험한 내용을 기술(description) 하도록 하고 이에 대한 분석을 통하여 경험의 의미를 파악하고 밝히고자 하는 조사 방법
  - ▶ 인간의 경험에 중점을 두고 이를 통해 경험을 구성하는 궁극적인 본질을 탐색하는데 목적을 가짐
  - ▶ 조사목적에 적합한 정보를 가능한 충분하고 풍부하게 제시해 줄 수 있는 응답표본의 추출이 중요함
  - ▶ 필요시 응답 내용을 녹음하고 이를 반복해서 들으면서 참여자의 언어로 표현된 내용과 함께 표정/어조 등 비언어적 표현과 특징을 분석할 수 있음
- 경험의 개인적 의미를 파악하기 위해 경험을 토대로 나온 진술(원자료: raw data)을 반복적으로 읽고 분석하여 이를 공통적인 요소들끼리 주제(theme)별로 모으고 다시 이를 비슷한 것끼리 범주화(category)한 후 빈도별 순위 나열을 통해 분석함[2]
- 조사대상자의 언어로 표현된 대상자의 경험을 나타내는 주제(theme)를 규명하고, 이를 구체화하여 대상자의 경험이 대상자에게 의미하는 중심의미(focal meaning)를 규명하며, 이를 통합하여 대상자의 관점에서 파악된 경험의 의미를 나타내는 구조적 기술(structural description)을 만들고 이를 분석함[3]
- 조사대상자의 경험을 기술한 내용(protocols)을 토대로 의미있는 진술(significant statement)을 도출하고, 이를 토대로 구성된 의미(formulated meaning)를 주제(themes), 주제모음(theme clusters), 범주(categories) 별로 구분하여 파악하고 자료를 수집하는 방법[4]

---

[2] Van Kaam, A. (1969). Existential Foundation s of Psychology , New York : Doubleday.

[3] Giorgi, A. (1970). Psychology as a human science: a phenomenologically based approach. New York: Harper and Row.
Giorgi, A. (1970). Toward phenomenologically based research in psychology. Journal of Phenomenological Psychology, 1(1):75-98.

[4] Colaizzi, P. (1978). Psychological research as a phenomenologist views it. In: Valle, R. S. & King, M. (1978). Existential Phenomenological Alternatives for Psychology. Open University Press: New York.

(2) 민속지학조사(Ethnography)

- (연구 대상이 되는 상황에 대한) 장기간의 지속적인 참여 관찰을 통하여 자료를 수집하는 방법
  - ▶ 조사자가 조사대상으로 선정된 집단의 일원으로 직접 참여하여 조사목적과 관련된 내용에 대한 자세한 관찰과 대상 집단 구성원들과의 면접을 통해 자료를 수집함
  - ▶ 조사자가 조사대상자들과 장기간에 걸쳐 함께 지내면서 그들의 감정/행동/특성/문화 등에 관해 조사하는 참여관찰을 통한 자료수집 방법
  - ▶ 어떤 상황에서 발생되는 모든 행동을 정리/기록하고 이러한 행동이 누가/언제/어떤 상황에서/왜 일어나는 지를 세밀하게 검토하여 행동의 유형을 분류함
- 특정 현상에 대한 가설을 검정하는 것보다는 해당 현상에 대한 본질적 특성을 탐구하는데 적합한 조사
- 적은 사례에 대한 상세한 탐구와 인간 행동의 의미/기능에 대한 해석이 수반되므로 조사목적에 가장 적합한 대상을 선정하는 것이 중요함
- 조사대상자들이 언어적(말/글)으로 표현할 수 없거나 표현하려고 하지 않는 생각/느낌/의견 등을 조사하는데 유용할 수 있음

6. 온라인조사(Online Research)

컴퓨터를 활용하는 디지털 환경에서 인터넷을 이용하여 행해지는 조사

(1) 온라인(Online) FGI(Focus Group Interview)

- 사전에 선정된 조사 참가자들이 특정한 웹사이트를 방문하여 조사목적과 관련된 주제와 정보를 접하고 이를 토대로 각자의 의견을 모니터 화면상에서 제기하고 토론함
- 표적집단에 속하는 적합한 조사 참가자들을 선정하여야 함
- 조사 참가자들의 참여의식과 집중도 등이 떨어질 수 있어 신중한 조사 설계가 요구됨
- 사회자(진행자)는 조사 참가자들의 의견을 모니터 화면을 통해 수집하고 필요시 토론을 주관하여 결론을 도출함

▷ 사회자가 조사대상자들의 언어적 표현 이외의 신체언어(body language)/표정/어조(voice tone) 등을 접하는데 한계가 있어 효과적인 토론 주관과 정확한 결론 도출에 어려움이 있을 수 있음

- 조사 참가자들이 장소에 구애 받지 않고 참여할 수 있고 신속한 자료 수집이 가능함

▷ 조사 참가자들이 특정 장소로 가지 않고 인터넷을 사용할 수 있는 사무실이나 가정에서 모니터를 통해 의견을 제시하고 토론에 참여할 수 있으므로 조사 참여가 편리함

(2) 온라인 토론방(Online bulletin board) FGI

- Online FGI와 비슷한 조사로 보다 장시간에 걸쳐 집중적인 의견제시와 토론을 통해 이루어지는 조사

▷ 오랜 기간에 걸쳐 토론이 이루어지므로 풍부하고 깊이 있는 참가자들의 생각과 의견을 조사할 수 있음

▷ 온라인상의 블로그를 조사에 활용할 수 있음

- 사회자는 수차례의 점검과 분석을 통해 토론의 방향을 조정할 수 있음
- 장시간 이루어지는 조사이므로 참여 동기가 있고 모집단의 대표성이 있는 적절한 참가자들을 표본으로 선정하는 것이 중요함

(3) 웹기록조사(Web Diary)

- 조사 대상자가 조사목적과 관련된 내용에 대해 웹상에 준비된 다이어리에 의견을 작성하는 방식의 조사

▷ 사전에 웹상에 조사항목을 작성/준비하여 여기에 조사 참가자들이 편리하게 답하고 의견을 제시할 수 있도록 조사 환경을 마련해야 함

▷ 응답 방식과 요령 등을 명확히 제시하여 조사 참가자에 의해 작성된 다이어리 내용을 조사자가 나중에 분석하는데 문제가 없도록 해야 함

- 조사 목적에 부합하는 조사 참가자들을 선정할 수 있는 표본설계가 되어야 함
- 응답거부나 중도포기가 나타날 소지가 있으므로 조사 참가자들이 조사에 참여하고자 하는 동기를 부여하는 방안을 강구해야 함

7. 수집된 자료의 검토

- 수집된 자료는 분석에 사용되기 전에 자료 검정(data validation) 및 편집(editing) 과정을 거쳐 올바른 자료를 사용한 정확한 분석이 이루어질 수 있도록 하여야 함

검토 요소

- 변수값의 그래프 점검

    (graphical examination of the variables in the analysis)

- 결측치의 원인 및 처리방안 검토

    (evaluation of the possible causes and remedies for missing data in the variables in the analysis)

- 이상치(극단값) 파악 및 처리

    (identification of outliers)

- 자료의 통계적 가정 점검

    (assessment of the ability of the data to meet the statistical assumptions specific to the selected statistical technique)

(1) 자료의 그래프 점검(graphical examination of the data)

① 분포의 형태 점검(examining the shape of the distribution)

히스토그램 (Histogram)	• 자료값/항목(data value/category)을 X축으로 해당 자료값의 자료빈도를 Y축으로 나타낸 그래프 • 불연속 값을 가지는 변수에 대하여 변수의 각 값에 해당하는 자료빈도(frequency)를 나타내는 그래프로 빈도값이 확률값으로 대체되는 경우 히스토그램은 확률분포를 나타냄 • 연속 값을 갖는 변수(계량변수)의 경우 변수 값을 범주로 나누고 각 범주에 해당하는 빈도값을 사용하여 그래프를 작성할 수 있음
줄기가지도표 (Stem and leaf diagram)	• 자료값/항목(data value/category)을 세로 줄기(stem)로 해당 자료값의 자료빈도를 가로 잎(leaf)으로 나타낸 그래프 • 계량자료(quantitative data)를 히스토그램과 비슷하게 그래프 형태로 나타내기 위한 방법으로 먼저 관찰된 자료값을 크기 순서대로 나열한 후 숫자의 자리(digit)를 이용하여 큰 자리 수를 줄기로 작은 자리 수를 잎으로 해서 전체 자료를 세로 형태로 정리해서 나타내는 방법

	예 17개 자료 값을 아래와 같이 크기 순으로 나열함 (44, 46, 47, 49, 63, 64, 66, 68, 68, 72, 72, 75, 76, 81, 84, 88, 106)

Stem	Leaf
4	4 6 7 9
5	
6	3 4 6 8 8
7	2 2 5 6
8	1 4 8
9	
10	6

잎 단위(Leaf unit): 1.0
줄기 단위(Stem unit): 10.0

② 두 개 이상 변수간 관계성 점검(examining relationships between two or more variables by graphical plots)

산점도 (Scatterplot/ Scattergram)	• 두 변수의 자료 값을 각각 상응하는 횡축(X축)과 종축(Y축)의 좌표 형태로 나타낸 도표 • 두 변수간 관계성(선형/곡선형/비선형 등)을 파악하는데 효과적임 • 두 변수간 상관성을 설명하는데 유용한 도표임 • 두 변수가 인과관계를 가지고 있다면 독립변수(설명변수)에 해당하는 변수를 X축에 종속변수(반응변수)에 해당하는 변수를 Y축으로 해서 나타낼 수 있음
산점행렬 (Scatterplot matrices)	• 수집된 모든 변수들의 값의 각 쌍(pair)에 대하여 산점도를 작성하고 작성된 모든 산점도들을 행렬 형태로 나타낸 도표 • 행렬의 대각선은 각 변수의 히스토그램을 나타냄 • 여러 변수들간 상호 관계성을 일목요연하게 비교 판단할 수 있는 장점이 있음

③ 그룹차이/극단치 점검(examining group differences/outliers)

박스플롯 (Box plot)	• 변수 값의 분포를 박스 형태로 나타낸 그림으로 박스의 상한/하한값은 각각 해당 변수 값을 크기 순으로 배열했을 때의 75% percentile(upper quartile)과 25% percentile (lower quartile)을 나타내며 박스내 중간 선은 변수 값의 중간값(median)을 나타냄 • 박스의 상한/하한값은 극단치를 제외한 최대(maximum)/최소(minimum)값을 나타냄 • 박스의 상한(maximum)/하한(minimum)값의 1.5배에 해당하는 값들은 극단상한/극단 하한값으로 별도의 선으로 박스 바깥쪽에 그어져 있으며 이 극단상한/하한선들을 벗어나는 값들은 극단값(outlier)으로 간주됨 • 두 개 이상의 변수 또는 한 변수의 서로 다른 집단에 대하여 복수의 박스플롯을 하나의 횡축에 나타내어 집단별 분포 차이를 나타낼 수도 있음 ▶ SPSS Procedure : Graph → Chart Builder → Box plot

How to Read (and Use) a Box-and-Whisker Plot

FEBRUARY 15, 2008 TO **STATISTICAL VISUALIZATION** BY NATHAN YAU

The box-and-whisker plot is an exploratory graphic, created by John W. Tukey, used to show the distribution of a dataset (at a glance). Think of the type of data you might use a histogram with, and the box-and-whisker (or box plot, for short) could probably be useful.

The box plot, although very useful, seems to get lost in areas outside of Statistics, but I'm not sure why. It could be that people don't know about it or maybe are clueless on how to interpret it. In any case, here's how you read a box plot.

Reading a Box-and-Whisker Plot

Let's say we ask 2,852 people (and they miraculously all respond) how many hamburgers they've consumed in the past week. We'll sort those responses from least to greatest and then graph them with our box-and-whisker.

Take the top 50% of the group (1,426) who ate more hamburgers; they are represented by everything above the median (the white line). Those in the top 25% of hamburger eating (713) are shown by the top "whisker" and dots. Dots represent those who ate a lot more than normal or a lot less than normal (outliers). If more than one outlier ate the same number of hamburgers, dots are placed side by side.

- **OUTLIER** More than 3/2 times of upper quartile
- **MAXIMUM** Greatest value, excluding outliers
- **UPPER QUARTILE** 25% of data greater than this value
- **MEDIAN** 50% of data is greater than this value; middle of dataset
- **LOWER QUARTILE** 25% of data less than this value
- **MINIMUM** Least value, excluding outliers
- **OUTLIER** Less than 3/2 times of lower quartile

Find Skews in the Data

The box-and-whisker of course shows you more than just four split groups. You can also see which way the data sways. For example, if there are more people who eat a lot of burgers than eat a few, the median is going to be higher or the top whisker could be longer than the bottom one. Basically, it gives you a good overview of the data's distribution.

That's all there is to it, so the next time you're thinking of making a bar graph or a histogram, think about using Tukey's beloved box-and-whisker plot too.

(2) 결측치(missing value) 처리

- 자료의 완결성(completeness)
  - ▶ 수집된 자료에 결측치가 있을 경우 이에 대한 처리를 해 주어야 함
  - ▶ 결측치가 다른 변수와 연관성을 가지는 체계성을 가질 경우 분석의 정확성을 기하기 어려움

① 결측치의 유형

무작위(random) 결측치	• 특정 변수의 결측치가 다른 변수 값 또는 결측치와 어떤 연관성도 가지지 않고 무작위하게 나타나는 경우 • 결측치가 분석결과의 정확성에 미치는 영향이 상대적으로 적음 • 결측치 보완의 필요성이 상대적으로 적을 수 있음

체계적(systematic) 결측치	• 특정 변수의 결측치가 다른 변수 값 또는 결측치와 어떤 연관성을 가지고 나타나는 경우
	• 결측치가 분석결과의 정확성에 미치는 영향이 클 수 있음
	• 수집된 자료(표본값)를 통한 모집단 추정이 잘 못 될 수 있음
	  예 남성은 결측치가 거의 없는데 여성은 결측치가 많을 경우
	  예 학력이 낮을수록 결측치가 많아질 경우
	• 결측치를 보완해서 결측치로 인하여 분석결과가 부정확하게 나타날 수 있는 소지를 없애야 함

② 결측치의 보완

자료 대체 (Case substitution)	결측치가 포함된 응답자 자료를 빼고 다른 응답자 자료로 대체함 (observations with missing data are replaced by choosing another non-sampled observation)
평균값 대체 (Mean substitution)	특정 변수의 결측치 값을 해당 변수의 평균값으로 대체함 (missing values for a single variable are replaced with the means value of that variable based on all responses)
외부자료 대체 (Cold deck imputation)	결측값을 외부자료 또는 기존 연구에서 제시된 자료로 대체함 (missing values are replaced with a constant value derived from external sources or previous research)
회귀 대체 (Regression imputation)	결측값이 포함된 변수와 연관이 깊은 변수를 선정하고 이들 사이의 관계를 회귀분석으로 추정 후 해당 결측 값을 다른 연관 변수 값을 통해 추정함 (missing values are replaced with predicted estimates from a regression analysis, which are based on their relationship with other variables in the data set)[5]
혼합 방식 (Multiple imputation)	위 방법들 중 두 가지 이상의 방법을 혼합해서 함께 적용함 (a combination of several methods, two or more methods of imputation are used to derive a composite estimate for the missing value)

---

5) SPSS Missing Values Procedure: Analyze → Missing value → Select variables → Predicted variables

> ### SPSS Missing Data Analysis procedure
>
> - 체계적 결측치(systematic missing)를 갖는 변수를 찾아내고 대체함
> - Analyze → Missing value analysis(체계적 결측치 존재 검토) → 분석하고자 하는 변수를 체크하여 Dialogue Box의 Quatitative variables 칸으로 이동시킴 → patterns → descriptives → continue/ok
> - **Seperate variance t-test**
>   t 값이 (유의적으로) 크게 나온 경우 해당 변수들간 체계적 결측치 존재 가능성이 높음
> - Percent mismatch of Indicator variables
>   값이 크게 나올 경우 체계적 결측치 가능성이 높음

(3) 이상치(outlier) 처리

- 자료의 정확성(correctness)

  자료 분석의 정확성을 기하기 위하여 수집된 자료에 이상치(극한값)가 있을 경우 이에 대한 처리를 해 주어야 함

① 정의

- 기존의 다른 값들이 갖는 범위와 확실하게 차이가 나는(구분되는) 값
- 한 변수의 경우:

  해당 변수가 갖는 값들을 기준으로 값들 간 상호 비교를 통해 파악될 수 있음
- 두 변수 이상의 경우:

  두 변수 이상의 관계성 속에서 다른 관계 값과는 확실하게 구분되는 이상치가 나타날 수 있음

② 이상치의 원천(source)

- 자료수집 과정에서의 오류(mistake in data gathering)
- 자료 입력과정에서의 오류(mistake in data input)
- 표본추출 과정에서의 오류(mistake in sampling)
- 모집단에 대한 부정확한 이해로부터의 오류(misunderstanding of population)

③ 이상치의 유형(type)

- 영향점(influential point):

  해당 점(위치: point) 유/무로 인해 변수간 추정 결과가 달라질 수 있는 점(값)

→ <그림 9-1> 에서 b, c, d, e, f

- 레버리지점(leverage point):

  예측변수(predictor/independent variable)의 범위에서 벗어난 값

  → <그림 9-1> 에서 a, b, c, e

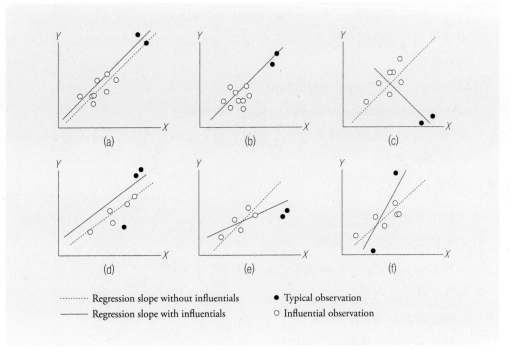

그림 9–1 Patterns of Influential Observations(Belsley et al.(1980)[6] and Mason and Perreault, 1991[7])

④ 이상치의 점검/발견

- 분산/범위(variance/range)값:

  하나의 변수일 경우 해당 변수의 분산이나 범위값을 통해 다른 값들과 확연하게 다른 이상치를 구분할 수 있음

6) Belsley, D.A., Kuh, E. & Welsch, R.E. (1980): Regression Diagnostics. Identifying Influential Data and Sources of Collinearity. New York: John Wiley & Sons.

7) Mason, C.H. & Perreault, W.(1991), Collinearity, Power, and Interpretation of Multiple Regression Analysis, Journal of Marketing Research, 28(3), 268-280.

- 산점도(Scatterplot):

  두 변수의 자료 값을 각각 상응하는 횡축(X축)과 종축(Y축)의 좌표 형태로 나타낸 도표로 두 변수간 관계성을 파악할 수 있으며, 이 관계성에 어긋나는 이상치도 발견할 수 있음

- Cook's distances:

  SPSS (Linear) Regression Procedure → Save → Distance

  이 값이 다른 값들에 비해 확연하게 클 경우 해당 값이 영향점(influential point)이 될 가능성이 큼

- Mahalanobis D^2(Leverage value):

  SPSS (Linear) Regression Procedure → Save → Distance

  이 값이 다른 값들에 비해 확연하게 클 경우 해당 값이 레버리지점(leverage point)점이 될 가능성이 큼

⑤ 이상치의 처리

- 편집/입력과정 오류:

  ▶ 해당 값을 재조사 후 수정

  ▶ 재조사가 불가할 경우 해당 값만을 결측치로 처리함[8]

- 입력 값이 맞는 경우:

  ▶ 해당 표본을 제거함

  ▶ 해당 표본에 대한 별도의 분석을 실시함

(4) 통계적 가정 점검(assessment of the statistical assumptions)

- 수집된 자료를 분석하는데 사용되는 이변량/다변량 분석에서 요구되는 통계적 가정에 부합되는지에 대한 검토로 각 분석의 통계적 가정을 점검하여야 함

- 수집된 자료가 통계적 가정에 부합되지 않을 경우 가능한 다른 분석 대안이 있는지 검토할 필요가 있음

- 다른 분석 대안이 없는 경우 조사항목(척도) 수정 후 재조사나 표본수를 제고하는 추가조사 또는 표본조사를 다시 실시하는 재조사가 필요할 수 있음

---

8) 결측치 처리 방식을 따라 처리할 수 있음

① 정규성(Normality) 점검

히스토그램	변수 값의 분포도 형태를 통해 파악함
정규확률도표 (Normal Probability Plot)	대각선 상에 도표가 그려질수록 정규성에 가까운 것으로 판정
콜모고로프–스미르노프 검정 (Kolmogorov–Smirnov test)	적합도 검정으로 비유의적(not significant)인 검정값(test value)이 나오면 해당 변수분포가 정규성을 따르는 것으로 가정

② 등분산성(Homoscedasticity) 점검

● 예측변수(독립변수)에 대한 기준변수(종속변수) 값의 분산이 일정하게 나타나야 함(dependent variables should exhibit equal levels of variance across the range of predictor variables)

그래프 분석 (Graphical plot of residuals)	독립변수 값에 대한 종속변수 값의 퍼짐의 정도를 나타내는 그래프 분석을 통해 분산의 일정성을 점검함
Levene test	집단별로 하나의 계량변수의 분산이 일정하게 나타나는지에 대한 검정 (assess if the variances of a single metric variable are equal across any number of groups)
Box's M test	집단별로 두 개 이상의 계량변수의 분산이 일정하게 나타나는지에 대한 검정 (assess if the variances of more than one metric variable are equal across any number of groups)

● 등분산성 가정이 성립되지 않는 경우 자료 변환을 통해 해결 가능함

(Heteroscedastic variables can be remedied through data transformations)

➡ 로그변환(logarithmic transformation)

③ 선형성(Linearity) 점검

산점도(Scatterplot)	두 변수의 자료 값을 각각 상응하는 횡축(X축)과 종축(Y축)의 좌표 형태로 나타낸 도표로 두 변수간 관계성(선형성)을 파악할 수 있음 (Scatterplots of variable pairs are most commonly used to identify departures from linearity)
residual 점검	단순회귀분석에서의 residual 값 점검을 통하여 선형성을 파악할 수 있음 (Examination of the residuals in a simple regression analysis may also be used as a diagnostic method to check linearity) ▶ residual 값이 작게 나타나는 경우 해당 자료가 선형회귀선(linear regression line)에 부합하는 것으로 간주될 수 있음

8. 자료의 코딩(coding)

- 효율적인 컴퓨터 자료 입력과 자료분석을 위해 편집과정을 거친 응답 내용들을 수치화하거나 기호화해서 정의하고 기록하는 과정
- 수집된 자료(설문지)는 각 항목에 대한 응답을 일정한 기준에 의해 분류하는 코딩(coding)과정을 통하여 자료의 정확성과 활용성을 높일 수 있음

① 척도유형과 코딩

- 수집된 원자료 값이 명목척도인 경우:
  - ▶ 각 명목 카테고리에 해당하는 고유의 숫자(값)를 부여함
  - ▶ 원 카테고리를 재분류하여 새로운 카테고리로 변형하는 경우 새로 바뀐 각 카테고리에 고유의 숫자(값)를 부여함
- 수집된 원자료 값이 서열척도인 경우:
  - ▶ 각 서열에 해당하는 고유의 숫자(값)를 부여함
  - ▶ 원래의 서열을 재분류하여 새로운 서열로 변형하는 경우 새로 바뀐 각 서열에 고유의 숫자(값)를 부여함
- 수집된 원자료 값이 간격척도인 경우:
  - ▶ 원 간격척도 값을 별도의 코딩작업 없이 그대로 사용 가능
  - ▶ 원 간격척도 값을 재분류하여 새로운 간격척도 값으로 변형하는 경우 새로 바뀐 각 값에 고유의 숫자(값)를 등간척도의 정의에 맞도록 부여함

② 코딩 기호화 기준

- 각 응답 항목들이 서로 중복되지 않도록 함
- 모든 응답의 범위를 포함하도록 함
- 응답의 분류가 명확하지 않은 경우 재분류나 세분화를 통하여 자료의 정확성을 제고할 수 있음
- 이후의 자료 분석이 가능하도록 숫자의 형태로 입력

③ 코딩시 제외하는 자료

- 설문지의 많은 부분에 응답이 없는 경우나 중요한 항목에 응답이 없는 경우

- 응답자가 설문을 이해하지 못한 상태에서 응답을 했다고 판단되는 경우
- 응답자가 전체 자료에 대해 한 번호로 거의 비슷한 응답을 한 경우
- 응답자가 성의 없이 응답해 내적 일관성이 부족한 경우
- 응답자가 표본으로 적합하지 않다고 판단되는 경우
- 조사환경이 적합하지 않았다고 판단되는 경우

SPSS 예제: Missing value analysis

→ 변수(V1, V2, V3, V4, V5) 5개, sample 100개

	ID	gender	agecat	income	creddebt	othdebt	V1	V2	V3	V4	V5
1	1	1	2	31.00	1.20	2.24	6	6	6	6	6
2	2	0	2	15.00	1.22	1.57	2	3	2	2	2
3	3	1	6	35.00	.93	2.54	6	7	7	5	5
4	4	0	2	20.00	.02	1.12	5	5	.	5	.
5	5	0	3	23.00	.21	.18	5	5	5	4	4
6	6	0	5	107.00	1.06	4.93	.	6	.	6	6
7	7	1	5	77.00	.50	.96	6	6	6	6	6
8	8	1	4	97.00	5.95	8.02	6	6	6	6	6
9	9	1	6	16.00	.10	.31	7	7	7	.	7
10	10	0	4	84.00	1.77	1.67	3	3	3	1	1
11	11	1	5	47.00	1.36	2.68	7	7	7	.	7
12	12	1	3	19.00	.13	.04	7	7	7	7	6
13	13	0	4	73.00	1.25	.79	.	.	5	5	4
14	14	0	5	63.00	1.92	4.69	6	.	3	5	4
15	15	1	6	17.00	1.28	.39	.	.	7	.	7
16	16	1	6	23.00	.93	1.20	7	7	7	7	.
17	17	1	5	171.00	1.80	14.44	7	7	7	6	6
18	18	0	5	424.00	13.11	32.26	7	7	7	7	7
19	19	1	3	23.00	.19	.91	7	7	7	5	6
20	20	1	6	22.00	.69	2.65	7	7	7	7	7
21	21	0	5	35.00	1.23	2.30	.	6	6	.	6
22	22	0	6	28.00	1.20	1.41	7	7	7	7	7
23	23	0	5	12.00	.57	2.01	4	4	4	.	4
24	24	0	4	29.00	3.32	1.23	6	6	6	2	2
25	25	0	4	130.00	4.69	10.00	7	.	7	7	7
26	26	1	6	69.00	1.16	9.05	7	7	7	.	.
27	27	1	3	24.00	1.30	1.51	6	6	6	6	6
28	28	1	2	29.00	1.39	2.67	2	2	2	.	2
29	29	1	6	11.00	.26	.87	6	6	6	5	5
30	30	0	4	30.00	.41	4.24	7	.	7	.	7
31	31	0	5	80.00	.03	5.17	4	4	4	4	4
32	32	1	5	51.00	1.21	2.77	7	7	7	7	7
33	33	1	5	30.00	.26	.58	4	6	3	.	.
34	34	0	3	17.00	.15	1.24	7	7	.	7	.
35	35	0	5	141.00	9.59	4.37	6	6	6	6	6

→ SPSS missing value analysis 수행 결과

→ Univariate Statistics를 통해 missing value가 가장 많은 변수는 V3(15개)인 것을 알 수 있음

Univariate Statistics

	N	Mean	Std. Deviation	Count	Percent	Low	High
V1	86	5.91	1.554	14	14.0	12	0
V2	88	5.88	1.545	12	12.0	4	0
V3	85	5.91	1.509	15	15.0	4	0
V4	87	5.45	1.750	13	13.0	9	0
V5	86	5.36	1.814	14	14.0	0	0

→ Separate Variance t-test

→ V1이 V2, V3, V4, V5 변수와 연관해서 갖는 missing value는 각각 10개, 10개, 10개, 11개임을 알 수 있고 이들 각 변수와 연관된 t-값은 각각 .2, -.5, -1.4, -.8로 나타남

→ V2가 V1, V3, V4, V5 변수와 연관해서 갖는 missing value는 각각 8개, 11개, 9개, 11개임을 알 수 있고 이들 각 변수와 연관된 t-값은 각각 -3.8, -1.0, -2.8, -2.2 로 나타남

→ V3가 V1, V2, V4, V5 변수와 연관해서 갖는 missing value는 각각 11개, 14개, 13개, 12개임을 알 수 있고 이들 변수와 연관된 t-값은 각각 .0, .2, .6, -.3로 나타남

→ V4가 V1, V2, V3, V5 변수와 연관해서 갖는 missing value는 각각 9개, 10개, 11개, 11개임을 알 수 있고 이들 변수와 연관된 t-값은 각각 -.2, .3, .2, -.5로 나타남

→ V5가 V1, V2, V3, V4 변수와 연관해서 갖는 missing value는 각각 11개, 13개, 11개, 12개임을 알 수 있고 이들 변수와 연관된 t-값은 각각 -.1, -2.7, -3.1, -1.4로 나타남

→ V2와 V1, V4, 그리고 V5와 V3간에는 상호 체계적 결측치의 가능성이 비교적 높다고 볼 수 있음

Separate Variance t Tests[a]

		V1	V2	V3	V4	V5
V1	t	.	.2	−.5	−1.4	−.8
	df	.	11.4	12.7	12.0	13.8
	# Present	86	78	75	77	75
	# Missing	0	10	10	10	11
	Mean(Present)	5.91	5.88	5.88	5.36	5.31
	Mean(Missing)	.	5.80	6.10	6.10	5.73
V2	t	−3.8	.	−1.0	−2.8	−2.2
	df	30.5	.	14.7	17.5	17.3
	# Present	78	88	74	78	75
	# Missing	8	0	11	9	11
	Mean(Present)	5.82	5.88	5.85	5.35	5.24
	Mean(Missing)	6.75	.	6.27	6.33	6.18
V3	t	.0	.2	.	.6	−.3
	df	12.0	16.4	.	15.1	13.6
	# Present	75	74	85	74	74
	# Missing	11	14	0	13	12
	Mean(Present)	5.91	5.89	5.91	5.50	5.34
	Mean(Missing)	5.91	5.79	.	5.15	5.50
V4	t	−.2	.3	.2	.	−.5
	df	9.4	10.8	12.3	.	13.2
	# Present	77	78	74	87	75
	# Missing	9	10	11	0	11
	Mean(Present)	5.90	5.90	5.92	5.45	5.32
	Mean(Missing)	6.00	5.70	5.82	.	5.64
V5	t	−1.1	−2.7	−3.1	−1.4	.
	df	17.0	33.8	30.0	17.2	.
	# Present	75	75	74	75	86
	# Missing	11	13	11	12	0
	Mean(Present)	5.85	5.76	5.80	5.36	5.36
	Mean(Missing)	6.27	6.54	6.64	6.00	.

For each quantitative variable, pairs of groups are formed by indicator variables(present, missing).

a. Indicator variables with less than 5% missing are not displayed.

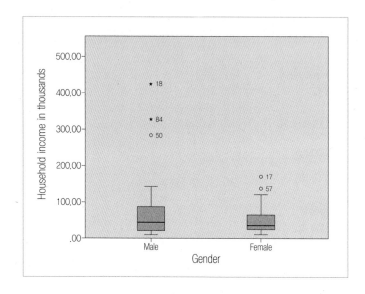

⯈ SPSS 예제: Outlier 분석

➜ 앞서 제시된 data set에서 4개 변수(id, gender, income, creddebt)와 100개 sample 분석

➜ Box plot 분석 결과

➜ 성별에 따른 가계소득의 box plot 분석 결과: 남성은 가계소득 변수(Household income)값 중 id 50번째, 84번째, 18번째 값이 outlier로 나타났고, 여성은 가계소득 변수(Household income) id 57번, 17번 값이 outlier로 나타남

➜ 산점도(scatter plot) 분석 결과

➜ 가계소득 대비 신용카드부채에 대한 scatter plot 분석 결과: id 35번, 87번째 값은 outlier를 의심해 볼 필요가 있는 것으로 나타남

➜ id 50번, 84번, 18번은 상대적으로 확연하게 outlier인 것으로 나타남

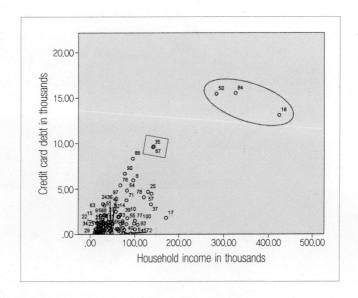

→ 독립변수를 가계소득, 종속변수를 신용카드부채로 가정하고 회귀분석을 통해 상호 관계성을 알아보고자 하였으며, 이 과정에서 이상치 분석에 활용될 수 있는 Mahalanobis distance와 Cook's distances의 결과값을 구하였음

→ 아래 분석결과를 통해서 볼 때, 생성된 MAH_1값(Mahalanobis distance)과 COO_1값(Cook's distances)이 다른 변수 값들에 비해 뚜렷이 차이가 나는 id 17, 18, 25, 35, 50, 84, 87에 해당하는 값이 outlier 인 것을 알 수 있음

	ID	gender	agecat	income	creddebt	othdebt	V1	V2	V3	V4	V5	MAH_1	COO_1
1	1	1	2	31.00	1.20	2.24	6	6	6	6	6	.21601	.00039
2	2	0	2	15.00	1.22	1.57	2	3	2	2	2	.61912	.00318
3	3	1	6	35.00	.93	2.54	6	7	7	5	6	.16969	.00000
4	4	0	2	20.00	.02	1.12	5	5	5	5		.40991	.00028
5	5	0	3	23.00	.21	.18	5	5	5	4	4	.36058	.00016
6	6	0	5	107.00	1.06	4.93		6		6	6	.57173	.02116
7	7	1	5	77.00	.50	.96	6	6	6	6	6	.07542	.00850
8	8	1	4	97.00	6.95	8.02	6	6	6	6	6	.35477	.01646
9	9	1	5	16.00	.10	.31	7	7	7	7	7	.49625	.00002
10	10	0	4	84.00	1.77	1.67	3	3	3	1	1	.14975	.00250
11	11	1	5	47.00	1.36	2.68	7	7	7		7	.04280	.00001
12	12	1	5	19.00	.13	.04	7	7	7	7	6	.43072	.00009
13	13	0	4	73.00	1.25	.79	5	5	5	5	4	.04428	.00254
14	14	0	5	63.00	1.92	4.69	6		3	5	5	.00249	.00002
15	15	1	6	17.00	1.26	.39	7	7	7	7	7	.47389	.00295
16	16	1	5	23.00	.93	1.20	7	7		7	7	.36056	.00054
17	17	1	5	171.00	1.60	14.44	7	7	7	6	6	3.18032	.16324
18	18	0	5	424.00	13.11	32.26	7	7	7	7	7	34.15311	1.45598
19	19	1	3	23.00	.19	.91	7	7	5	5	5	.36058	.00019
20	20	1	6	22.00	.69	2.66	7	7	7	7	7	.36964	.00017
21	21	0	6	35.00	1.23	2.30	6	6		6	6	.16969	.00018
22	22	0	5	28.00	1.20	1.41	7	7	7	7	7	.26198	.00065
23	23	0	5	12.00	.57	2.01	4	4	4		4	.59082	.00092
24	24	0	4	29.00	3.32	1.23	6	6	6	2	2	.24581	.01555
25	25	0	6	130.00	4.69	10.00		6	7	7		1.26627	.00000
26	26	1	6	69.00	1.16	9.05	7	7	7	7	7	.02138	.00228
27	27	1	3	24.00	1.30	1.51	6	6	6	6	6	.33183	.00152
28	28	1	2	29.00	1.39	2.67	2	2	2		2	.24581	.00108
29	29	1	6	11.00	.26	.87	6	6	6	6	5	.61575	.00020
30	30	0	5	30.00	.41	4.24	7		7	7	7	.23015	.00024
31	31	0	5	80.00	.03	5.17	4	4	4	4	4	.10418	.01435
32	32	1	5	51.00	1.21	2.77	7	7	7	7	7	.02036	.00024

핵심 연구방법론

Essentials of Research
Methodology

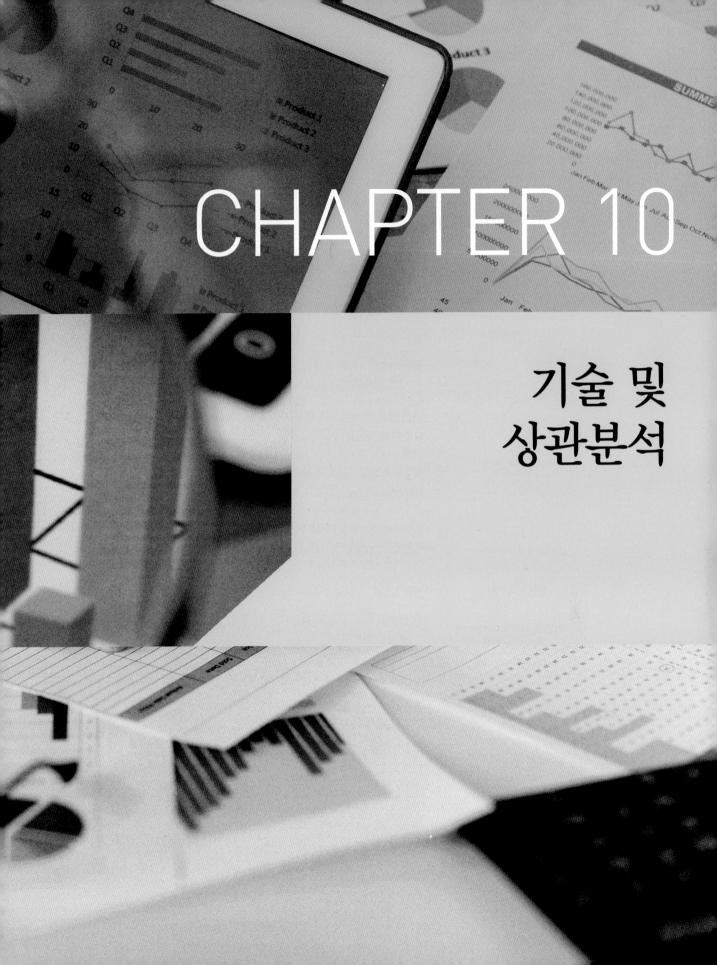

CHAPTER 10

기술 및
상관분석

기술 및 상관분석

1. 통계분석기법

(1) 변수의 수에 의한 분류

- 분석에 사용된 변수의 수에 따른 분류

① 단변량(univariate) 통계분석: 하나의 변수에 대한 분석

기초통계분석	• **평균(mean)**: 자료의 중심값을 나타내며 전체 자료의 합계를 자료수로 나눈 산술평균을 가장 많이 사용함 • **분산(variance)**: 자료의 퍼짐 정도를 나타내며 각 자료에서 산술평균을 빼준 차이를 제곱해서 합한 값을 자료수로 나누어 구함 • **표준편차(standard deviation)**: 분산의 제곱근으로 퍼짐의 정도를 나타냄 • **첨도(kurtosis)**: 자료의 집중화 경향을 나타냄 • **왜도(skewness)**: 자료가 중심값을 기준으로 균등하게 분포되지 않고 어느 정도 편향되어 있는지를 나타냄 • **범위(range)**: 자료의 최대값과 최소값의 차이 • **백분율(proportion)**: 자료를 크기순으로 배열했을 때 전체 크기순위에서 어느 정도 위치에 해당하는지를 나타내는 비율값
단변량 x^2분석	• 명목척도로 측정한 한 변수 값의 빈도(비율)의 차이 검정
단변량 Kolmogorov–Smirnov분석	• 한 변수의 분포 적합도 검정 ▶ SPSS: 정규(normal)분포, 균등(uniform)분포, 포아송(poisson)분포, 지수(exponential)분포
Z(t)분석	• 간격/비율척도로 측정한 한 변수의 평균값 검정
이항분포검정 (Binomial test)	• 이항(binomial)값을 갖는 한 변수의 이항값에 대한 각 관찰치가 기대빈도와 일치하는지에 대한 검정[1]
연의 분석(Run test)	• 이항(binomial)변수의 두 관찰치(dichotomous value) 값(0,1)의 무작위성 검정

---

1) 이항(binomial)값은 두 개의 값(dichotomous value)으로도 해석될 수 있으며, 0과 1로 코딩되는 자료값임.

② 이변량(bivariate) 통계분석: 두 개 변수에 대한 분석

이변량 χ^2분석 (교차분석)	• 명목(집단)척도로 측정한 두 변수간 상호 관련성(독립성) 검정 • 교차표(cross-table)를 활용함[2]
독립표본(independent sample) t-분석	• 서로 독립적으로 추출된 두 표본의 평균의 차이 검정 • 명목척도로 측정된 하나의 독립변수가 두 개의 상호 독립적인 집단으로 구분될 경우, 이들 두 집단에서 간격/비율척도로 측정된 하나의 종속변수가 어떤 차이를 나타내는지를 분석함 ▶ 종속변수가 서열척도 변수인 경우, 맨휘트니(Mann–Whitney) 검정 적용
대응표본(paired sample) t-분석	• 상호 대응되는 표본으로 구성된 두 표본의 평균의 차이 검정 ▶ 동일표본이 시간 차이를 두고 반복측정 되는 경우의 차이 검정이나 갭(GAP) 분석에 활용될 수 있음[3] ▶ 종속변수가 서열척도 변수인 경우, 부호(Sign)검정, 윌콕슨(Wilcoxon)검정 적용
일원분산분석 (One-way Analysis of Variance: ANOVA)	• 서로 독립적으로 추출된 두 개 이상의 표본의 평균의 차이 검정 • 명목척도로 측정된 하나의 독립변수가 두 개 이상의 상호 독립적인 집단으로 구분될 경우, 이들 집단에서 간격/비율척도로 측정된 하나의 종속변수가 어떤 차이를 나타내는지를 분석함 ▶ 종속변수가 서열척도 변수인 경우 크루스칼왈리스(Kruskal–Wallis)검정 적용
맥네마르(Mcnemar)검정	• 이항변수로 측정된 두 변수간 이항값 분포의 빈도 차이 검정
피어슨 상관분석 (Pearson correlation analysis)	• 간격/비율척도로 측정된 두 변수간 상관관계 분석 • 피어슨 상관계수(Pearson correlation coefficient)를 사용하여 두 변수간 상관관계 검정 ▶ 두 변수가 명목척도로 측정된 경우 상황계수(contingency coefficient), 불확실성계수(uncertainty coefficient) 적용 ▶ 두 변수가 서열척도로 측정된 경우 Kendall상관계수, Spearman상관계수 적용
단순회귀분석 (simple regression)	• 하나의 독립변수가 하나의 종속변수에 미치는 인과적 영향에 대한 분석 ▶ 각 독립/종속변수는 계량(간격/비율)척도로 측정됨

---

2) 상황표(contingency table)라고도 불림
3) 대표적 Gap 분석으로는 중요도-만족도(IPA) 차이 검정, SERVQUAL(서비스품질)모형에서의 기대(Expected)-지각(Perceived)값 차이 검정 등을 들 수 있음

③ 다변량(multivariate) 통계분석 : 세 개 이상 변수에 대한 분석

다변량회귀분석 (multiple regression)	• 두 개 이상의 독립변수가 종속변수에 미치는 인과적 영향에 대한 분석 ▶ 각 독립/종속변수는 계량(간격/비율)척도로 측정됨[4]
정준상관분석(canonical correlation analysis)	• 두 개 이상의 독립변수와 두 개 이상의 종속변수 사이의 상호관계 구조에 대한 분석 • 독립변수군과 종속변수군 간의 개별 변수간 상관을 통해 독립/종속변인간 전체적인 상호관계 구조를 분석함
판별분석(discriminant analysis)	• 간격/비율척도로 측정된 독립변수와 명목척도로 측정된 종속변수간 인과관계 분석 • 독립변수들로 구성된 선형판별함수를 도출하고 이를 사용하여 종속변수의 집단을 구분(판별)하는 유의적인 독립변수를 찾아내고 종속변수 집단을 판별함
다차원분산분석 (Multi-way Analysis of Variancex: MANOVA)	• 명목척도로 측정된 두 개 이상의 독립변수를 통해 구분된 상호 독립적인 집단에서 간격/비율척도로 측정된 하나의 종속변수가 어떤 유의적인 차이를 나타내는지를 분석함 ▶ 독립변수가 두 개인 경우 이원분산분석(Two-way ANOVA), 세 개인 경우 삼원분산분석(Three-way ANOVA) 등으로 다원(多元)분산분석 가능함
일원다변량분산분석 (One-Way Multi-variate Analysis of Variance: One-way MANOVA)	• 명목척도로 측정된 하나의 독립변수를 통해 구분된 상호 독립적인 집단에서 간격/비율척도로 측정된 두 개 이상의 종속변수가 어떤 유의적인 차이를 나타내는지를 분석함 ▶ 독립변수가 두 개인 경우 이원다변량분산분석(Two-way MANOVA), 세 개인 경우 삼원다변량분산분석(Three-way MANOVA) 등으로 다원(多元)다변량분산분석 가능함
요인분석 (factor analysis)	• 변수들이 갖는 상호 상관구조(interdependence)를 통해 변수들의 내재적 차원(underlying dimension)인 요인(factor)을 도출하는 분석 • 서로 상관관계가 높은 변수들을 묶어 자료의 복잡성을 줄이고 정보를 단순하게 요약하는 방법
군집분석 (cluster analysis)	• 다양한 특성을 지닌 분석대상(응답자 또는 표본)을 유사성에 기초해서 상호 동질적인 집단들로 구분하는 분석 • 분석변수들의 정보를 활용해서 분석대상을 서로 비슷한 특성을 갖는 집단들로 구분하는데 사용되는 방법[5]

4) 독립변수 중 일부가 비계량척도(명목/서열)로 측정된 경우 이들 비계량측정 변수를 더미(0,1)화한 더미회귀분석을 사용하여 분석 가능함

5) 변수간 상관관계에 기초하는 요인분석과는 달리 분석대상간 거리척도를 기준으로 상호 비슷한 대상들을 동일한 집단으로 묶음

(2) 변수의 관계성에 의한 분류

- 분석에 사용된 두 개 이상 변수들 간의 관계성에 따른 분석

① 상호관계(correlation) 분석: 변수 간 상호 관계(X↔Y)에 대한 분석

- 이변량 χ^2분석(교차분석)
- 피어슨 상관분석(Pearson correlation analysis)
- Kendall상관계수/Spearman상관계수

② 인과관계(causality) 분석: 변수 간 인과관계(X→Y)에 대한 분석

- 단순회귀분석(simple regression)
- 다변량회귀분석(multiple regression)
- 판별분석(discriminant analysis)

(3) 변수 척도에 의한 분류: 변수의 측정척도에 따른 분석

① 모수(parametric) 통계분석: 등간척도/비율척도로 측정된 변수에 대한 분석

- 피어슨 상관분석(Pearson correlation analysis)
- 회귀분석(Regression analysis)
- 분산분석(ANOVA)
- 요인분석(Factor analysis)
- 군집분석(Cluster analysis)

② 비모수(non-parametric) 통계분석: 명목척도/서열척도로 측정된 변수에 대한 분석[6), 7)]

- χ^2분석
- 맨휘트니(Mann-Whitney)검정
- 부호검정(Sign test)
- 윌콕슨검정(Wilcoxon test)
- 크루스칼왈리스(Kruskal-Wallis)검정

---

6) 등간/비율척도로 측정된 변수라 해도 분석 표본수가 적은 경우(n<30) 비모수통계분석이 적용됨
7) 두 개 이상 변수가 분석에 사용되는 경우, 이 중 적어도 하나의 변수가 명목/서열척도로 측정되면 비모수통계분석이 적용됨

- 맥네마르(Mcnemar)검정
- Kendall/Spearman상관계수

표 10-1 변수/척도에 따른 분석기법 – 모수통계기법 –

구분	변수간 관계	변수별 척도		분석 기법
		X_1	$X_2(Y)$	
이변량 통계분석	$X_1 \leftrightarrow X_2$	집단변수 (명목)	집단변수 (명목)	χ^2분석(교차분석)
		등간이상	등간이상	상관분석(피어슨 상관계수)
	$X_1 \rightarrow X_2(Y)$	집단변수 (명목)	등간이상	2집단: 독립표본 t-test 동일집단의 반복측정된 두개의 값 비교: 대응표본 t-test
				(2집단 이상) K집단: 일원분산분석
		등간이상	등간이상	단순회귀분석
다변량 통계분석	$X_1, X_2 \cdots \leftrightarrow Y_1 Y_2 \cdots$	등간이상	등간이상	정준상관분석(변수간 인과관계분석 가능)
	$X_1, X_2 \cdots \rightarrow Y_1$	등간이상	등간이상	다중회귀분석
		등간이상	집단변수 (명목)	(2집단 이상) K집단: 판별분석 ·2집단: 로지스틱 회귀분석 ·K집단: 다항로지스틱분석
		집단변수 (명목)	등간이상	다차원 분산분석(Multi-way Analysis of Variance)
	$X_1 \rightarrow Y_1 Y_2 \cdots$	집단변수 (명목)	등간이상	일원다변량분산분석 (One-way MANOVA)
	$X_1, X_2 \cdots \rightarrow Y_1 Y_2 \cdots$	집단변수 (명목)	등간이상	다원다변량분산분석 (Multi-way MANOVA)
집단화 통계분석	상관성이 높은 변수군의 축소	등간이상		요인분석
	(거리 기준) 유사성이 높은 대상들 축소	등간이상		군집분석: 계층적/비계층적 군집분석 ▶ 집단변수가 포함된 경우: two-step 군집분석(SPSS) 가능

2. 기술통계분석(Descriptive Statistical Analysis)

(1) 기술통계분석(Descriptive Statistical Analysis)

- 모집단 또는 표본의 (분포)특성을 파악하고자 하는 분석
- 연구의 대상이 되는 변수의 분포 특성에 대한 정보를 얻기 위해 사용되는 분석
- 원자료(Data)의 특성을 정리하고 분포의 특성을 요약한 각종 통계값(Statistics) 도출

 SPSS Procedure

- **DESCRIPTIVE STATISTIC**
  빈도(Frequencies), 각종 기술통계값(Descriptives), 두 변수간 교차분석(Crosstab), 기준 변수와 다른 변수간 관계분석(Explore) 등 통계값 및 관련 표/그림 도출
- **GRAPH**
  Chart Builder(Bar/Line/Area/Box Chart)
  그림을 통해 한 변수 (또는 두 변수 이상) 분포 특성 파악

(2) 기술통계값

① 중심화정도(Measure of Central Tendency)

- 평균:

  자료 x_i가 i=1, 2, - - , n까지 있을 경우,

$$산술평균: \bar{x} = \frac{1}{n} \cdot \sum_{i=1}^{n} x_i \qquad 기하평균: \bar{x} = \sqrt[n]{\prod_{i=1}^{n} x_i} \qquad 조화평균: \bar{x} = \frac{n}{\sum_{i=1}^{n} \frac{1}{x_i}}$$

- 중앙값(median):

  자료를 크기(서열)순으로 배열하였을 때 중앙에 위치하는 값

  → 홀수 자료는 (n+1)/2번째 값, 짝수 자료는 n/2번째와 (n/2)+1의 산술평균값

- 최빈값(mode):

  자료(측정값) 중에서 도수(빈도)가 가장 많은 값[8]

---

[8] 자료값 중 최빈값이 두 개 이상인 경우도 있을 수 있음

② 퍼짐의 정도(Measure of Dispersion/Scattering)

- 분산(variance):
  - ▶ 자료의 퍼짐의 정도를 나타내는 척도가 됨
  - ▶ 각 자료 값이 자료의 평균과 얼마나 차이가 나는지를 나타내는 편차의 제곱 값의 합을 자료수로 나눈 값
- 표준편차(standard deviation):
  - ▶ 자료의 퍼짐의 정도를 나타내는 척도가 됨
  - ▶ 분산의 제곱근(루트) 값으로 평균으로부터 원래 자료에 대한 오차범위의 근사값
- 영역(range):
  - ▶ 자료에서 가장 큰 값과 가장 작은 값의 차이(절대값)
  - ▶ 자료값이 가질 수 있는 범위를 나타냄

③ 사분위수(Quartile)

- 자료값(측정값)을 작은 값에서부터 크기순으로 배열하였을 때 전체 자료를 4등분하는 위치에 오는 값
- 자료수가 짝수인 경우 자료를 크기순으로 둘로 나누고 각각의 중위수를 계산하여 구할 수 있음
  - ▶ 1/4 분위수(1st quartile, 25% quantile):
    자료(측정값)을 크기순으로 배열하였을 때 작은 값에서부터 25%(1/4) 위치에 오는 값
  - ▶ 2/4 분위수(2nd quartile, 50% quantile):
    자료(측정값)을 크기순으로 배열하였을 때 작은 값에서부터 50%(2/4) 위치에 오는 값으로 중앙값(median)에 해당됨
  - ▶ 3/4 분위수(3rd quartile, 75% quantile):
    자료(측정값)을 크기순으로 배열하였을 때 작은 값에서부터 75%(3/4) 위치에 오는 값

3. 상관분석(Correlation Analysis)

(1) 상관분석의 목적 및 성격

① 목적

- 연구의 대상이 되는 변수들간 상호 연관성에 대한 분석으로 상관계수를 연관성 지표로 사용함
- 하나의 변수가 다른 변수와 어느 정도 밀접한 관련성을 갖고 변화하는지를 분석함
- 하나의 변수가 다른 변수와 갖는 상호연관성의 방향을 분석함

② 상관관계

- 두 변수간 상호 변화가 어느 정도의 연관성을 가지고 있는지를 의미함
- 연관성의 정도:
  ▶ 하나의 변수가 다른 변수와 밀접한 관련성을 갖고 변화하는 정도
  ▶ 0을 포함하여 -1에서 1사이의 값을 가지며, 0에 가까울수록 두 변수간 상관관계는 낮아지고 1에 가까울수록 상관관계는 높아짐
- 연관성의 방향:
  ▶ 하나의 변수가 다른 변수와 갖는 상호연관성의 방향
  ▶ 두 변수간 관계의 방향은 +/- 로 나타내고, 두 변수간 크기의 증감 방향이 같은 경우 +, 반대인 경우 - 의 상관관계가 있는 것으로 간주함
    ➡ 정(+)의 상관: 서로 동일한 방향의 연관성을 가지고 있는 경우
    ➡ 부(-)의 상관: 서로 반대 방향의 연관성을 가지고 있는 경우

관계의 방향

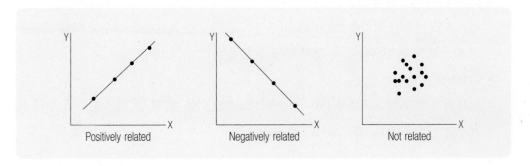

Positively related   Negatively related   Not related

관계의 정도

```
1   0.8  0.4   0  −0.4 −0.8  −1
```

(2) 상관계수

- 변수간 관계의 정도나 방향을 하나의 수치로 요약해서 나타내는 지수
- 일반적으로 피어슨의 적률상관계수(Pearson's Product Moment Correlation Coefficient)를 지칭하며 두 변수가 정규분포를 따르고 등간/비율척도로 측정되었을 경우의 두 변수간 선형관계 정도를 나타냄
- 사용척도에 따른 유형: 명목/서열/등간/비율척도로 측정된 변수들의 상관도 분석

① 명목척도 변수간 상관

- 이변량 χ^2분석(교차분석)에서 제시된 교차표(cross-table) 또는 분할표(contingency table)에서 도출된 명목척도 변수간 상관계수로 모집단 분포를 가정하지 못하므로 비모수통계값에 해당됨
- 분할계수(contingency coefficient):
  명목척도 변수간 교차분석(Crosstab)에서 도출된 χ^2를 표본수와 χ^2를 더한 값으로 나누고 이를 제곱근한 값으로 최대값이 1보다 적고 행/열의 수에 따라 변함
- 불확실성계수(uncertainty coefficient):
  명목척도로 측정된 두 변수에서 한 변수가 다른 한 변수를 설명하는데 따라서 줄어들 수 있는 오류(error)의 비율을 나타냄
- 파이계수(Phi coefficient):
  명목척도 변수간 교차분석(Crosstab)에서 도출된 χ^2를 표본수로 나누고 이를 제곱근한 값으로 '0'과 '1'사이 값을 갖지 않을 수 있음
- Cramer's V:
  명목척도 변수간 교차분석(Crosstab)에서 도출된 χ^2를 행/열 중 적은 범주의 수와 표본수를 곱한 값으로 나누고 이를 제곱근한 값

- **람다값(Lambda):**

  명목척도로 측정된 두 변수에서 독립변수가 종속변수를 설명(예측)하는데 따라서 줄어들 수 있는 오류(error)의 비율을 나타내며, '1'은 독립변수가 종속변수를 완전하게 예측한다는 의미이고 '0'은 독립변수가 종속변수를 예측하는데 도움이 되지 않음을 나타냄

② 서열척도 변수간 상관

- 서열척도로 측정한 변수간 상관을 나타내는 (비모수)서열상관계수로 모집단 분포를 가정하지 못하므로 변수의 분포에 상관없이 도출됨
- **켄달의 서열상관계수(Kendall's Rank Correlation Coefficient):**
  ▶ 서열척도로 측정된 두 변수(X, Y)의 값들을 각각 순서대로 나열하고 두 변수간 순위의 부합(concordant)/비부합(discordant) 정보를 사용하여 도출됨
  ▶ [-1, 1] 범위를 가지고, '1'은 부합자료가 100%임을, '-1'은 비부합자료가 100%임을, '0'은 x와 y간에 값의 연관성이 없음을 나타냄
    → **켄달의 타우-b(Kendall's tau-b):**
      두 서열변수간 순위의 동률을 고려하는 비모수상관계수로 '-1'에서 '+1'사이의 값을 가짐
    → **켄달의 타우-c(Kendall's tau-c):**
      두 서열변수간 순위의 동률을 무시하는 비모수상관계수로 '-1'에서 '+1'사이의 값을 가짐

- **Spearman's rho:**
  ▶ 서열척도로 측정된 두 변수(X, Y)의 값들을 각각 순서대로 나열하고 서열 순서로 바꾼 뒤 이 순위를 이용해서 도출함
  ▶ 원자료에 이상점이 있거나 표본크기가 작을 때 유용함
  ▶ 두 변수의 순위가 완전히 일치하면 '+1', 완전히 반대로 나타나면 '-1'이 됨

$$r_s = 1 - \frac{6\sum_{i=1}^{n} d_i^2}{n(n^2-1)} \quad \text{여기서,} \quad d_i = X_i - Y_i$$

- Cohen's Kappa:
  - ▶ 두 관찰자(변수) 간의 측정 범주 값에 대한 일치도(agreement)를 측정하는 방법
  - ▶ 측정 범주가 동일할 경우 사용 가능함
  - ▶ 측정대상은 각 범주 값의 교차표에 빈도로 표시됨
    - → 세 관찰자 이상의 일치도를 분석하고자 하는 경우 Fleiss Kappa 계수를 사용함
    - → 명목척도 또는 서열척도로 측정된 범주형 자료에 적용 가능하고 서로 대칭되는 교차표(n×n)의 형태가 되어야 함
    - → 두 평가자는 서로 독립적이어야 함

③ 명목척도/비율척도 변수간 상관

- 명목척도로 측정된 변수와 비율척도로 측정된 변수간 (비모수)상관계수로 변수의 분포에 상관없이 도출됨
- Eta 계수:
  - ▶ 하나의 변수가 명목변수이고 다른 변수가 계량변수일 경우 '0'과 '1'사이의 값을 갖는 상관계수
  - ▶ '0'은 두 변수간 연관이 없음을 나타내고 '1'에 가까울수록 연관 정도가 높음을 의미함
    - → 명목척도로 측정되고 범주의 수가 제한적인 독립변수와 계량척도(등간/비율)로 측정된 종속변수 사이의 상관관계를 분석할 때 적합

④ 계량척도(등간/비율척도) 변수간 상관

- 계량(등간/비율)척도로 측정한 변수간 상관을 나타내는 상관계수로 모집단 분포를 가정할 수 있음
- 단순상관계수(bivariate correlation coefficient):
  - ▶ 두 변수간 상호 관련성을 나타내는 이변량 상관(bivariate correlation)을 나타냄
  - ▶ 일반적으로 피어슨상관계수(Pearson's correlation coefficient)를 사용함

$$X_1 \leftrightarrow Y \text{ 의 상관}$$

- 부분/편상관계수(partial correlation coefficient):
  ▶ 특정 변수(들)를 통제한 상태에서 두 변수간의 상호 관련성을 나타내는 계수

$$X_1 \leftrightarrow Y \text{ 의 상관 }, \quad Z\text{(외생변수 통제)}$$

- 다중상관계수(multiple correlation coefficient):
  ▶ 한 변수와 둘 이상 여러 변수간 상호 관련성을 나타내는 계수
  ▶ 두 개 이상의 (독립)변수에 가중치를 부여하여 하나의 선형조합(linear composite)을 구성하였을 때 이 선형조합과 다른 한 (종속)변수와의 상관관계를 나타냄

$$X_1, X_2, X_3 .. \leftrightarrow Y_1\text{의 상관}$$

- 정준상관계수(canonical correlation coefficient):
  ▶ 둘 이상의 변수집단과 둘 이상의 변수집단간 상호 관련성을 나타냄
  ▶ 두 개 이상의 (독립)변수에 가중치를 부여하여 구한 선형조합(linear composite)과 다른 두 개 이상의 (종속)변수의 선형조합간 상관관계를 나타냄

$$X_1, X_2, X_3 .. \leftrightarrow Y_1, Y_2, Y_3 ..\text{의 상관}$$

4. 단순상관분석(Simple Correlation Analysis)

(1) 분석 목적 및 통계량

- 계량척도로 측정된 두 변수 사이의 상호 연관성을 연관성(association)의 강도(strength)와 방향(direction)을 중심으로 분석함

- 피어슨 상관계수 (Pearson correlation coefficient)
  두 변수 사이의 연관성을 선형관계의 강도로 나타내 줄 수 있도록 두 변수의 공분산을 각 변수의 표준편차로 표준화한 계수

- 모집단 상관계수(population correlation coefficient): $\rho = Cov(X,Y)/(\sigma_X \cdot \sigma_Y)$

- 표본상관계수:

$$r = \frac{cov_{xy}}{s_x s_y} = \frac{\sum (x_i - \bar{x})(y_i - \bar{y})}{(N-1)s_x s_y}$$

→ 표본분산:

$$variance(s^2) = \frac{\sum (x_i - \bar{x})^2}{N-1} = \frac{\sum (x_i - \bar{x})(x_i - \bar{x})}{N-1}$$

→ 표본공분산:

$$cov(x, y) = \frac{\sum (x_i - \bar{x})(y_i - \bar{y})}{N-1} \qquad r = \frac{\sum_{i=1}^{n} (x_i - \bar{x})(y_i - \bar{y})}{\sqrt{\sum_{i=1}^{n} (x_i - \bar{x})^2} \cdot \sqrt{\sum_{i=1}^{n} (y_i - \bar{y})^2}}$$

---

(2) 결과 해석

- 상관계수 r 은 항상 -1에서 1사이의 값을 가짐
  - ▶ r 이 양(+)의 값을 가지면 두 변수 X, Y 사이에 양의 상관(positive correlation)이 있음을 나타내고 X가 증가하면 Y도 증가하는 경향을 가지게 됨
  - ▶ r 값이 거의 1과 같으면 X, Y 사이에 직선적인 양의 상관관계가 아주 강함을 의미함
  - ▶ r 이 음(-)의 값을 가지면 두 변수 X, Y 사이에 음의 상관(negative correlation)이 있음을 나타내고 X가 증가하면 Y는 감소하는 경향을 가지게 됨

▸ r 값이 거의 -1과 같으면 X, Y 사이에 직선적인 음의 상관관계가 아주 강함을 의미함

▸ r 값이 거의 0과 같으면 X, Y 사이에 선형적인 상관관계가 거의 없음을 나타냄

● 상관계수(Correlation coefficient)와 변수 분포

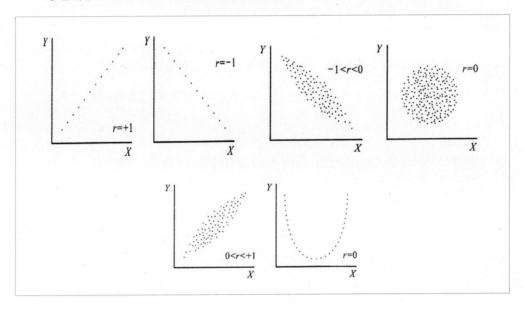

● 검정통계량: t-test

귀무가설(X, Y 사이에 유의한 상관이 있을 것이다)의 검정통계량은 자유도(n-2)인 t-분포를 따르게 됨

$$t = \frac{r\sqrt{(n-2)}}{\sqrt{1-r^2}} \ (d.f. = n-2)$$

● 제3변수(외생변수)의 영향 가능성(The third-variable problem)

▸ 두 변수의 상호 관계에 영향을 주는 다른 제3의 변수(외생변수)가 존재할 경우

두 변수 중 한 변수가 증가할 때 다른 변수가 증가/감소한다고 해도

반드시 이 두 변수가 상호 연관성을 가지고 있다고 볼 수 없는 경우가 있음

● 인과방향(Direction of causality)의 전제(前提) 불가

▸ 상관계수는 인과관계보다 두 변수간 상호관계(mutual association)를 나타냄

▶ 상관계수는 독립/종속변수간 인과관계의 방향을 나타내지 못하기에 인과관계 가
정이나 분석이 어려움

 SPSS Procedure

- 단순상관계수(simple correlation coefficient): SPSS → Analyze → Correlate → Bivariate
- 변수척도가 등간/비율이 아닌 서열척도일 경우: '켄달/스피어만 test' 선택
- 무방향성가설(Non-directional Hypothesis: X, Y간에 유의적인 상관관계가 있을 것이다)
  → 'Two-tailed' 선택
- 방향성가설(Directional Hypothesis: X, Y는 정(+) 또는 부(−)의 상관관계가 있을 것이다)
  → 'One-tailed' 선택

상관분석(Pearson Correlation Analysis) 결과정리 − SPSS − 예제표

표 10−2 종업원 능력지표(교육년수/연봉/초봉/근무경력/이전경력)간 상관관계[a]

분석변수[b]	교육년수	연봉	초봉	근무경력	이전경력
교육년수	−	−	−	−	−
연봉	.661**	−	−	−	−
초봉	.633**	.880**	−	−	−
근무경력	.047	.084	−.020	−	−
이전경력	−.252**	−.097*	.045	.003	−

a. Pearson 상관관계분석을 사용하여 도출된 결과임
b. 분석표본수 = 474명
* Two-tail significance level 0.05 하에서 유의적인 상관계수를 나타냄
** Two-tail significance level 0.01 하에서 유의적인 상관계수를 나타냄

5. 편상관분석(Partial Correlation Analysis)

(1) 분석 목적 및 통계량

- 두 변수(x_1, x_2)간 상호 연관성을 분석함에 있어 여기에 영향을 미칠 수 있는 다른 변
  수들(x_3, x_4, x_5 ‥)의 영향을 배제한 상태에서 분석하는 방법
- 두 변수간의 관계가 다른(제3의) 변수(통제변수: control variable)들에 의해 영향을
  받을 경우 제3의 변수 영향을 제거시킴으로써 두 변수 상관관계를 보다 정확하게 구
  하고자 할 경우 적용

- 편상관계수 정의

$$r_{x_1 x_2 | x_3} = \frac{r_{x_1 x_2} - (r_{x_1 x_3} \times r_{x_2 x_3})}{\sqrt{1 - r_{x_1 x_3}^2} \sqrt{1 - r_{x_2 x_3}^2}}$$

($r_{x_1 x_2}$ = x_1, x_2 간 표본상관계수)

- 검정 통계량(statistics): t-통계량

$$t = r \sqrt{\frac{n - \theta - 2}{1 - r^2}}$$

여기서 θ는 계수의 차수(통제변수의 수)이며, r은 편상관계수임
$n - \theta - 2$는 t의 자유도이며, n은 표본 수임

(2) 결과 해석

- $r_{x_1 x_2 | x_3}$: 제3의 변수(x_3)의 영향을 배재한 상태에서 $x_1 \leftrightarrow x_2$간 상호 연관성을 나타내는 상관계수
- 외생변수(x_3)의 영향을 배재하고 두 변수(x_1, x_2)간 관계 분석을 하고자 할 때 유용하게 사용할 수 있음
- 두 변수간 상관계수($r_{x_1 x_2}$)와 외생변수의 영향을 제거한 상태에서의 편상관계수 ($r_{x_1 x_2 | x_3}$)가 서로 차이가 크게 나지 않을 경우, 외생변수(x_3)가 두 변수(x_1, x_2)간 상관에 미치는 영향은 적다고 할 수 있음
- 반대로, 두 변수간 상관계수와 외생변수의 영향을 제거한 상태에서의 편상관계수가 서로 유의적인 차이가 날 경우, 외생변수의 영향이 크거나 무시할 수 없다고 할 수 있음

SPSS Procedure

편상관계수(partial correlation coefficient): SPSS → Analyze → Correlate → Partial

◉ 편상관분석(Partial Correlation Analysis) 결과정리 – SPSS – 예제표

표 10-3 종업원 능력지표(연봉/초봉/근무경력/이전경력)간 편상관관계[a]

분석변수[b]	연봉	초봉	근무경력	이전경력
연봉	–	–	–	–
초봉	.795**	–	–	–
근무경력	.070	−.064	–	–
이전경력	.095*	.274**	.015	–

a. 편상관관계 분석(Partial Correlation Analysis)을 사용하여 도출된 결과로 '교육년수'를 통제변수로 하여 '연봉'/ '초봉'/ '근무경력'/ '이전경력'간 상관을 구하였음
b. 분석표본수 = 474명
* Two-tail significance level 0.05 하에서 유의적인 상관계수를 나타냄
** Two-tail significance level 0.01 하에서 유의적인 상관계수를 나타냄

6. 다중상관분석(Multiple Correlation Analysis)

(1) 분석 목적 및 통계량

- 하나의 변수(Y)와 두 개 이상의 변수($X_1, X_2, \cdots\cdots, X_n$)들 간의 상호 연관성을 분석함
- 다중상관계수(multiple correlation coefficient)
  - ▶ 복수의 변수($X_1, X_2, \cdots\cdots, X_n$)들의 선형조합($\beta_0 + \beta_1X_1 + \beta_2X_2 + \cdots\cdots + \beta_nX_n$)과 한 변수(Y) 사이의 상관 정도를 나타내는 계수
    - ▶ 다중회귀(multiple regression)에서 종속변수(dependent variable) 값과 회귀식에 의해 얻어진 값들 사이의 적률상관(product moment correlation)을 나타냄

◉ SPSS Procedure

- 다중상관계수(multiple correlation coefficient) R: SPSS → Analyze → Regression → Linear 에서 도출됨

(2) 결과 해석

- 다중상관이 높으면 복수의 변수($X_1, X_2, \cdots\cdots, X_n$)들의 선형조합($\beta_0 + \beta_1X_1 + \beta_2X_2 + \cdots\cdots + \beta_nX_n$)과 한 변수(Y) 사이의 상관이 높음을 의미함
- 회귀분석을 통하여 도출된 다중상관계수(R)가 높게 나타나면 회귀선($\beta_0 + \beta_1X_1 + \beta_2X_2$

+ …… + β_nX_n)이 (준거)변수 Y를 잘 예측한다고 볼 수 있음

- 다중상관계수(R)의 제곱은 복수의 변수(X_1, X_2, …… , X_n)들의 선형조합(β_0 + β_1X_1 + β_2X_2 + …… + β_nX_n)이 한 변수(Y)를 설명하는 정도(설명력)를 나타내는 결정계수(R^2)로 볼 수 있음

- 한 변수(Y)의 분산이 다른 변수들(X_1, X_2, …… , X_n)의 분산과 어느 정도 공유되는지를 %개념으로 설명함

- 복수의 (예측)변수들이 최적선형조합(β_0 + β_1X_1 + β_2X_2 + …… + β_nX_n)을 이룰 때 (준거)변수(Y)의 분산을 몇 % 설명하는지를 나타냄

7. 정준상관분석(Canonical Correlation Analysis)

(1) 분석 목적 및 통계량

① 분석모형

$$Y_1+Y_2+Y_3+ …… +Y_n = X_1+X_2+X_3+ …… +X_n \text{ (X, Y: 계량척도)}$$

② 목적

- 하나의 변수군($Y_1+Y_2+Y_3+ …… +Y_n$)과 다른 변수군($X_1+X_2+X_3+ …… +X_n$)간 상호 연관성을 분석하며, 각 변수군을 변수들의 선형조합(linear composite)으로 나타낸 후 이들 간 상관관계를 분석함

- 계량(등간/비율)척도로 측정된 다수의 독립변수(예측변수)들과 다수의 종속변수(기준변수)들 사이의 상호(또는 인과) 관계를 분석함

- 다수의 독립변수들로부터 다수의 종속변수들을 동시에 예측함

  → 정준상관분석은 두 변수군간 상호 연관성을 분석하는데 기반하고 있지만, 이들 변수군 사이의 인과성에 기반하여 독립변수군과 종속변수군간 인과관계를 분석하는 데에도 유용하게 사용될 수 있음(Hair et al. 2010).[9]

---

9) Hair, Jr., J.F., W.C. Black, B.J. Babin, R.E. Anderson, Multivariate Data Analysis: A Global Perspective, 7th ed., Pearson Prentice Hall, pp.235-236, 2010.

③ 가정

선형성 (linearity)	• 두 변수군 사이의 선형관계에 기초를 두고 있음 • 정준상관(canonical correlation)은 종속변수군 변량(variate)과 독립변수군 변량(variate) 사이의 선형 관계를 나타냄
정규성 (normality)	• 개별 변수들의 정규분포(normality) 가정을 엄격히 적용하고 있지는 않지만 각 정준함수의 유의성을 검정하기 위해 종속변수군과 독립변수군은 각각 다변량 정규분포를 해야 함 • 계량변수가 아닌 경우 더미(dummy)변수로 적용 가능함
표본크기 (sample size)	• 변수당 10개 이상의 관측치(case: 사례)가 요구됨 • 변수 수가 적을 경우 각 변수 당 10개 이상의 조건에 더하여 50개의 사례를 추가하거나 분석에 사용되는 전체 변수 수의 제곱 이상이 되어야 함
상호인과성 (mutual causality)	• 편의상 또는 분석목적상 두 변수집단을 종속변수군과 독립변수군으로 구분할 수 있으나 실제 정준상관분석은 독립변수군이 종속변수군에 영향을 미칠 뿐만 아니라 종속변수군도 독립변수군에 영향을 미칠 수 있는 상호 영향관계에 기반을 두고 있음

④ 정준함수(canonical function)

- 정의

  정준함수는 종속변수군의 선형결합(linear composite)과 독립변수군의 선형결합으로 구성되어 있으며 이들 선형결합을 각각 정준변량(canonical variate)이라 하고 이들 2개 정준변량 간 상관을 최대화하도록 도출됨

- 도출

  ▶ 종속변수군과 독립변수군 사이의 관계 설명력을 극대화시키는 선형결합을 1차 정준함수(canonical function)로 도출하고, 이후 나머지 잔여 변량을 최대로 설명하는 정준함수를 단계적으로 도출함

  ▶ 정준함수는 종속변수군과 독립변수군 중 변수의 수가 적은 변수군의 변수 수만큼 도출 가능함

정준상관(canonical correlation)

- 종속변수 변량(정준변량)과 독립변수 변량(정준변량)간 관계의 정도
  → 정준상관관계는 변수들로부터 직접 창출된 분산이 아니고, 두 변수군의 각 선형결합치 (정준변량)에 의해 공유되는 분산을 나타냄
- 추가로 도출되는 정준변량의 쌍(정준함수)은 잔여분산(residual variance)에 기초하며 추가로 도출되는 정준함수의 정준상관 값은 점차 작아짐
- 정준상관의 제곱값(squared canonical correlation)은 하나의 정준변량에 의해서 설명되는 다른 한 개 정준변량의 분산을 나타냄
  → 두 정준변량 사이의 공유분산(shared variance)의 크기로 볼 수 있음
  → 정준근(canonical roots), 고유값(eigenvalue), 또는 정준 R^2 등으로 정의됨

⑤ 주요 통계량

- 유의 수준(level of significance) 검정:

  ▶ 정준상관계수(canonical correlation coefficient): Rao's approximation F-test

  ▶ 정준근(canonical root): Wilk's lambda, Hotelling' trace, Pillai's trace, Roy's greatest root

    → 정준상관의 크기(magnitude of the canonical relationship)에 일반적인 기준은 없지만 가능한 계수의 절대값이 클수록 두 변량간 상관이 높은 것으로 간주할 수 있음

    → 정준상관계수(canonical correlation coefficient)의 도출:

      SPSS → Analyze → Correlate → Canonical Correlation

- 표준정준상관계수(standardized canonical correlation coefficient):

  ▶ 정준가중치(canonical weights)라고도 불림

  ▶ 도출된 정준함수를 구성하는 두 정준변량의 변수 계수로 두 변수군 간 상관관계에 있어 개별 변수의 상대적 중요도를 나타냄

- 정준 적재량(canonical loading):

  ▶ 한 변수군의 정준변량(canonical variate)과 해당 변수군에 투입된 각 변수와의 상관관계

  ▶ 종속변수들의 적재량(criterion loadings)을 각각 제곱하면 종속정준변량에 의해 설명되는 종속변수 각각의 분산의 양을 구할 수 있음

  ▶ 적재량값들의 제곱값들에 대한 평균은 정준변량에 의해 설명되는 공유분산을 나타냄

- 정준교차적재량(canonical cross-loading):
  - ▶ 개별 종속변수와 독립변수들로 구성된 독립정준변량(independent canonical variate) 사이의 상관(또는 개별 독립변수와 종속정준변량 사이의 상관)
- 공유분산의 중복지수값(redundancy measure of shared variance):
  - ▶ 중복지수(redundancy index):
    독립변수군과 종속변수군간 다수의 상관계수 값들을 구하고 이를 각각 제곱한 값들의 평균
  - ▶ 종속변량과 독립변량 모두를 대상으로 도출됨

(2) 결과 해석

① 해석의 시작

- 통계적으로 유의한 정준상관함수와 정준상관계수가 도출되어야 함
- 정준근(canonical root)과 중복지수(redundancy index) 값들이 받아들일 수 있는 수준(acceptable level)이어야 함

② 정준가중치(canonical weights)

혹은 표준화정준함수계수(standardized canonical function coefficient)

- 정준변량(canonical variate)의 각 변수에 부과된 정준가중치의 부호(+, -)와 크기를 해석함
- 큰 가중치 값을 가지는 변수가 변량에 더 많은 기여를 함
- 가중치 값이 서로 반대의 부호를 갖는 변수들은 상호 역(-)의 관계를 가지게 되며 같은 부호를 가지는 변수들은 서로 정(+)의 관계에 있음을 의미함

③ 정준적재량(canonical loading)

- 종속변수군 또는 독립변수군의 한 변수와 그 변수가 속해 있는 변수군의 정준변량(canonical variate) 사이의 상관관계
- 두 개의 정준변량(종속/독립)이 최대한 상관관계를 가지도록 한 후, 각 개별 변수들을 그들이 속해 있는 정준변량과 연관시켜 상호 상관관계를 구함
- 정준적재량의 값이 클수록 해당 변수가 정준변량을 구하는데 있어 상대적으로 더 중요한 역할을 하게 됨

- 각 변수가 각 정준함수에 미치는 상대적 기여도를 의미함[10]

④ 정준교차적재량(canonical cross-loading)

- 개별 변수와 상대 변수군의 정준변량 사이의 상관
- 각 변수와 상대 변량과의 상관관계이기에 각 변수와 자신이 속해 있는 정준변량과의 상관을 의미하는 정준적재량보다 더 타당한 의미를 담고 있어 해석에 많이 사용됨
  - → 정준가중치(canonical weight) 값들은 두 개의 선형결합치(variate)간의 상관관계를 극대화시키도록 도출되며 분산을 극대화시키는 것은 아님
  - → 종속변수군을 구성하는 변수들과 독립변수군 변수들 사이의 의미 있는 관계는 적재량(loading)이나 교차적재량(cross-loading)에 의존하여 해석해야 함
  - → 교차적재량이 0.3 이상인 표준화 정준상관계수를 해석하는 것이 바람직함 (Hair et al., 2010)

⑤ 중복지수(redundancy index)

- 독립변수군이 종속변수군의 각 변수들의 분산을 설명하는 정도를 나타냄
  - → 다중회귀분석의 결정계수(R^2)와 유사함
  - → 독립변량과 종속변량 모두에 있어 0.2 이상의 값을 갖는 경우 타당한 해석이 가능함(Hair et al., 2010)
- 중복지수는 "변량의 공유분산 × 정준상관의 제곱"으로도 구할 수 있음
  - ▶ 높은 중복지수 값을 얻기 위해서는 정준상관이 높아야 하고 공유분산의 값이 커야 함
  - ▶ 정준상관의 제곱값(정준근: canonical root)은 정준변량간 공유분산의 크기를 나타냄
  - ▶ 두 선형결합들(canonical variates)이 각기 속해 있는 변수군으로부터 많은 양의 분산을 이끌어내지 못해도 두 선형결합 사이의 공유분산은 크게 나타날 수 있고 이는 비교적 강한 정준상관값으로 나타남
  - ▶ 정준근(canonical root)들을 공유분산의 측정치로 사용하는데 기인하는 오류와 불확실성을 극복하기 위해 제안되었음

---

10) 요인분석 결과 도출되는 요인적재량(factor loading)의 의미와 비슷함.

(3) 타당성 제고 및 진단

시험표본(test sample)	분석표본(analysis sample)과 별도로 시험표본(test sample)을 준비하여 분석 표본을 통한 분석결과 (정준함수, 정준적재량 등)를 시험표본 결과와 상호 비교함
민감도(sensitivity) 조사	특정 종속변수 또는 독립변수를 제거함으로써 결과가 어떻게 변화하는지를 조사함
안정성(stability) 조사	한 변수가 소속된 정준변량(variate)에서 제거될 경우 정준 가중치 값들과 적 재량 값들이 어느 정도의 안정성이 확보되는지를 조사함

정준상관분석 예제 – 결과 요약표 –

표 10-4 시스템 기능과 사용자 만족간의 정준 상관 분석*

요인 명	통계값(statistics)	
	표준화 정준상관계수	정준교차부하
시스템 기능		
• 사용자 지원기능	(−.655)**	−.809
• 통합정보 관리기능	(−.291)	−.678
• 시스템 확장성기능	(−.165)	−.619
• 고객예측관리기능	(−.033)	−.518
Redundancy Coefficient	.442	
사용자 만족		
• 편리성	(−.593)	−.820
• 정확성 및 신뢰성	(−.311)	−.774
• 전산환경	(−.176)	−.683
Redundancy Coefficient	.579	
정준상관 계수	.847	
월크스 람다값	.278	
Chi-SQ	390.866	
자유도(df)	12	
유의수준	0.000	

* 위 분석은 SPSS Procedure의 정준상관분석(canonical correlation analysis) routine에 의해 수행되었음
** 수치에 표현된 괄호는 정준교차부하의 값이 0.3이상인 표준정준상관계수를 나타냄

SPSS 예제: 상관분석

1) 두 변수 상관분석

- Analyze → Correlate → Bivariate(피어슨상관)

Correlations

		귀하의 (만) 연령은?	귀하의 월평균 개인용돈은?
귀하의 (만) 연령은?	Pearson Correlation	1	.401**
	Sig. (2-tailed)		.000
	N	193	191
귀하의 월평균 개인용돈은?	Pearson Correlation	.401**	1
	Sig. (2-tailed)	.000	
	N	191	191

**. Correlation is significant at the 0.01 level (2-tailed).

표 10-5 상관분석 결과표 (응답자의 (만)연령과 월평균개인용돈의 상관관계)

분석연수	(만) 연령	월 평균 개인용돈
(만) 연령	–	–
월 평균 개인용돈	.401**	–

a. SPSS Pearson 상관관계분석을 사용하여 도출된 결과임 / b. 분석표본수 193명
** Two-tail significance level 0.01에서 유의적인 상관계수를 나타냄

- 편상관분석: Analyze → Correlate → Partial

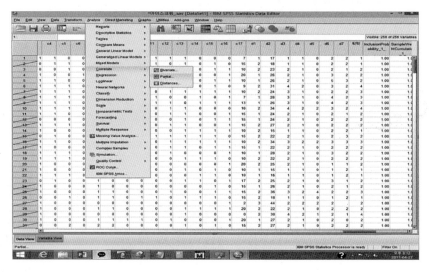

표 10-6 편상관분석 결과표(응답자의 (만)연령과 월평균개인용돈의 편상관관계: 월평균소득 통제)

분석연수	(만) 연령	월 평균 개인용돈
(만) 연령	−	−
월 평균 개인용돈	.421	−

a. SPSS Partial Correlation Analysis(편상관관계분석)를 사용하여 도출된 결과임
b. 분석표본수 193명
c. 월평균소득을 control variable로 저장
** Two-tail significance level 0.01에서 유의적인 상관계수를 나타냄

➜ Partial Corr

Correlations

Control Variables			귀하의 (만) 연령은?	귀하의 월평균 개인용돈은?
귀하의 학력은?	귀하의 (만) 연령은?	Correlation	1.000	.153
		Significance (2-tailed)	.	.035
		df	0	188
	귀하의 월평균 개인용돈은?	Correlation	.153	1.000
		Significance (2-tailed)	.035	.
		df	188	0

표 10-7 편상관분석 결과표 (응답자의 (만)연령과 월평균개인용돈의 편상관관계: 학력 통제)

분석연수	(만) 연령	월 평균 개인용돈
(만) 연령	–	–
월 평균 개인용돈	.153	–

a. SPSS Partial Correlation Analysis(편상관관계분석)를 사용하여 도출된 결과임
b. 분석표본수 193명
c. 학력을 control variable로 저장
** Two-tail significance level 0.01에서 유의적인 상관계수를 나타냄

➜ 만연령(X)과 월평균개인용돈(Y)간 상관분석을 통하여 유의적인 상관계수 (p<0.01)가 도출됨

➜ 월평균소득(Z_1)와 학력(Z_2)을 각각 통제하는 만연령(X)과 월평균개인용돈(Y)간 편상관분석을 실시한 결과, 월평균소득(Z_1)은 만연령(X)과 월평균개인용돈(Y)간 의 상관에 영향을 거의 미치지 못하지만 학력(Z_2)은 어느 정도의 영향을 미치는 (외생)변수인 것으로 나타남

2) 두 변수 이상 상관분석

● Correlation/Partial correlation 분석결과 및 정리표

● Data: Household assets(가계자산)

● Variable

Household income(가계소득)/Credit card debt(카드사용내역)/Other debt(가계부채)

Vehicle sticker price(차량가격)/Wireless internet(무선인터넷 사용량)

Correlations

Correlations

		Household income	Credit card debt	Other debt	Vehicle sticker price
Household income	Pearson Correlation	1	.773**	.756**	.807**
	Sig. (2-tailed)		.000	.000	.000
	N	150	150	150	148
Credit card debt	Pearson Correlation	.773**	1	.594**	.569**
	Sig. (2-tailed)	.000		.000	.000
	N	150	150	150	148
Other debt	Pearson Correlation	.756**	.594**	1	.585**
	Sig. (2-tailed)	.000	.000		.000
	N	150	150	150	148
Vehicle sticker price	Pearson Correlation	.807**	.569**	.585**	1
	Sig. (2-tailed)	.000	.000	.000	
	N	148	148	148	148

**. Correlation is significant at the 0.01 level (2-tailed).

표 10–8 가계자산(household assets)에 대한 상관관계분석[a]

분석변수[b]	가계소득	카드사용내역	가계부채	차량가격
가계소득	–	.773**	.756**	.807**
카드사용내역	.773**	–	.594**	.569**
가계부채	.756**	.594**	–	.585**
차량가격	.807**	.569**	.585**	–

a. Pearson 상관관계분석을 사용하여 도출된 결과임
b. n=150
** Two-tail significance level 0.01에서 유의적인 상관계수를 나타냄

Partial Corr

Correlations

Control Variables			Household income	Credit card debt	Other debt	Vehicle sticker price
Wireless internet	Household income	Correlation	1.000	.769	.753	.799
		Significance (2-tailed)	.	.000	.000	.000
		df	0	145	145	145
	Credit card debt	Correlation	.769	1.000	.596	.546
		Significance (2-tailed)	.000	.	.000	.000
		df	145	0	145	145
	Other debt	Correlation	.753	.596	1.000	.577
		Significance (2-tailed)	.000	.000	.	.000
		df	145	145	0	145
	Vehicle sticker price	Correlation	.799	.546	.577	1.000
		Significance (2-tailed)	.000	.000	.000	.
		df	145	145	145	0

표 10-9 가계자산(household assets)에 대한 편상관관계분석[a]

분석변수[b]	가계소득	카드사용내역	가계부채	차량가격
가계소득	–	.769**	.753**	.799**
카드사용내역	.769**	–	.596**	.546**
가계부채	.753**	.596**	–	.577**
차량가격	.799**	.546**	.577**	–

a. Wireless internet(무선인터넷 사용량)가 통제변수로 사용됨
b. n=150
** Two-tail significance level 0.01에서 유의적인 상관계수를 나타냄

→ 가계자산 변수들(가계소득, 카드사용내역, 가계부채, 차량가격)간의 상관관계분석을 실시한 결과, 각 변수들 간에는 유의적인(p<0.01) 상관관계가 있는 것으로 나타났고, 무선인터넷 사용량을 통제하여 편상관관계분석을 실시한 결과 무선인터넷 사용량의 외생변수로서의 영향은 그다지 크지 않은 것으로 나타남

● 가계자산의 상관관계에서 무선인터넷 사용량의 조절효과: 집단간 비교분석
→ 무선인터넷 사용량 평균(mean = 504.32)을 기준으로 낮은 집단과 높은 집단으로 구분한 후 상관관계분석을 실시함

Correlations

		Household income	Credit card debt	Other debt	Vehicle sticker price
Household income	Pearson Correlation	1	.768**	.767**	.804**
	Sig. (2-tailed)		.000	.000	.000
	N	121	121	121	119
Credit card debt	Pearson Correlation	.768**	1	.638**	.597**
	Sig. (2-tailed)	.000		.000	.000
	N	121	121	121	119
Other debt	Pearson Correlation	.767**	.638**	1	.551**
	Sig. (2-tailed)	.000	.000		.000
	N	121	121	121	119
Vehicle sticker price	Pearson Correlation	.804**	.597**	.551**	1
	Sig. (2-tailed)	.000	.000	.000	
	N	119	119	119	119

**. Correlation is significant at the 0.01 level (2-tailed).

표 10-10 무선인터넷 사용량이 낮은 가계의 가계자산에 대한 상관관계분석[a]

분석변수[b]	가계소득	카드사용내역	가계부채	차량가격
가계소득	–	.768**	.767**	.804**
카드사용내역	.768**	–	.638**	.597**
가계부채	.767**	.638**	–	.551**
차량가격	.804**	.597**	.551**	–

a. Pearson 상관관계분석을 사용하여 도출된 결과임
b. n=121
** Two-tail significance level 0.01에서 유의적인 상관계수를 나타냄

Correlations

Correlations

		Household Income	Credit card debt	Other debt	Vehicle sticker price
Household income	Pearson Correlation	1	.786**	.680**	.784**
	Sig. (2-tailed)		.000	.000	.000
	N	29	29	29	29
Credit card debt	Pearson Correlation	.786**	1	.459*	.438*
	Sig. (2-tailed)	.000		.012	.018
	N	29	29	29	29
Other debt	Pearson Correlation	.680**	.459*	1	.663**
	Sig. (2-tailed)	.000	.012		.000
	N	29	29	29	29
Vehicle sticker price	Pearson Correlation	.784**	.438*	.663**	1
	Sig. (2-tailed)	.000	.018	.000	
	N	29	29	29	29

**. Correlation is significant at the 0.01 level (2-tailed).
*. Correlation is significant at the 0.05 level (2-tailed).

표 10-11 무선인터넷 사용량이 높은 가계의 가계자산에 대한 상관관계분석[a]

분석변수[b]	가계소득	카드사용내역	가계부채	차량가격
가계소득	–	.786**	.680**	.784**
카드사용내역	.786**	–	.459*	.438*
가계부채	.680**	.459*	–	.663**
차량가격	.784**	.438*	.663**	–

a. Pearson 상관관계분석을 사용하여 도출된 결과임
b. n=29
 * Two-tail significance level 0.05에서 유의적인 상관계수를 나타냄
** Two-tail significance level 0.01에서 유의적인 상관계수를 나타냄

→ 무선인터넷 사용량의 조절효과를 분석한 결과, 무선인터넷 사용량이 낮은 가계의 경우, 카드사용내역↔가계소득, 차량가격↔가계소득, 가계부채↔차량가격은 기존 가계자산의 상관계수 값보다 하락하였고, 가계부채↔가계소득, 가계부채↔카드사용내역, 차량가격↔카드사용내역의 상관계수 값은 상승한 것으로 나타났으며, 무선인터넷 사용량이 높은 가계는 이와 반대되는 결과가 나타남

핵심 연구방법론

Essentials of Research
Methodology

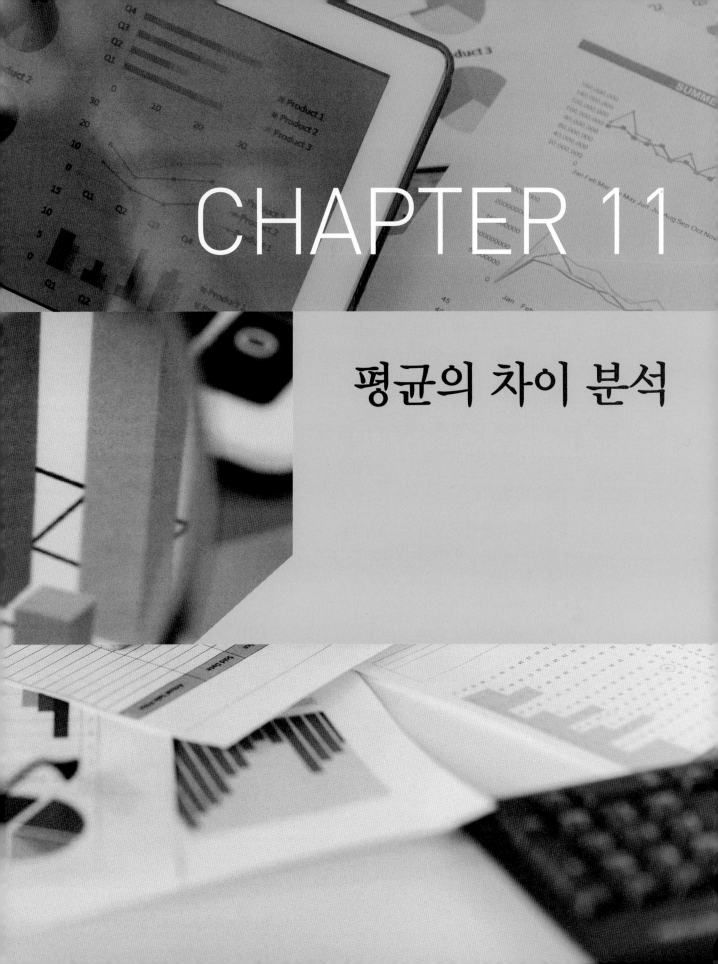

CHAPTER 11

평균의 차이 분석

평균의 차이 분석

1. 개요(槪要)

(1) 분석 목적

- 두 개 이상 다수 집단들의 평균의 차이를 분석함
  - ➔ 대표적 분석기법: t-검정, F-검정(분산분석: ANOVA=Analysis of Variance)
- 두 개 이상 표본들의 평균 차이 검정을 통해 해당 모집단들의 평균 차이를 추론함
- 사회 현상에 대한 인과관계 추론에 있어 집단간 차이가 어떤 결과를 야기했는지 분석함
  - ➔ 인과관계 추론이 아닌 표본의 특성을 파악하기 위한 기술분석 차원에서의 집단 간 차이분석도 가능함

(2) 검정의 방향성

① 양측 검정(two-tail test)

- 모집단의 평균값이 가설로 제시된 평균값과 차이가 있는지(같은지 아니면 다른지)에 대한 검정
- 두 집단의 평균에 차이가 있는지에 대한 검정
  - ➔ 설정된 유의수준(significance level)의 절반에 해당하는 기각역(critical region)과 기각치(critical value)를 기준으로 평균의 차이를 검정함

② 단측 검정(one-tail test)

- 모집단의 평균값이 가설로 제시된 평균값보다 큰지(오른쪽 단측검정) 또는 작은지(왼쪽 단측검정)에 대한 검정
- 두 집단의 평균 차이에서 한 집단의 평균이 다른 집단의 평균보다 큰지(또는 작은지)에 대한 검정
  - ➔ 설정된 유의수준(significance level)에 해당하는 기각역(critical region)과 기각치(critical value)를 기준으로 평균의 차이를 검정함

(3) 모집단 가정

① 평균의 차이 검정을 위한 모수통계검정(parametric statistical test)

- 모집단의 분포를 (정규분포로) 가정하는 경우
- 평균의 차이를 검정하기 위한 변수 척도가 계량(등간/비율)척도인 경우
- 검정 표본의 수(n)가 30 이상인 경우
  - ➜ 두 집단의 평균 차이를 검정하는 경우 각 집단의 표본 수가 30 이상이어야 함

② 평균의 차이 검정을 위한 비모수통계검정(non-parametric statistical test)

- 모집단의 분포를 (정규분포로) 가정할 수 없는 경우
- 평균의 차이를 검정하기 위한 변수 척도가 비계량(명목/서열)척도인 경우
- 검정 표본의 수(n)가 30 미만인 경우

2. 단일모집단의 평균차이 검정

(1) 분석 목적

- 하나의 모집단에서 추출된 표본의 평균이 가설로 제시된 모집단 평균값과 동일한지에 대한 검정
  - ▶ 양측 검정: 표본 평균이 모집단 평균과 차이가 나는지에 대한 검정
  - ▶ 단측 검정: 표본 평균이 모집단 평균보다 크거나 작은지에 대한 검정
- 분포의 중심경향(central tendency of distribution)에 대한 분석의 일환으로 분포의 평균을 검정하고자 하는 경우

(2) 분석 방법

단일표본 Z-검정 (One-sample Z-test)	모집단이 정규분포를 하거나 표본의 크기(n)가 30 이상인 경우
단일표본 t-검정 (One-sample t-test)	모집단의 분포를 가정하기 어려운 경우 $\bar{X} \sim N(\mu, \frac{\sigma^2}{n}) \Rightarrow Z = \frac{\bar{X} - \mu}{\sigma / \sqrt{n}} \sim N(0, 1)$ $\Rightarrow t = \frac{\bar{X} - \mu_0}{S / \sqrt{n}} \sim t_{(n-1)}$

- 중심극한정리(Central Limit Theorem):

  표본의 크기가 충분히 큰 경우(30 이상), 모집단의 분포에 관계없이 표본평균(sample mean)의 표본분포(sampling distribution)는 정규분포(normal distribution)에 가까워짐

ⓖ SPSS procedure

- Analyze → Compare Means → One-Sample t-test → Test Variable(검정변수) → Test Value(모집단의 평균에 대하여 가설로 제시되는 평균값) → OK

3. 상이한 두 모집단의 평균차이 검정

(1) 분석 목적

- 독립된 두 개의 표본평균간의 차이를 분석함
- 독립된 두 집단의 평균이 통계적으로 유의한 차이를 보이는지 여부를 검정함
- 독립된 두 모집단으로부터 각각 추출한 두 표본의 평균 차이 검정을 통하여 모집단의 평균 차이를 추론함

(2) 분석 방법

- 독립표본 t-검정(independent sample t-test): Student's t-test
  ▶ 집단변수(독립변수: 명목/서열척도)
  ▶ 검정변수(종속변수: 등간/비율척도)
  → 집단변수의 비교집단이 세 개 이상이면 t-검정이 불가능하며 F-검정(분산분석: ANOVA)을 적용함
- 가설

양측 검정 (two-tail test)	서로 다른 두 집단의 평균(종속변수)간에는 유의적인 차이가 있을 것이다. 예 남자(m) 집단과 여자(f) 간에는 유의적인 평균의 차이가 있을 것이다. $H_1 : \mu_f \neq \mu_m$, $H_0 : \mu_f = \mu_m$
단측 검정 (one-tail test)	집단1의 평균이 집단2의 평균보다 유의적으로 클(또는 작을) 것이다. 예 남자(m) 집단의 평균이 여자(f) 집단의 평균보다 작을(또는 클) 것이다. $H_1 : \mu_f > (<) \mu_m$, $H_0 : \mu_f = \mu_m$

(3) 가정(Student's t-test)

등간격/연속성 (identical interval and continuity)	자료는 모두 동일 간격을 가진(등간격) 또는 연속형(비율) 수치임
독립성(independence)	차이를 비교하고자 하는 두 표본은 서로 독립적인 모집단으로부터 추출된 독립적인 표본임
정규성(normal distribution)	차이를 비교하고자 하는 두 모집단은 각각 정규분포를 가정함 → 정규분포를 만족하지 못해도 n≥30인 대표본의 경우 모집단의 분포에 관계없이 적용 가능(중심극한정리: central limit theorem)
등분산성(equal variance)	차이를 비교하고자 하는 두 모집단의 분산은 동일한 값을 가짐

→ t-statistic: 두 집단이 동일 분산인 경우

$$t = \frac{(\overline{X_1} - \overline{X_2}) - (\mu_1 - \mu_2)}{s_{(\overline{X_1} - \overline{X_2})}}$$

n_1, n_2: 집단 1, 2의 표본크기

$$s_{(\overline{X_1} - \overline{X_2})} = \sqrt{s^2 \left(\frac{1}{n_1} + \frac{1}{n_2} \right)} \quad : 검정통계량(t)의 표준편차$$

$$s^2 = \frac{\sum_{i=1}^{n_1}(X_{i1} - \overline{X_1})^2 + \sum_{i=1}^{n_2}(X_{i2} - \overline{X_2})^2}{n_1 + n_2 - 2} \quad : 두 개 집단을 합한 전체표본(= n_1 + n_2)의 분산$$

→ t-statistic: 두 집단의 분산이 다를 경우

$$t = \frac{(\overline{X_1} - \overline{X_2}) - (\mu_1 - \mu_2)}{s_{(\overline{X_1} - \overline{X_2})}}$$

n_1, n_2: 집단 1, 2의 표본크기

$$s_{(\overline{X_1} - \overline{X_2})} = \sqrt{\left(\frac{s_1^2}{n_1} + \frac{s_2^2}{n_2} \right)}$$

- 등분산(equal variance) 가정의 점검:

  → 결과 해석시 두 집단의 분산이 동일한지에 대한 가정 점검 필요:

    Levene의 등분산 검정 (*F*-검정값이 비유의적으로 나타나야 함)

  → Levene의 등분산 검정에서 *F*-검정값이 유의적일 경우:

    두 집단이 동일 분산이라는 귀무가설(H_0: $\sigma_1^2 = \sigma_2^2$) 기각

  → 등분산이 가정되지 않은 경우(*F*-검정값이 유의적):

    비모수통계분석(Mann-whitney U test) 또는 "등분산이 가정되지 않은 경우의 t-값"

    을 적용하여 검정함

SPSS procedure

- Analyze → Compare Means → Independent-Samples T-Test → Test Variable(검정/종속변수) → Grouping Variable(집단/독립변수) → Define Gproups(집단의 규정) → Continue → OK

독립표본 t-분석 결과 정리 – 예제표 –

표 11-1 성별에 따른 종업원 능력지표(교육년수/연봉/근무경력) 차이 분석[a]

분석변수[b]		종업원 성별		t-값
		남자(n=258)	여자(n=216)	
교육년수	평균값	14.43	12.37	8.458*
	(표준편차)	(2.979)	(2.319)	
연봉	평균값	41,441	26,031	11.688*
	(표준편차)	(19,499)	(7,558)	
근무경력	평균값	111.62	77.04	3.678*
	(표준편차)	(109.7)	(95.0)	

a. '독립표본 t-검정'을 이용하여 분석한 결과임
b. 분석표본수(n) = 474명
* Two-tail significance level 0.001 하에서 유의적인 t-값을 나타냄

4. 동일모집단의 두 표본 평균차이 검정

(1) 분석 목적

- 동일한 표본에서 두 번의 측정을 통해 나타난 두 표본의 평균값들을 비교 분석할 경우
- (상이한 두 집단의 평균을 비교하는 것이 아닌) 동일한 집단에서 특정 속성을 두 번 반복 측정하고 이를 통해 도출된 두 변수(값)간의 평균 차이를 검정함
- 측정 자료가 전/후(before/after, pre/post)로 짝을 이루는 경우, 이들 사이의 평균 차이를 검정함
- 하나의 집단에 대해 독립변수 적용 전/후의 종속변수의 수준을 측정하고 이들의 차이가 통계적으로 유의한지를 분석함

(2) 분석 방법

- 대응(동일)표본 t-test(paired-sample t-test)

t-statistic:	$$t = \frac{\bar{d} - d_0}{S_d / \sqrt{n}}$$ $\bar{d}$: 각 표본요소 값들의 차이의 평균값 d_0 : 귀무가설로 설정된 차이의 평균값 S_d : 표본요소들의 차이값들의 평균값

- 가설

양측 검정(two-tail test)	동일한 집단에서 측정된 두 자료의 평균(종속변수)간에는 유의적인 차이가 있을 것이다.
단측 검정(one-tail test)	동일한 집단에서 측정된 두 자료에서 한 집단의 평균이 다른 집단의 평균보다 유의적으로 클(또는 작을) 것이다.

(3) 가정

- 두 집단의 표본 수는 동일함
- 두 집단의 분산은 동일함(equal variance)
- 모집단은 정규분포를 함(normal distribution)

➜ 정규분포를 만족하지 못해도 n≥30인 대표본의 경우 모집단의 분포에 관계없이 적용 가능

➜ 모집단 분포가 알려져 있지 않으면서 소표본(30 미만)인 경우 비모수(Wilcoxon) 검정

SPSS procedure

● Analyze → Compare Means → Paired-Samples t-Test → Paired Variable(검정/종속변수) → OK

5. 상이한 두 모집단 이상의 평균차이 검정

(1) 일원분산분석(One-Way ANOVA: Analysis of Variance)

① 분석 목적

● R.A. Fisher에 의해 개발된 분석으로 2개 이상 모집단의 평균에 대한 차이를 분석함

● 명목척도로 측정된 독립변수가 등간/비율척도로 측정된 종속변수에 미치는 영향을 분석함

▶ 집단간 분산과 집단내 분산을 비교하여(집단간분산/집단내분산) 집단간 평균이 통계적으로 유의한 차이가 있는지를 검정함

▶ t-검정과 분산분석의 차이점

➜ t-검정: 두 개 집단간에 존재하는 종속변수의 평균차이 분석

➜ 분산분석: 두 개 이상(n개) 집단간에 존재하는 종속변수의 평균차이 분석

➜ 세 개 집단(1, 2, 3) 사이의 평균차이 분석시 독립표본 t-검정을 실시하면 총 $_3C_2(=3)$개의 집단 비교가 필요하지만 (일원)분산분석을 사용하면 한 번의 분석으로 집단간 차이를 분석할 수 있음

② 가정

● 비교 대상인 각 모집단은 정규분포를 따름(normal distribution)

● 각 표본집단은 각자의 모집단에서 무작위로 추출되고 상호 독립적인 표본임 (Independent groups)

- 비교 대상인 각 모집단의 분산은 동일함(equal variance, homogeneity)

  ➔ 등분산 검정(Levene's test): 모집단 분산의 동질성(equality of variances) 검정

  귀무가설: k개 집단의 분산이 동일하다.

  대립가설: k개 집단중 하나 이상 다른 분산이 존재한다.

Levene의 등분산 검정 통계량 : $F_L = \dfrac{(N-k)\sum_{i=1}^{k} n_i(\bar{z}_i - \bar{z})^2}{(k-1)\sum_{i=1}^{k}\sum_{j=1}^{n_i}(z_{ij} - \bar{z}_i)^2}$

k: (독립변수)집단 수
n_i: j번째 수준에 속한 표본의 수
N: 총 표본수(k집단에 속한 표본수들이 모두 n으로 같은 경우 N=k·n)

  ➔ Brown-Forsythe test 또는 Welch test:

  k-집단간에 등분산이 가정되지 못하는 경우 (F-통계량을 사용할 수 없음)

  ➔ 등분산 가정을 할 수 없는 경우:

  비모수분석통계분석(Kruskal-Wallis test)을 적용할 수 있음

③ 분석 방법

- 가설

  ▶ 연구가설(H_1):

  c 개 집단의 평균(=종속변수)간에는 유의적인 차이가 있을 것이다.

    ➔ $H_1 : \mu_c \neq \mu_a \neq \mu_m$

  ▶ 귀무가설(H_0):

  c 개 집단의 평균(=종속변수)간에는 유의적인 차이가 없을 것이다.

    ➔ $H_0 : \mu_c = \mu_a = \mu_m$

- 분석의 기본원리:

  ▶ $H_0 : \mu_c = \mu_a = \mu_m$ 라는 가정 하에 모집단에서의 집단간 분산과 집단내 분산 비율 (V_b/V_w)이 충분히 큰지를 F-통계량을 통해 판단함

  ▶ 전체분산을 구성하는 집단내 분산과 집단간 분산에서 집단내 분산보다 집단간 분산이 얼마나 큰지를 판단하여 집단간 차이를 검정함

▶ 집단간 차이를 검정하기 위해서는 집단내 분산과 집단간 분산을 각각의 자유도로 나누어 평균분산 (mean square)을 구한 후 이 비율을 F 통계량으로 검정함

→ 모집단 분산의 비(=집단간분산/집단내분산)의 크기를 F값 추정을 통하여 판단하게 됨

$$V_t = \sigma^2 = \frac{\sum (X_i - \bar{X})^2}{N}$$
$$= 집단간 \ 분산(V_b) + 집단내 \ 분산(V_w)$$
$$= V_b + V_w$$

→ F-비율 통계량과 특정 유의수준의 F값(기각치: critical value)을 비교하여 F-비율 통계량이 특정 유의수준 F값보다 크면 귀무가설을 기각하고 집단 간에 유의적인 차이가 있다고 판단함

● 검정통계량: 일원분산분석

$$F = 집단간 \ 분산 \ / \ 집단내 \ 분산$$
$$= S_b^2 / S_w^2 = \frac{SSB/(c-1)}{SSW/(N-c)} = \frac{MSB}{MSW}$$
$$= \frac{\displaystyle\sum_{j=1}^{c} N(\overline{Y_j} - \overline{Y})^2 / (c-1)}{\displaystyle\sum_{j}^{c}\sum_{i}^{N} (Y_{ij} - \overline{Y_j})^2 / (N-c)}$$

$\overline{Y_j}$ = 집단 j의 종속변수 평균
$\overline{Y}$ = 전체집단에서의 종속변수 평균
Y_{ij} = j집단에 속하는 i응답자의 종속변수 값
c = 독립변수를 구성하는 집단의 수
N = 전체집단의 크기
S_b^2 = 집단간 제곱합(between groups sum of squares: SSB)
    = 모집단의 집단간 분산에 대한 추정값
    = 집단의 종속변수 평균과 전체평균과의 차이(집단간 변량: between groups variation)

S_w^2 = 집단내 제곱합(within group sum of squares: SSW)

= 모집단의 집단내 분산에 대한 추정값

= 각 집단에 속하는 응답자의 종속변수 값과 각 집단의 평균과의 차이

  (집단내 변량: within group variation)

MSB = 집단간 제곱평균(between groups mean squares)

= 집단의 수를 고려했을 때 독립변수가 종속변수에 미치는 영향을 나타내는 집단 간 평균변량

MSW = 집단내 제곱평균(within group mean squares)

= 표본의 크기를 고려했을 때 각 집단 내에서 독립변수와 무관하게 발생하는 변화를 나타내는 집단내 평균변량

● 분석 유형

요인(독립변수) 수	• 일원분산분석(one-way ANOVA): 일원배치법(one-way classification) • 이원분산분석(two-way ANOVA): 이원배치법(two-way classification) • 外: 삼원분산분석(3-way ANOVA), 다원분산분석(multi-way ANOVA)

요인 모형	• 고정효과모형(Fixed effect model):
	  ⓐ 독립(실험)변수인 집단이 정해져 있거나 통제 가능한 경우
	  ⓑ 집단 선정시 전체 (실험)집단 또는 관심 있는 특정 (실험)집단만을 대상으로 함
	  ⓒ 특정 집단에 한정하는 경우, 분석결과를 다른 실험집단으로까지 확대하여 일반화하기 어려움
	• 변량효과모형(Random effect model):
	  ⓐ 요인 집단을 규정하기 어렵거나 통제 불가한 경우
	  ⓑ 연구자가 무작위로 (실험)집단을 선정함
	  ⓒ 실험결과의 전체 실험집단에 대한 일반화 가능
	• 혼합효과모형(Mixed effect model): 위 두 경우를 모두 포함하는 경우

외생변수 가정	• 연속변수인 외생변수가 평균의 차이검정에 미치는 영향을 고려하여 분석함 → 공분산분석(ANCOVA: Analysis of Covariance): 독립(집단)변수외에 외생변수가 종속변수(계량변수)에 미치는 효과를 함께 분석함
다변량분석	• 차이를 분석하는 종속변수가 2개 이상일 경우 → 다변량분산분석(MANOVA: Multivariate Analysis of Variance): 2개 이상의 종속변수에 대한 평균의 차이 분석

표 11-2 분산분석의 유형

분석	독립(집단)변수 수	외생변수 수	종속변수 수
일원분산분석(One-Way ANOVA)	1	0	1
이원분산분석(Two-Way ANOVA)	2	0	1
다원분산분석(Multi-Way ANOVA)	3 이상	0	1
일원다변량분산분석(One-Way MANOVA)	1	0	2 이상
이원다변량분산분석(Two-Way MANOVA)	2	0	2 이상
다원다변량분산분석(Multi-Way MANOVA)	3 이상	0	2 이상
일원공분산분석(One-Way ANCOVA)	1	1 이상	1
이원공분산분석(Two-Way ANCOVA)	2	1 이상	1
일원다변량공분산분석(One-Way MANCOVA)	1	1 이상	2 이상
이원다변량공분산분석(Two-Way MANCOVA)	2	1 이상	2 이상

- 사후 검정(Post-hoc Comparison)
  ▶ 분산분석 결과 해석시 집단간 평균의 차이가 유의적일 경우 실제 평균의 차이가 어떤 집단간에 유의적으로 나타나는지를 분산분석 후 점검하는 방법
  ▶ 일원분산분석 결과, 집단간에 전반적인 차이가 존재한다는 결론이 나왔을 때, 이와 같은 차이가 구체적으로 어떤 특정한 집단간 차이로부터 기인하는지를 추가분석하는 방법

표 11-3 사후검정방법(SPSS)

사후검정방법 (Post-hoc Analysis: SPSS-Oneway)	허용 유의수준 (Permissable alphas with SPSS-Oneway)	분석명	검정 특성
LSD	Any alpha	Least-significant difference	사후검정방법은 검정력(power)이 우수한 순으로 위에서 아래로 순차적으로 제시됨(The tests are listed in order of decreasing power, LSD being most powerful and Scheffe's test being the most conservative.)
Duncan	.10, .50, .01	Duncan's multiple range test	
SNK	.05	Student-Newman-Keuls	
TukeyB	.05	Tukey's alternate procedure	
Tukey	.05	Honestly significant difference	
LSDMOD	Any alpha	Modified LSD	
SCHEFFE	Any alpha	Scheffe's test	

SPSS procedure

- Analyze → Compare Means → One-way ANOVA → Dependent List(측정/종속변수) → Factor(집단/독립변수) → Post Hoc → Equal Variances Assumed(집단간 동질적 분산인 경우) 또는 Equal Variance Not Assumed(집단간 이질적 분산인 경우) → Continue → OK

→ 일원분산분석(One-way ANOVA)/사후검정(Post-hoc Analysis) 분석결과 정리

- 예제표 -

표 11-4 근무부서에 따른 종업원 능력지표(교육년수/연봉/근무경력) 차이 분석[a]

분석변수[b]		종업원 근무부서			F-value
		사무직(n=363)	영업직(n=27)	관리직(n=84)	
교육년수	평균값	12.87	10.19	13.49	165.212*
	(표준편차)	(2.33)	(2.21)	(1.61)	
	DMR-Testc	M	L	H	
연봉	평균값	$27,838	$30,938	$63,977	434.481*
	(표준편차)	($7,567)	($2,114)	($18,244)	
	DMR-Test	L	L	H	
근무경력	평균값	81.07	81.56	81.15	0.031
	(표준편차)	(10.11)	(8.49)	(10.41)	
	DMR-Test	–	–	–	

a. '일원분산분석(One-Way ANOVA)'을 이용하여 분석한 결과임
b. 분석표본수 = 474명
c. Duncan's Multiple Range Test 결과를 나타내며, p=0.05 하에서 유의적인 차이를 나타내는 값들을 대상으로 H(High), M(Medium), L(Low) 표기를 하였음
* Two-tail significance level 0.001 하에서 유의적인 F-값을 나타냄

(2) 다(차)원 분산분석(Multi-Way ANOVA)

① 분석 목적

- 두 개 이상 실험(독립)변수의 수준변화에 따른 측정(종속)변수 값의 변화(차이)를 분석하기 위한 조사설계

→ 실험변수(factor)의 수와 각 실험변수의 집단 수를 토대로 실험을 조작한다는 의미에서 실험설계(factorial design)라고도 불리움

- 각 실험변수에 따른 측정변수 값의 차이(주효과: main effect)와 함께 실험변수들간 상호작용으로 인한 측정변수 값의 변화(상호작용효과: interaction effect) 또한 분석할 수 있음
- 실험변수(experimental variable, factor)를 독립변수(independent variable)로 측정변수(criterion variable)를 종속변수(dependent variable)로 하여 실험변수에 의한 측정변수의 차이를 실험변수가 측정변수에 미치는 인과적 영향으로 해석할 수도 있음

② 분석 방법

- 이원분산분석(Two-way ANOVA):
  ▶ 2개의 실험변수(factor)에 따른 측정변수 값의 변화를 분석함
  ▶ Factor A의 수준(집단수)이 a이고, Factor B의 수준(집단수)이 b이면, a×b 2-factorial design 이원분산분석(Two-way ANOVA)을 적용하게 됨
    → Factor A의 수준(집단수) a, Factor B의 수준(집단수) b, Factor C의 수준이 c이면 a×b×c 3-factorial design 삼원분산분석(Three-way ANOVA)을 적용하게 됨
  ▶ **주효과(main effect)**
    각 실험(독립)변수의 변화가 측정(종속)변수에 미치는 영향으로 실험변수들의 개별적인 효과(요인a, 요인b)를 분석함
  ▶ **상호작용효과(interaction effect)**
    특정 실험변수와 다른 실험변수간 상호작용(변화)이 측정변수에 미치는 영향으로 주효과들간 상호작용(요인A×요인B), 즉 두 실험변수(요인)가 독립적이지 않고 상호 영향을 미치는 작용을 분석함
    → 주효과와 상호작용효과에 대하여 각각 F-통계량(집단간/집단내 평균분산비)을 사용하여 검정함

※ a×b 2-factorial design (이원분산분석) 정리표

변수	제곱합(SS)	자유도	평균제곱(MS)	F_{obs}
Factor A	SS(A)	(a−1)	MS(A) = SS(A) / (a−1)	MS(A) / MSE
Factor B	SS(B)	(b−1)	MS(B) = SS(B) / (b−1)	MS(B) / MSE
상호작용 A×B	SS(AB)	(a−1) (b−1)	MS(AB) = SS(AB) / (a−1) (b−1)	MS(AB) / MSE
오차	SSE	(n−ab)	MSE = SSE / (n−ab)	
합계	Total SS	(n−1)		

→ 그림을 통한 상호작용효과 해석

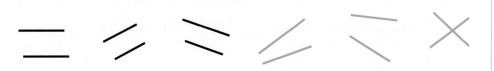

상호작용(조절효과)이 없는 경우   상호작용(조절효과)이 있는 경우

→ 사후 검정(Post-hoc Analysis):

주효과가 유의적인 집단간 평균차이를 보이는 경우 해당 주효과에 대한 사후 검정(LSD/Duncan/SNK/TukeyB/ Tukey/LSDMOD/SCHEFFE)을 실시하여 해당 평균의 차이가 어느 집단들로부터 기인하는지를 추가적으로 분석할 수 있음

▶ 독립(집단)변수와 종속(측정)변수간 관계의 정도(크기)

- 이원배치 이상의 분산분석의 경우 효과의 크기(effect size)를 보여줌. 효과의 크기는 특정 표본 집단에서의 두변수간 관계의 강도를 나타내는 지표
- 연관성 정도는 추론통계학에서 주로 p값(유의확률)으로 나타내지만 기술통계학에서는 효과의 크기로 나타냄
- 이 효과의 크기를 나타내는 방식은 Cohen's d 혹은 η^2(에타제곱)으로 제시

Cohen's d = $\dfrac{M_1 - M_2}{\sigma_{pooled}}$

- 이때 , M_1은 집단 1의 평균, M_2는 집단 2의 평균

- σ_{pooled} 은 두 집단의 표준편차의 평균으로 $\sqrt{\dfrac{\Sigma(\sigma_1^2 + \sigma_1^2)}{N}}$ 로 계산

- Cohen's d의 경우 d=0.2이면 효과크기는 작음(small), d = 0.5이면(중간), d = 0.8이면 크다(large)고 판단
- η^2(에타제곱): 분산분석에서 가장 많이 사용되는 효과 크기를 나타내는 계수. 독립변수가 종속변수의 분산을 설명하는 정도(proportion of variance in y(dependent variable) explained by x(treatment))를 나타냄. 독립변수가 종속변수 분산을 설명하는 비율을 의미하는 회귀분석(regression analysis)의 R²와 같은 기능

$$\eta^2 = \dfrac{SS_{treament}}{SS_{total}}$$

- η^2가 0.01이면 효과크기는 작음(small), 0.06이면 중간(medium), 0.14이면 크다(large)고 판단

SPSS procedure

- Analyze → General Linear Models → Univariate → Dependent Variables(측정/종속변수) → Fixed or Random Factors(집단/독립변수 2개) → OK

(3) 공분산분석(ANCOVA: Analysis of Covariance)

① 분석 목적

- 실험변수(독립변수) 집단간 측정치(종속변수)의 평균차이 검정을 하면서 독립변수 이외에 종속변수에 영향을 미칠 수 있는 외생변수(extraneous variable)의 영향을 통제하고 독립변수의 순수한 효과를 분석하고자 할 경우 적용함
  → 측정값(종속변수)에 영향을 주는 외생변수(공변량)의 효과를 별도로 분리(통계적으로 통제)해서 해석할 수 있음
- 집단(비계량) 변수인 실험변수(독립변수)가 종속변수에 미치는 영향 이외에 계량척도(간격/비율)로 측정된 변수가 종속변수에 미치는 영향을 함께 분석하고자 할 경우 적용함

② 분석 방법

- 종속변수에 영향을 미치거나 상관관계가 높은 외생변수가 존재하는 경우 분산분석 대신 공분산분석을 실시함으로써 독립변수의 순수한 효과를 분석할 수 있음
  → 외생변수를 공변량(Covariate)으로 정의하며, 계량(등간/비율)척도로 측정된 자료를 사용함
- 분산분석에 회귀분석 방법을 추가한 형태로 볼 수 있고, 분산분석에 포함시킬 수 없는 계량척도로 측정된 관련 요인의 영향을 고려해야 할 경우 이를 공변량으로 분석에 포함시키게 됨

③ 가정

- 독립변수의 각 집단은 상호 배타적임(mutually exclusive group)
- 독립변수 각 집단의 분산은 서로 동일함(homogeneity of variance)
- 종속변수는 정상 분포를 함(normal distribution)
- 공변량은 계량척도(등간/비율)로 측정된 변수임(metric covariate)

- 공변량과 종속변수(측정값)는 상호 선형관계를 가짐(linear relationship)
- 공변량과 종속변수(측정값)간 관계의 방향과 강도는 독립변수의 각 집단마다 비슷함(homogeneity of regression)

SPSS procedure

- Analyze → General Linear Models → Univariate → Dependent Variables(측정/종속변수) → Fixed or Random Factors(집단/독립변수) → Covariate(s)(공변량) → OK

(4) 다변량 분산분석(MANOVA: Multivariate Analysis of Variance)

① 분석 목적

- 분산분석에서 종속(측정)변수가 두 개 이상 여러 개일 경우 독립변수 집단간의 평균차이를 특정 유의수준(α)에서 전체적으로 한 번에 검정하고자 할 때 적용함
  - ▶ 종속변수간 상관이 높을 경우 일반적인 분산분석(ANOVA)으로는 밝힐 수 없는 독립변수 집단간 종속변수들의 결합된 차이를 밝혀낼 수 있음
  - ▶ 종속변수간 상관이 낮거나 서로 독립적인 경우에는 각 종속변수별로 분산분석을 적용할 수 있음
- 실험 계획에 따라 실험(독립)변수가 두 개 이상인 경우(다원다변량분산분석)나 공변량이 포함된 경우(다변량공분산분석)에도 적용 가능함

② 분석 방법

- 종속변수간 상관이 높은 경우 독립변수 집단별 종속변수의 평균벡터 차이를 검정하는 방법
  - ➡ 여기서 종속변수의 평균벡터는 고정된 평균값이 아닌 종속변수간 상호상관 정도에 따라 확률적으로 나타나는 평균들을 의미함
  - ➡ ANOVA를 각 종속변수에 대해 여러 번 적용할 경우 1종 오류(Type-1 error)가 커질 수 있으며, MANOVA를 적용하여 평균의 차이 검정을 할 경우 이 1종 오류를 줄일 수 있음
- (귀무)가설 (H_0): 일원다변량분산분석(One-way MANOVA)

$$\{\mu_{11}\,\mu_{21}\,\cdots\,\mu_{p1}\} = \{\mu_{12}\,\mu_{22}\,\cdots\,\mu_{p2}\} = \cdots = \{\mu_{1k}\,\mu_{2k}\,\cdots\,\mu_{pk}\}$$

k = 집단 수, p = 변수

(대립)가설 (H_1):

종속(측정)변수의 평균벡터가 독립변수의 모든 집단에서 동일하지 않고 유의적인 차이가 있다.

- **검정 통계량(test statistics)**
  - ▶ Wilk's lambda:

    표본크기가 충분하고 가정을 어느 정도 충족하면서 독립변수 각 집단의 크기가 유사할 경우
  - ▶ Pillai's Trace:

    표본크기가 작거나 공분산이 동일하지 않은 경우, 집단의 크기에 차이가 있을 경우
  - ▶ Roy's Largest Root:

    가장 보수적이며, 모든 가정을 가장 엄격하게 적용시킬 경우
  - ▶ Hotelling's Trace:

    독립변수 집단이 두 개로 나뉘어 질 경우

③ 가정

- 종속변수의 다변량정규분포
- 종속변수의 상관성
- 종속변수간 관계의 선형성
- 독립변수 집단별 종속변수 공분산의 동질성
  - → 각 집단의 분산-공분산 행렬이 동일하다는 조건에 대한 검정으로 Box 검정을 통해 분석하고 이 Box 통계량이 유의하지 않으면(p>0.05) 공분산 동질성 가정이 충족된다고 판단함

SPSS procedure

- Analyze → General Linear Models → Multivariate → Dependent Variables(측정/종속변수: 2개 이상) → Fixed or Random Factors(집단/독립변수) -> Covariate(s)(공변량: 다변량공분산분석의 경우) → OK

6. 동일모집단의 두 표본 이상 평균차이 검정

(1) 분석 목적

- 동일한 대상 집단에 대하여 여러 번의 측정을 통한 자료 수집을 하고 이들 서로 다른 시점에서의 측정값간 평균 비교를 할 경우 사용함
- 동일한 집단에서 세 번 이상 (반복) 측정한 측정값들간의 평균차이검정을 하고자 할 경우 적용함
  - → 동일한 집단에서 두 번 (반복) 측정한 측정값들간의 평균차이검정은 동일표본 t-test(Paired t-test)를 적용함

(2) 분석 방법

반복측정 분산분석 (Repeated–Measure ANOVA)	동일한 (실험)집단에 대한 두 번 이상의 측정을 통한 측정값간의 평균비교 분석 → 측정값간 평균 차이는 분산분석에서와 같이 F-통계량을 사용하여 검정함
이월효과 (carry–over effect)	반복측정 자료는 전 측정값이 다음 측정값의 효과에 영향을 미치는 이월효과가 있을 수 있으므로 이에 대한 고려가 필요함 → 라틴정방설계(Latin–square design), 무작위블럭설계(Randomized block design) 등과 같이 조사대상자들에게 서로 다른 순서로 실험적 처치(독립변수)를 실시하는 교차균형화(cross–balancing)를 통해 해결 가능

(3) 가정

- 구형성(Sphericity) 검정:

  반복 측정된 측정치 간의 분산은 동일하다는 가정(분산의 동질성: homogeneity of variance)에 대한 검정으로 반복측정 변수간 오차항의 공분산 행렬(메트릭스)이 구형성 기준을 충족하여야 함
  - → SPSS: Mauchly's sphericity test(W)

    Mauchly's W 검정의 근사카이제곱값(approximate χ^2/자유도/유의확률) 결과에서 유의확률이 0.05보다 크게 나와야 구형성 가정이 만족되는 것으로 판단
  - → 구형성 가정이 충족되지 않는 경우: Greenhouse-Geisser, Huynh-Feldt 등의 값을 F 검정을 위한 제곱합(sum of square)으로 사용함

표 11-5 평균의 차이분석 정리

구분	비모수통계	모수통계		집단 수 (독립변수)	측정변수 수 (종속변수)	설명 및 예시
척도	명목/서열	간격/비율				
분석 및 예시	윌콕슨 (Wilcoxon) test	대응표본 (Paired) t-test		1 집단 1 변수	1개	동일 집단의 서로 다른 두 시점 t_1과 t_2의 (종속)변수값의 평균의 차이검정 → 동일집단반복측정(repeated measure) (예: 호텔 프론트종사원들의 입사 1년후/2년후 직무만족도 차이 검정)
	맨 휘트니스 (Mann- whitney U) test	독립표본 (Independent) t-test		2 집단 1 변수	1개	서로 다른 두 집단의 (종속)변수값에 대한 평균의 차이검정 → 서로 독립적인 두 집 단(예: 호텔 프론트/식음료부서 종사원들 의 부서간 직무만족도 차이 검정)
	크루스칼 - 윌리스 (Kruskal-Wallis) test	분산분석 (ANOVA)	일원분산분석 (One-way ANOVA)	2 집단이상 1 변수	1개	호텔종사원의 부서별 (Front, F/B, Back Office) 직무만족도의 차이검정
			이원분산분석 (Two-way ANOVA)	2 집단이상 2 변수		호텔종사원의 부서별(F, F/B, B/O), 직급별 직무만족도의 차이검정
			다원분산분석 (Multiway ANOVA)	2 집단이상 3 변수이상		호텔종사원의 부서별(F, F/B, B/O), 성별, 직급별 직무만족도의 차이검정 → 3-way ANOVA
		공분산분석 (ANCOVA)		집단변수 + 계량(통제) 변수	1개	호텔종사원의 부서별(F, F/B, B/O) 직무만 족도 차이와 직원의 연령이 직무만족도에 미치는 영향 검정 → One-way ANCOVA
	_	다변량 분산분석 (MANOVA)	일원다변량 분산분석 (One-way MANOVA)	2 집단이상 1 변수	2 변수 이상	호텔종사원의 부서별(F, F/B, B/O) 직무만 족도와 직무몰입도의 차이검정
			(Two-way MANOVA)	2 집단이상 2 변수		호텔종사원의 부서별(F, F/B, B/O), 직급별 직무만족도와 직무몰입도의 차이검정
			(Multi-way MANOVA)	2 집단이상 3 변수 이상		호텔종사원의 부서별(F, F/B, B/O), 성별, 직급별 직무만족도와 직무몰입도의 차이검 정 → 3-way MANOVA
		다변량공분산분석 (MANCOVA)		집단변수 + 계량(통제) 변수	2 변수 이상	호텔종사원의 부서별(F, F/B, B/O) 직무만 족도와 직무몰입도 차이와 직원의 연령이 직무만족도/직무몰입도 미치는 영향 검정 → One-way MANCOVA
	프리드만 (Friedman) test	Repeated Measure ANOVA		1 집단 (두 시점 이상의 반복측정)	1	하나의 변수에 대한 동일 집단의 값을 반 복 측정후 차이 검정 (예: 호텔 프론트종사 원들의 2016/2017/2018년도 직무만족도 차이 검정)

SPSS procedure

- Analyze → General Linear Model → Repeated Measures → Repeated Measures Define Factor → Within-Subject Factor Name(반복측정하는 요인명) → Number of Levels(반복측정 횟수) → Add → Define → Within-Subjects Variables(반복측정변수 이동) → OK

 SPSS 예제

1) 일원분산분석(One-way ANOVA)

- Analyze → Compare Means → One-Way ANOVA
  - → 가설: 고객의 월평균 소득집단에 따라 아이스크림 구매의사에는 유의적인 차이가 있을 것이다.
- 종속변수 : 아이스크림 구매의사
- 독립변수 : 월평균 소득집단

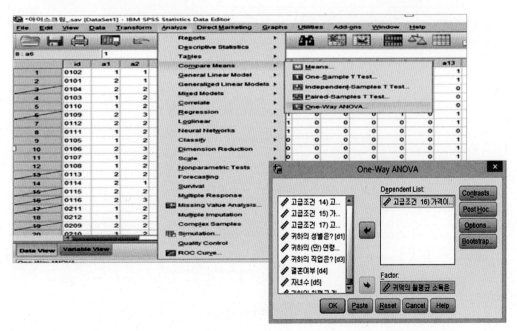

→ 분산의 동질성 검정: Statistics → Homogeneity of variance test 선택

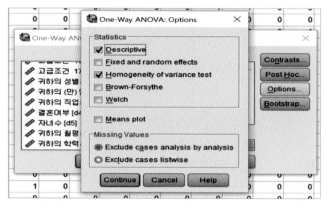

Oneway

Descriptives

고급조건 16) 가격이 비싸도 고른(환료.이미지) 아이스크림을 사먹겠다

	N	Mean	Std. Deviation	Std. Error	95% Confidence Interval for Mean		Minimum	Maximum
					Lower Bound	Upper Bound		
200 만원 미만	65	.28	.451	.056	.17	.39	0	1
200만원 - 400만원 미만	185	.43	.497	.037	.36	.50	0	1
400만원 이상	45	.62	.490	.073	.47	.77	0	1
Total	295	.43	.496	.029	.37	.48	0	1

Test of Homogeneity of Variances

고급조건 16) 가격이 비싸도 고른(환료.이미지) 아이스크림을 사먹겠다

Levene Statistic	df1	df2	Sig.
14.173	2	292	.000

<Sig>

Sig 값이 .000 나와 분산의 동질성을 만족시키지 못함.

ANOVA

고급조건 16) 가격이 비싸도 고른(환료.이미지) 아이스크림을 사먹겠다

	Sum of Squares	df	Mean Square	F	Sig.
Between Groups	3.184	2	1.592	6.738	.001
Within Groups	68.999	292	.236		
Total	72.183	294			

→ 사후 검정: Duncan's Multiple Range Test

　　Post Hoc → (Equal Variances Assumed) Duncan 선택

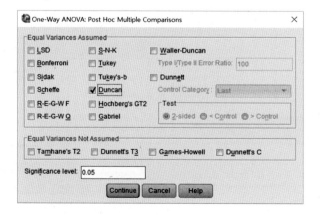

Post Hoc Tests

Homogeneous Subsets

고급조건 16) 가격이 비싸도 고급(완료,이미지) 아이스크림을 사먹겠다

Duncan[a,b]

귀댁의 월평균 소득은?	N	Subset for alpha = 0.05	
		1	2
200 만원 미만	65	.28	
200만원 - 400만원 미만	185	.43	
400만원 이상	45		.62
Sig.		.060	1.000

Means for groups in homogeneous subsets are displayed.

a. Uses Harmonic Mean Sample Size = 69.748.

b. The group sizes are unequal. The harmonic mean of the group sizes is used. Type I error levels are not guaranteed.

→ 집단1(월평균소득 200만원 미만)과 집단2(월평균소득 200만원-400만원)간에는 유의적인 평균차이가 나지 않고 집단1(월평균소득 200만원 미만)/집단2(월평균소득 200만원-400만원)과 집단3(400만원 이상)간에는 유의적인 평균차이가 나는 것으로 나타남

표 11-6 월평균 소득집단간 아이스크림 구매의사의 평균차이검정[a]

– One-Way ANOVA –

분석변수[b]		월 평균 소득			F값 (p값)
		200만원 미만 (n = 28)	200~400만원 미만(n = 105)	400만원 이상 (n = 23)	
아이스크림 구매의사	평균값	65	185	45	6.738 (.001)***
	(표준편차)	.28	.43	.62	
	DMR-Test[c]	L	L	H	

a. '일원분산분석(One-Way ANOVA)'을 이용하여 분석한 결과임
b. 분석표본 수 = 295명
c. Duncan's Multiple Range Test 결과를 나타내며, p=0.05 하에서 유의적인 차이를 나타내는 값들을 대상으로 H(High), M(Medium), L(Low) 표기를 하였음

2) 이원분산분석(Two-way ANOVA)

- Data: Restaurant data
- Variables: Categorization(레스토랑 유형: 한식/일식/중식), Location(레스토랑 위치: 강남/홍대/종로), Revenue(레스토랑 월매출액: 단위 백만원), Operation periods(레스토랑 영업기간: 단위 년)

Between-Subjects Factors

		Value Label	N
Categorization	1	korean	46
	2	japanese	60
	3	chinese	44
location	1	gangnam	68
	2	hongdae	57
	3	jongro	25

Descriptive Statistics

Dependent Variable: revenue

Categorization location		Mean	Std. Deviation	N
korean	gangnam	142.92	14.590	24
	hongdae	60.00	12.649	16
	jongro	110.00	46.043	6
	Total	109.78	43.179	46
japanese	gangnam	76.40	10.755	25
	hongdae	58.75	9.918	24
	jongro	72.73	14.206	11
	Total	68.67	13.712	60
chinese	gangnam	55.26	16.789	19
	hongdae	38.24	14.678	17
	jongro	45.00	18.516	8
	Total	46.82	17.754	44
Total	gangnam	93.97	39.856	68
	hongdae	52.98	15.465	57
	jongro	72.80	35.062	25
	Total	74.87	36.779	150

Tests of Between-Subjects Effects

Dependent Variable: revenue

source	Type III Sum of Squares	df	Mean Square	F	Sig.	Partial Eta Squared
Corrected Model	165674.075[a]	8	20709.259	81.398	.000	.822
Intercept	639343.060	1	639343.060	2512.941	.000	.947
Categorization	60444.781	2	30222.390	118.789	.000	.628
Location	46601.518	2	23300.759	91.584	.000	.565
Categorization*Location	28553.375	4	7138.344	28.057	.000	.443
Error	35873.258	141	254.420			
Total	1042300.000	150				
Corrected Total	201547.333	149				

a. R Squared = .822 (Adjusted R Squared = .812)

표 11-7 Two-Way ANOVA tests on revenue by categorization and location of restaurant

Independent Variable	Type III Sum of Squares	df	Mean Square	F-value	p-value	Partial η^2
Main effects						
Categorization (C)	60444.781	2	30222.390	118.789	.000***	.628
Location (L)	46601.518	2	23300.759	91.584	.000***	.565
Interaction effects (C×L)	28553.375	4	7138.344	28.057	.000***	.443
Error	35873.258	141	254.420			
Total	1042300.000	150				
Corrected total	201547.333	149				

Note. n=150
    Intercept=639343.060; F=2512.941; p= .000, R²=.822; △R²=.812
    *p<.05, **p<.01, ***p<.001

→ 레스토랑 범주(한식/일식/중식)와 위치(강남/홍대/종로)에 따른 월매출액의 차이를 알아보기 위해 이원분산분석(Two-way ANOVA)을 실행한 결과, 레스토랑 범주에 따른 월매출액은 유의적인 차이(F=118.789, p=0.000)가 있는 것으로 나타났고, 레스토랑 위치에 따른 월매출액 또한 유의적인 차이(F=91.584, p=0.000)가 있는 것으로 나타났으며, 레스토랑 범주와 위치의 상호작용에 따른 월매출액도 유의적인 차이(F=28.057, p=0.000)가 있는 것으로 나타났음

3) 이원공분산분석(Two-way ANCOVA)

Tests of Between-Subjects Effects

Dependent Variable: revenue

source	Type III Sum of Squares	df	Mean Square	F	Sig.	Partial Eta Squared
Corrected Model	166661.346[a]	9	18517.927	74.314	.000	.827
Intercept	28565.309	1	28565.309	114.635	.000	.450
Operp	987.271	1	987.271	3.962	.048	.028
Categorization	60229.837	2	30114.918	120.853	.000	.633
Location	41752.172	2	20876.086	83.777	.000	.545
Categorization*Location	28728.405	4	7182.101	28.822	.000	.452
Error	34885.987	140	249.186			
Total	1042300.000	150				
Corrected Total	201547.333	149				

a. R Squared = .827 (Adjusted R Squared = .816)

표 11-8 Two-Way ANCOVA tests on revenue by categorization and location of restaurant

Independent Variable	Type III Sum of Squares	df	Mean Square	F-value	p-value	Partial η^2
Main effects						
Categorization (C)	60229.837	2	30114.918	118.789	.000***	.628
Location (L)	41752.172	2	20876.086	91.584	.000***	.565
Covariate						
Operation Periods (O)	987.271	1	987.271		.048*	.028
Interaction effects ($C{\times}L$)	28728.405	4	7128.101	28.057	.000***	.443
Error	34885.987	141	249.186			
Total	1042300.000	150				
Corrected total	201547.333	149				

Note. n=150
   Intercept=639343.060; F=2512.941; p= .000, R^2=.822; $\triangle R^2$=.812
   *p<.05, **p<.01, ***p<.001

➜ 레스토랑 영업기간이 월매출액에 미칠 수 있는 영향을 감안하여, 이를 통제하고 레스토랑 범주(한식/일식/중식)와 위치(강남/홍대/종로)에 따른 월매출액의 순수한 차이를 분석하기 위해 이원공분산분석(Two-way ANCOVA)를 실시한 결과, 공변량(레스토랑 영업기간) 또한 유의수준 0.05에서 매출액에 유의적인 영향(p=0.048)을 미치는 외생변수로 나타남

➜ 레스토랑의 범주, 위치에 따른 월매출액과 레스토랑 범주, 위치간 상호작용에 따른 월매출액은 이전 분석결과에서와 같이 유의한 차이가 나타났음

핵심 연구방법론

Essentials of Research
Methodology

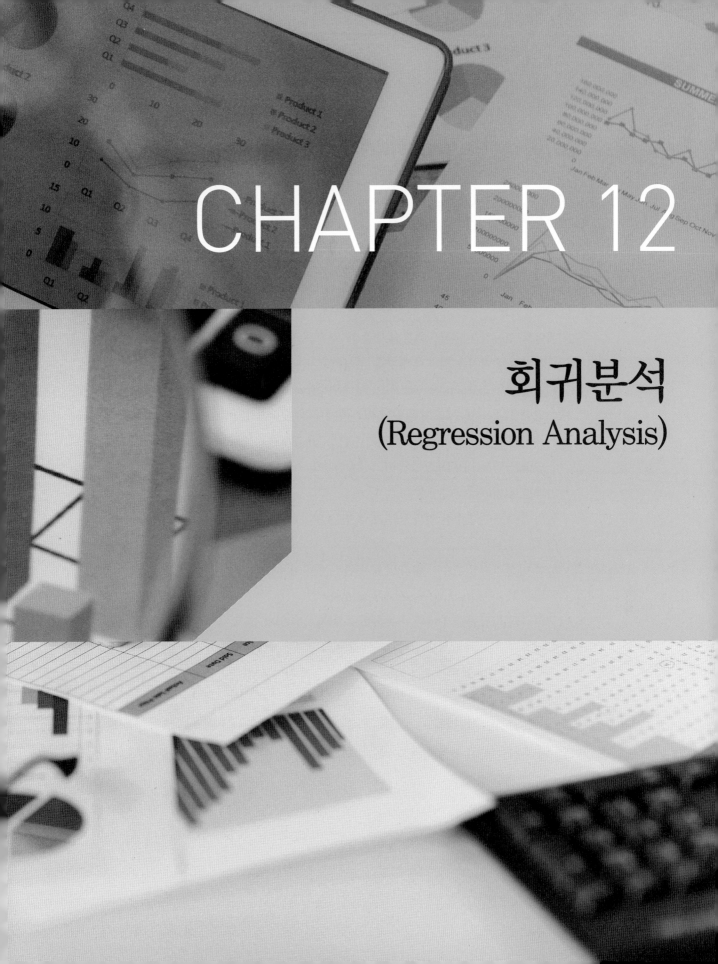

CHAPTER 12

회귀분석
(Regression Analysis)

회귀분석(Regression Analysis)

1. 개요(槪要)

(1) 개념

① 인과관계 분석

- 계량척도(등간/비율)로 측정된 변수간 관계를 선형의 관계로 설정하고 원인변수가 결과변수에 미치는 인과적 영향을 분석하고자 할 경우 사용함
  - ▶ 독립변수(independent variable)/예측변수(predictor variable):
    영향을 주는 변수(또는 원인이 되는 변수)
  - ▶ 종속변수(dependent variable)/기준변수(criterion variable):
    영향을 받는 변수(또는 원인이 되는 변수의 정도에 따라 변하는 변수)
- 인과관계의 논리적 타당성:
  독립변수/종속변수간 인과적 관계 설정은 명확한 논리적 타당성을 근거로 제시되어야 함
- 하나 이상의 독립변수가 하나의 종속변수에 미치는 영향을 분석함
  - ▶ 단순회귀분석(simple regression analysis):
    하나의 독립변수가 하나의 종속변수에 미치는 영향 분석
  - ▶ 다중회귀분석(multiple regression analysis):
    두 개 이상의 독립변수가 하나의 종속변수에 미치는 영향 분석
- 인과관계와 상관관계
  - ▶ 상관관계:
    변수간 영향이 양 방향으로 나타나 원인/결과를 가정할 수 없고 상호 관계성으로만 가정할 수 있음
  - ▶ 인과관계:
    변수간 영향이 어느 한 방향으로 나타나 원인/결과를 가정할 수 있음

▶ 상관관계는 인과관계의 충분조건이 아니고 필요조건임

　→ 변수간 상관관계는 인과관계의 한 가지 요건이 되지만 상관관계가 반드시 인과관계를 보장하지는 않음

▶ 종속변수(Y)와 독립변수(X_1, X_2, - -, X_n)간 다중상관계수(R)는 인과관계의 설명력계수(R^2)와 밀접한 관계가 있음

　→ SPSS의 경우 다중상관계수(R)는 회귀분석 결과(output)에서 제시됨

② 선형관계 분석

● 선형관계(linear relationship):

　두 변수간 관계를 선형(Y = β_0 + β_1X)으로 가정하고 분석함

▶ 선형회귀분석(linear regression analysis):

　독립변수와 종속변수간 관계의 크기가 독립변수의 크기에 비례한다고 가정

▶ 비선형회귀분석(nonlinear regression analysis):

　독립변수와 종속변수간 관계의 크기가 독립변수의 크기에 비례하지 않고 변화한다고 가정

　→ 2차함수 회귀모형, 지수함수 회귀모형

● 선형변환(linear transformation):

▶ 함수변환(선형변환)을 통하여 독립변수의 선형성을 확보할 수 있는 경우

▶ 아래 함수 예는 모두 양변에 로그를 취하여 선형함수로 만들 수 있음

・ Cobb-Douglas 생산함수 $Q = \alpha K^{\beta} L^{\lambda} u$
　(Q = 생산량, K = 자본, L = 투입노동, α, β, λ = 모수)

・ 인구성장모형　$P_t = \alpha e^{\beta T} e_t$
　(P = 인구수, T = 시간, α, β = 모수)

---

(2) 목적

● 독립변수와 종속변수간 존재하는 인과관계와 관계의 크기(정도) 분석:

▶ 인과관계: 추정 회귀식을 통하여 분석

▶ 관계의 크기: 분석 결과 제시되는 설명력계수(R^2)를 통하여 분석

- 예측:
  - ▶ 특정 독립변수값에 상응하는 종속변수값의 예측
  - ▶ 기존 독립변수 자료를 토대로 미래 종속변수 수준 예측
- 인과적 영향의 상대적 중요도:
  - ▶ 다중회귀분석에서 두 개 이상의 독립변수가 종속변수에 미치는 상대적 영향 정도 파악
  - ▶ 다중회귀분석에서 각 독립변수가 종속변수의 변화를 독립적으로 설명하는 정도 비교 분석

(3) 가정

선형성(linear relationship)	독립변수와 종속변수는 상호 선형의 관계를 가짐
정규성(normality)	독립변수의 값에 따른 종속변수 값의 분포는 정규분포를 나타냄 → 종속변수의 측정값과 예측치간 차이를 나타내는 오차항(ε_i)은 정규분포를 가짐
분산 동질성 (homogeneous variance)	오차항(ε_i)의 기대치($E(\varepsilon_i)$)는 0이며 일정한 분산값을 갖는 정규분포임
다중공선성 (multi-collinearity)	독립변수가 두 개 이상인 다중회귀분석의 경우 독립변수간 상관이 없어야 함
측정값의 독립성 (independent measurement)	측정값간 상호연관성(serial correlation)이 없어야 함(오차들은 상호 독립적이어야 함) → 종속변수 예측치($\hat{y}$)의 변화에 따라 오차들이 어떤 특정한 형태(pattern)를 띠지 않아야 함

2. 단순회귀분석(Simple Regression Analysis)

(1) 개념

① 회귀식

- 이론적으로 가정된 독립/종속변수간 인과관계를 선형의 회귀방정식(regression equation)으로 설정함

- 단순회귀식

  $Y = \beta_0 + \beta_1 X$ (X: 독립변수, Y: 종속변수, β_0: y절편의 회귀계수, β_1: 독립변수의 기울기)

- 표본의 단순회귀식

  $\hat{Y} = \hat{\beta}_0 + \hat{\beta}_1 X$ ($\hat{Y}$: 종속변수 값, $\hat{B}_0, \hat{B}_1$: 추정 회귀계수)

회귀식의 도형(graph)적 이해

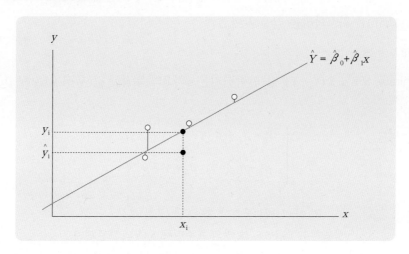

② 회귀계수(regression coefficient)

- 독립변수가 종속변수를 설명해 주는 정도(크기)

- 최소자승법(least square method):

  독립변수(X)와 종속변수(Y)를 통해 제시된 표본자료를 가장 잘 대변(represent)하는
  선형의 선(linear line)을 구하는 방법으로 이를 통해 독립변수와 종속변수간 인과관
  계를 설명하는 회귀식(regression equation)의 회귀계수를 추정하고 통계적 유의성
  을 검정함

- 비표준화 회귀계수(unstandardized regression coefficient):

  독립/종속변수들의 원래 측정값을 사용해서 추정한 회귀계수

  ➡ 종속변수의 예측(forecasting)에 사용됨

- 표준화 회귀계수(standardized regression coefficient):

  변수들의 값을 평균 0, 표준편차 1로 표준화하여 추정한 회귀계수

  ➡ 독립변수(회귀계수)의 상대적 중요도(relative importance) 파악에 사용됨

(2) 분석 방법

① 통상최소자승법(OLS: Ordinary Least-Square Method)

- 독립변수와 종속변수간 인과관계를 선형의 식으로 도출할 수 있다는 전제하의 분석
- 제시된 자료를 가장 적절하게 대변하는 선형의 식을 찾는 방법으로 각각의 실제 값과 이에 상응하는 추정값의 차이(추정오차(ε_i))의 제곱합(sum of squares due to error: SSE)을 최소화하는 식을 찾아냄

② 회귀계수의 추정

- Minimize SSE = $\Sigma (Y_i - \hat{Y})^2$ 을 만족시키는 α와 β의 특정한 값(추정치)을 구함

$$\begin{cases} \hat{Y} = \hat{\beta}_0 + \hat{\beta}_1 X \\[2mm] \hat{\beta}_1 = \dfrac{SS_{xy}}{SS_x} \qquad \hat{\beta}_0 = \bar{Y} - \hat{\beta}_1 X \end{cases}$$

SS_{xy}: X, Y의 (표본)공분산, SS_x: X의 (표본)분산
상관계수: $SS_{xy}/S_x S_y$ (S_x: X의 표준편차, S_y: Y의 표준편차)

(3) 주요 통계량(statistics) 및 검정

① 회귀계수의 유의성 검정

- 도출한 회귀식의 독립변수 계수(회귀계수, β)가 모집단의 기울기 추정치로서 통계적으로 유의한 계수인지에 대한 검정 (H_0: $\beta = 0$, H_1: $\beta \neq 0$)
- 회귀계수(β)의 유의성 검정을 위한 검정통계량

$$t = \frac{\hat{\beta}_1 - \beta_{10}}{s} \sqrt{SS_x} \ (d.f. = n-2)$$

$\hat{\beta}_1$ = 추정회귀계수
β_{10} = 귀무가설로 설정된 β_1의 값
$s = \sqrt{\dfrac{SSE}{n-2}}$ (회귀선을 중심으로 한 y_i값의 표준편차 추정치)
$SSE = SS_y - \hat{\beta}_1 SS_{xy}$

② 독립변수(회귀식)의 설명력(R^2)

- R^2(결정계수: coefficient of determination):
  ▶ 독립변수가 종속변수의 분산을 설명하는 정도
  ▶ R^2는 0과 1사이 값을 가짐

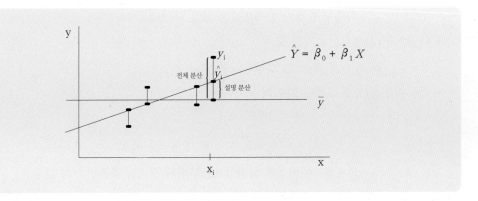

R^2의 정의

$$R^2 = \frac{SS_y - SSE}{SS_y} = \frac{\sum_{i=1}^{n}(y_i - \bar{y})^2 - \sum_{i=1}^{n}(y_i - \hat{y}_i)^2}{\sum_{i=1}^{n}(y_i - \bar{y})^2}$$

$$R^2 = \frac{SSR(\text{설명 분산})}{SS_y(\text{전체 분산})} = \frac{\sum_{i=1}^{n}(\hat{y}_i - \bar{y})^2}{\sum_{i=1}^{n}(y_i - \bar{y})^2}$$

여기서, SS_y는 전체 분산이며,
$\quad\quad SSR$은 회귀분석으로 설명되는 분산
$\quad\quad SSE$는 회귀분석으로 설명되지 않는 분산임

- R^2 검정

분산분석을 통해 검정하며 F-통계량을 이용함

$$F = \frac{\text{설명된 분산}}{\text{설명되지 않는 분산}} = \frac{\sum(\hat{Y}_i - \bar{Y})^2 / k-1}{\sum(\hat{Y}_i - Y_i)^2 / n-k} = \frac{SSR / k-1}{SSE / n-k}$$

$\hat{Y}_i$: 종속변수 추정값, $\bar{Y}_i$: 종속변수 관찰값 평균, Y_i: 종속변수 관찰값, k: 독립변수 수

3. 다중회귀분석(Multiple Regression Analysis)

(1) 개념

① 다중회귀식

- 두 개 이상의 독립변수들과 종속변수와의 인과관계 분석
- 다중회귀식(모집단): 기본 모형

$$Y = \beta_0 + \beta_1 X_1 + \beta_2 X_2 + \beta_3 X_3 + \cdots + \beta_k X_k$$

- 다중회귀식(표본): 추정 회귀식

$$\hat{Y} = \hat{\beta}_0 + \hat{\beta}_1 X_1 + \hat{\beta}_2 X_2 + \hat{\beta}_3 X_3 + \cdots + \hat{\beta}_k X_k$$

$\hat{\beta}_i$ 은 추정회귀계수이며 $\hat{Y}$은 회귀식으로부터 추정되는 종속변수의 값

② 다중회귀의 가설

$$H_0: \beta_1 = \beta_2 = \cdots = \beta_k = 0$$
$$H_1: \beta_1, \beta_2, \beta_3, \cdots, \beta_k \text{ 중 적어도 하나는 0이 아니다.}$$

→ 귀무가설(H_0): 회귀식이 종속변수(Y)를 설명하지 못함

대립가설(H_1): 회귀식이 종속변수(Y)를 설명하는데 매우 유용함

(2) 분석 방법

① 다중회귀식의 추정

- 동시입력(Enter)방식:
  ▶ 고려하고 있는 모든 독립변수를 한꺼번에 투입하여 종속변수와의 인과관계를 분석하는 방식
  ▶ 모든 독립변수가 동시에 종속변수를 설명하는 정도를 파악할 수 있음
  ▶ 다른 독립변수들이 통제된 상태에서 특정 독립변수가 종속변수에 미치는 영향을 알아낼 수 있음

- 단계입력(Stepwise)방식:
  - ▶ 여러 독립변수들 중 종속변수에 가장 큰 영향을 미치는 변수부터 순차적으로 회귀식에 포함시키는 분석
  - ▶ 가장 영향력이 큰 독립변수부터 회귀식에 투입되지만 영향력이 있는 것으로 나타난 독립변수도 이 후 추가적으로 포함되는 변수로 인해 기존의 영향력(설명력)보다 낮아지게 되면 회귀식에서 제거됨
  - ▶ 종속변수를 설명하는 데 있어 설명력이 높은 변수들만으로 구성된 회귀식을 도출하는데 유용함

② 다중회귀계수(독립변수)들의 설명력(Coefficient of Multiple Determination): R^2

- R^2는 단순회귀에서와 마찬가지로 0과 1사이 값을 가짐
- 종속변수의 총분산에서 독립변수들(혹은 회귀식)에 의해 설명되는 비율

회귀분석 결과에 따른 분산분석

원천	제곱합(SS)	자유도	평균제곱(MS)	F_{obs}
회귀식	SSR	(독립변수 수)	MSR = SSR/독립변수 수	MSR/MSE
오차	SSE	n − (독립변수 수) − 1	MSE = SSE/(n − 독립변수 수 − 1)	
전체	Total SS	n − 1		

$$R^2 = \frac{SSR}{TotalSS} = \frac{SSR}{SSR + SSE} \qquad R^2_{adj} = 1 - (1 - R^2)\frac{n-1}{n-k-1}$$

$$F_{obs} = MSR/MSE, \quad F_{crit} = F(\alpha: \text{독립변수의 수}, \ n - \text{독립변수의 수} - 1)$$

- 조정된 R^2(Adjusted R^2):

  다중회귀분석의 경우 R^2는 독립변수 수가 많아지면 더 커지는 경향이 있으며, 이러한 경향을 고려하여 R^2를 독립변수의 수와 표본의 크기로 조정한 것으로써 독립변수의 수와 무관하게 도출되는 독립변수의 설명력 계수임

  ➡ R^2보다 작게 나타남

● 과적합(overfitting):

표본의 크기가 작은 경우 R^2가 크게 나타날 수 있음

➡ 이러한 문제를 방지하기 위해서는 표본의 크기를 적당히 크게 해야 하며, 최소한 독립변수 수의 5-10배 사이의 표본수가 바람직함

(3) 주요 통계량 및 검정

① 개별 독립변수(회귀계수)의 통계적 유의성 검정: t−검정

● 가설

H_0: $\beta_i = 0$

H_1: $\beta_i \neq 0$ 양측검정(또는 $\beta_i < 0$, $\beta_i > 0$: 단측검정)

● 검정통계량 및 유의수준

▶ 검정통계량: $t = \dfrac{\hat{\beta}_i}{SE_{\hat{\beta}_i}}$

β_i: 추정된 회귀계수, $SE_{\hat{\beta}_i}$: 회귀계수 $\hat{\beta}_i$의 표준오차

양측검정: $t_{crit} = t(\alpha/2:$ n−(독립변수의 수)−1)

단측검정: $t_{crit} = t(\alpha:$ n−(독립변수의 수)−1)

$|t_{obs}| \geq t_{crit}$이면 H_0 기각

② 다중회귀계수의 해석

● 독립변수들의 상대적 영향력(relative importance):

입력 자료를 표준화(평균=0, 표준편차=1)하여 분석한 표준화 회귀계수(standardized regression coefficient)를 적용하여 해석함

➡ SPSS Regression procedure: 분석결과상에서는 'Beta'로 표기

● 예측(forecasting):

추정된 회귀식을 사용한 (특정 독립변수 값에 따른) 종속변수 예측을 위해서는 원자료를 사용하여 추정한 비표준화 회귀계수(unstandardized regression coefficient)를 적용함

➡ SPSS Regression procedure: 분석결과상에서는 'B'로 표기

③ 관련 상관계수

- Zero-order correlation coefficient(상관계수)

  특정 독립변수(X_i)와 종속변수(Y)간 상관계수

- Part correlation coefficient(부분상관계수)

  특정 독립변수(X_i)를 제외한 나머지 독립변수들이 독립변수(X_i)에 미치는 영향을 제외한 독립변수(X_i)와 종속변수(Y)간 상관계수

  ➜ 여러 독립변수 중 특정 독립변수만의 예측효과(unique predictive effect)를 나타냄

- Partial correlation coefficient(편상관계수)

  특정 독립변수(X_i)를 제외한 나머지 독립변수들이 독립변수(X_i)와 종속변수(Y)에 미치는 영향을 모두 제외한 독립변수(X_i)와 종속변수(Y)간 상관계수

  ➜ 여러 독립변수 중 특정 독립변수의 증분예측효과(incremental predictive effect)를 나타냄

(4) 가정 점검(다중 회귀)

① 선형성

- 독립변수와 종속변수의 상호 선형 관계 가정

- partial plot:

  독립변수와 종속변수간 분포도를 통해 선형의 함수 관계를 파악함

② 정규성

- 오차항(ε_i)의 정규분포 가정

- Normal Probability Plot(NPP):

  정규성을 검토하는 정규도표로 대각선(직선)에 가까울수록 정규분포를 따르는 것으로 판단할 수 있고 대각선을 중심으로 위 아래로 휘어지는 S자 형태의 곡선이 대각선을 중심으로 더 크게 나타날수록 정규성에서 멀어지는 것으로 해석함

- One-Sample Kolmogorov-Smirnov Test:

  분포(정규분포)에 대한 적합도 검정으로 K-S Z값에 해당하는 유의수준(2-tailed probability)이 크게(비유의적으로) 나타날수록 자료의 분포가 정규분포에 적합(goodness-of-fit)한 것으로 판명함

③ 분산 동질성

- 오차항(ε_i) 분산의 동질성(일정성)에 대한 가정
- plot: 오차항 도표
  ▶ 표준화 예측변수(ZPRED: Standardized predicted value)와 표준화 잔차(ZRESID: Standardized residual)간 그림이 기준점(0)을 중심으로 일정한 구간에 분포해야 하며 특정 형태, 특히 분산이 점차 작아지거나 커지는 형태를 띠지 않아야 함
  ▶ 분산 동질성이 만족되지 않는 경우(이분산) OLS를 사용하면 분산이 큰 자료값에 보다 큰 가중치를 두게 되어 회귀계수를 정확하게 추정하지 못하게 됨
    ➜ 이러한 문제 해결을 위해서는 가중최소자승(Weighted Least Square) 방법이나 일반적인 GLS(Generalized Least Square) 방법을 사용할 수 있음

④ 측정값의 독립성

- 측정값(오차항)간 상관이 없는 상호 독립성 가정
- 더빈왓슨(Durbin-Watson)검정:
  ▶ 0~4 사이 값을 가지는 더빈왓슨통계량(DW)이 2에 가까운 값을 가질수록 자료간 연속상관이 없고 0(양의 연속상관)이나 4(음의 연속상관)에 가까울수록 연속상관이 있을 확률이 높아짐

DW값	결과 해석
$4-dl<DW<4$	음의 연속상관
$4-du<DW<4-dl$	해석하기 힘듦
$2<DW<4-du$	연속상관 없음
$du<DW<2$	연속상관 없음
$dl<DW<du$	해석하기 힘듦
$0<DW<dl$	양의 연속상관

여기에서 dl, du는 임계치로 통계표에서 주어짐.

  ▶ 자료값 간에 연속상관이 있는 경우, Cochran-Orcutt/Hildreth-Lu/Durbin 방법 등을 통해 잔차간 상관 정도를 나타내는 상관계수(ρ)를 추정한 후 일반차분(generalized differencing) 방법을 통해 회귀계수 추정할 수 있음

⑤ 다중공선성

- 독립변수간 상관이 없는 상호 독립성 가정
- 다중공선성이 존재할 경우 회귀계수의 분산이 원래 값보다도 커져 회귀계수를 검정/해석하는 것이 무의미해짐
- **공차한계(tolerance)**
  ▶ 특정 독립변수의 분산 중에서 이 변수를 제외한 다른 모든 독립변수들에 의해 설명되지 않는 부분(정도)
  ▶ 변수 X_i의 공차한계(TOL_i)
  $1-R_i^2$ (R_i^2: 독립변수 i가 다른 독립변수들에 의해서 설명되는 정도)
    ➡ 공차한계가 작을수록($TOL_i<0.1$) 다중공선성이 높음
- **분산팽창요인(variance inflation factor: VIF)**
  ▶ 공차한계의 역수값 ($VIF_i = 1/TOL_i$)
  ▶ 변수 X_i의 분산팽창요인(VIF)은 클수록(VIF>10) 다중공선성이 높음
  ▶ 일반적으로 제시되는 기준(VIF>10)이 다중공선성을 판단하는데 너무 과하게 책정되었다는 지적에 따라 최근 좀 더 엄격한 기준(VIF>2)이 적용되고 있음
- **조건지수(Condition Index)**
  ▶ 독립변수값들(x'x)의 대각행렬이 1이 되도록 변환(상관변환: correlation transformation)한 후 구한 고유치(eigen value)값을 가장 큰 고유치 값으로 나눈 후 제곱근을 구한 값
    ➡ 10: 독립변수들간 약한 상관관계, 30: 어느 정도의 상관관계, 100 이상: 강한 상관관계 존재
- **분산분해비율(variance-decomposition proportions)**
  분산비율값이 특정 독립변수에 0.9이상으로 높게 나타나지 않고 이 보다 적은 값으로 두 개 이상의 변수에서 나뉘어 나타날 경우 해당 변수들이 상관을 가지고 있다고 볼 수 있음
- **다중공선성의 대처방안**
  ▶ 상관관계가 높은 독립변수들 중 연구의 목적상 상대적으로 중요하지 않다고 판단되는 변수 제외시킴

▶ 독립변수들에 대한 요인분석을 통하여 상호 독립적(orthogonal)으로 도출된 요인들의 요인값을 새로운 독립변수로 사용함

▶ 각 독립변수 값에서 해당변수의 평균값을 빼주는 편차변환(centering)을 통해 변환한 변수들을 새로이 적용하여 회귀분석을 실시함

4. 더미변수를 이용한 회귀분석(Regression Analysis with Dummy Variables)

(1) 개념

● 다중회귀분석에서 독립변수가 계량(등간/비율)척도가 아닌 명목척도(범주)로 측정된 값을 갖는 경우

● 더미변수(dummy variable):

▶ 명목척도로 측정된 변수로 0과 1로 표현된 두 개의 범주 값만을 갖는 변수를 나타냄

▶ 회귀분석에서 독립변수의 범주를 더미변수로 변환(transform)해서 나타냄

➔ 더미변수의 수 = (명목척도로 측정된 독립변수의 범주 수) − 1

➔ 이 경우 0으로 표현(coding)된 범주가 기준범주(reference group)가 됨

(2) 분석 방법

● 아래의 경우처럼 계절성(seasonality)이 독립변수인 경우 계절성은 총 3개의 더미변수로 변환되며, 이 경우 (모두) 0으로 표현된 범주가 기준범주로 간주됨

➔ 아래의 경우 봄이 기준범주(d_1=0, d_2=0, d_3=0)가 됨

$$\hat{Y} = \hat{\alpha} + \hat{b}_1 X_1 + \hat{b}_2 X_2 + \hat{b}_3 X_3 \ (\hat{Y} : 매출, X_1: 광고비, X_2: 업장수, X_3: 계절)$$

Dummy변수 명목변수의 범주	d_1	d_2	d_3
봄	0	0	0
여름	1	0	0
가을	0	1	0
겨울	0	0	1

X_3 => d_1: 여름(기준 = 봄), d_2: 가을(기준 = 봄), d_3: 겨울(기준 = 봄)

- Dummy변수를 이용한 회귀식: $\hat{Y} = \hat{a} + \hat{b}_1 X_1 + \hat{b}_2 X_2 + \hat{b}_3 d_1 + \hat{b}_4 d_2 + \hat{b}_5 d_3$

- 회귀계수의 해석:
  $\hat{b}_3$: 봄에 비해 (또는 봄을 기준으로) 여름($d_1=1$, $d_2=0$, $d_3=0$)이 매출에 미치는 영향
  $\hat{b}_4$: 봄에 비해 (또는 봄을 기준으로) 가을($d_1=0$, $d_2=1$, $d_3=0$)이 매출에 미치는 영향
  $\hat{b}_5$: 봄에 비해 (또는 봄을 기준으로) 겨울($d_1=0$, $d_2=0$, $d_3=1$)이 매출에 미치는 영향

- 더미변수 해석에 있어 더미변수와 독립변수 또는 더미변수간 회귀계수의 상호 비교
  는 불가하며 개별 더미변수 각각에 대하여 별개의 해석을 해야 함

---

5. 조절회귀분석(Regression Analysis with Moderating Variable)

(1) 개념

- 독립변수와 종속변수간 관계(방향/강도)에 영향을 주는 제3의 변수(조절변수, M)가
  존재하는 경우 이 조절변수의 개입으로 기존 독립/종속변수간 관계의 크기나 방향
  이 달라질 수 있음

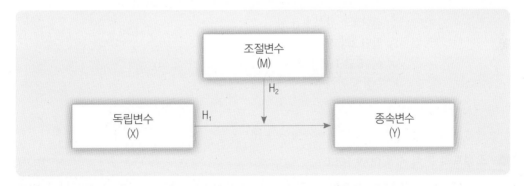

순수조절변수	조절변수가 종속/독립변수와 연관성이 없으면서 독립/종속변수간 관계에만 영향을 주는 경우
유사조절변수	조절변수가 종속변수에 대해 독립변수와 상호작용효과가 있거나 종속/독립변수와 연관성이 있으면서 독립/종속변수간 관계에 영향을 주는 경우

(2) 분석 방법

- 회귀분석에서 독립변수와 종속변수간 인과관계에 영향을 미치는 조절변수의 조절 효과를 별도로 검정하기 위해서는 Chow test나 위계적(hierarchical) 회귀분석을 적용할 수 있음
- Chow Test[1]:
  - ▶ 조절변수의 값을 토대로 전체 표본을 상이하게 나눈 후, 각 집단별로 회귀분석을 통해 도출된 회귀계수가 통계적으로 유의적인 차이가 나는지를 F-통계량을 통해 검정하는 방법
  - ▶ 분석통계량:

    아래 F값이 기준유의수준에서의 임계치보다 큰 경우 조절효과가 있다고 볼 수 있음

$$F = \frac{[SC - (S_1 + S_2)]}{k} \div \frac{S_1 + S_2}{(n_1 + n_2 - 2k)}$$

이 때 자유도 1은 k이며 자유도 2는 $n_1 + n_2 - 2k$

SC: 전체 표본의 회귀분석에서 도출된 잔차제곱 합
   (sum of squared residuals; unexplained variances)
S_1: 집단 1의 잔차제곱 합
S_2: 집단 2의 잔차제곱 합
n_1, n_2: 집단 1, 2의 표본수
k: 추정 회귀계수의 수(상수항 포함)

조절효과 분석 예: Chow Test

- 호텔기업의 정보화 수준이 직무성과 및 조직성과에 미치는 인과적 영향에서 호텔 유형(특1급/특2급)이 조절변수로 영향을 미치는 조절효과를 분석함

---

1) Ghilagaber, G. (2004), Another look at Chow's Test for the equality of two heteroscedastic regression models, Quality and Quantity, 38.

표 12-1 호텔유형(특1급/특2급)의 조절효과

종속 변수	조절변수	특1급 호텔(n=102)		특2급 호텔(n=119)	
	독립변수	표준화 회귀계수	t	표준화 회귀계수	t
직무[a] 성과	상수		.336		−.569
	정보기술(IT)	.455	6.658**	.436	7.953**
	정보지식 공유문화	.465	6.732**	.406	7.564**
	신정보지식 창출	.479	6.886**	.526	9.830**
	정보화 교육 및 훈련	.351	5.166**	.304	5.628**
	최고경영자의 관심과 지원	−.020	−.291	−.003	−.055
	R^2 Adjusted R^2 F	.571 .549 25.561**		.684 .670 48.888**	
조직[b] 성과	상수		2.155		−2.190
	정보기술(IT)	.492	6.087**	.322	5.019**
	정보지식 공유문화	.365	4.455**	.319	5.037**
	신정보지식 창출	.280	3.360**	.507	7.979**
	정보화 교육 및 훈련	.248	3.058**	.316	4.980**
	최고경영자의 관심과 지원	.091	1.120	.030	.476
	R^2 Adjusted R^2 F	.383 .351 11.923**		.557 .538 28.441**	

*$p<.05$, **$p<.01$
Chow Test: F =[Sc - (S₁+S₂)] /k / (S₁+S₂)/(N₁+N₂-2k)
S=Sum of squared residual, N=Number of samples, k=degree of freedom
a. 직무 성과[(Sc=68.710, k=6(자유도)] : 특1급 호텔: S₁=39.018, N₁=102 / 특 2급 호텔: S₂=28.764, N₂=119   F= 1.249
b. 조직성과[(Sc=96.690, k=6(자유도)] : 특1급 호텔: S₁=48.555, N₁=102 / 특 2급 호텔: S₂=39.849, N₂=119   F= 8.217

- 위계적(hierarchical) 회귀분석

  ▶ 독립변수(X)와 종속변수(Y)간 인과관계에 조절변수(M)가 영향을 미치는 경우 아래 순으로 회귀분석을 실시하고 각 회귀분석에서 도출된 회귀계수를 해석하여 조절효과를 분석함

    ⓐ Y ← X   ⓑ Y ← X + M   ⓒ Y ← X + M + X·M

  ▶ 순수조절효과:

    ⓐ → ⓒ로 R^2 값이 유의적으로 커지면서 ⓒ의 상호작용항 회귀계수가 유의적이고 ⓑ, ⓒ 조절변수(M)의 회귀계수가 유의적이지 않을 경우

▶ 유사조절효과:

ⓐ → ⓒ로 R^2 값이 유의적으로 커지면서 ⓒ의 상호작용항 회귀계수가 유의적이고 ⓑ 조절변수(M)의 회귀계수도 유의적일 경우

◎ 조절효과 분석 예: 위계적 회귀분석

● 문화관광유형(조절변수)에 따른 문화관광체험(독립변수)이 기능적가치(종속변수)에 미치는 영향을 위계적 회귀분석으로 분석함

● 순수조절효과

문화관광유형을 더미(dummy)변수화하여 위계적회귀분석을 실시한 결과 제3모형의 행동적체험 * 더미변수1 상호작용항(p<0.01)과 헤도닉체험 * 더미변수1의 상호작용항(p<0.01)이 유의적으로 나타나 문화관광유형은 행동체험과 헤도닉체험이 기능적 가치에 미치는 영향을 조절함을 알 수 있음(표 12-2)

◎ 조절효과 분석 예: 위계적 회귀분석

● 여행행태(조절변수)에 따른 문화관광체험(독립변수)이 사회적가치(종속변수)에 미치는 영향을 위계적 회귀분석으로 분석함

● 유사조절효과

여행행태를 더미(dummy)변수화하여 위계적회귀분석을 실시한 결과 제2모형에서 조절변수(여행행태)가 유의적(p<0.01)으로 나타났고, 제3모형의 심미적체험 * 더미변수 상호작용항(p<0.01)이 유의적으로 나타나 여행행태는 심미적체험이 사회적 가치에 미치는 영향을 조절함을 알 수 있음(표 12-3)

표 12-2 문화관광유형의 순수조절효과[2]

모형		독립/조절 변수	기능적가치			
			표준화계수	t	$R^2(\Delta R^2)$	$\Delta F(sig.\Delta F)$
1	독립변수	정서적체험	.181	3.145**	.187 (.187)	9.363***
		관계적체험	.246	4.269***		
		교육적체험	.221	3.829***		
		심미적체험	.128	2.224*		
		행동적체험	.157	2.728**		
		헤도닉체험	−.050	−.876		
2	독립변수 더미변수	정서적체험	.209	3.473**	.194 (.008)	2.408
		관계적체험	.246	4.278***		
		교육적체험	.229	3.927***		
		심미적체험	.120	2.086*		
		행동적체험	.166	2.875**		
		헤도닉체험	−0.44	−.759		
		관광유형더미1	−0.95	−1.552		
3	독립변수 더미변수 독립*더미 (상호작용)	정서적체험	.247	3.336**	.251 (.057)	3.007**
		관계적체험	.226	3.136**		
		교육적체험	.212	3.029**		
		심미적체험	.126	1.672		
		행동적체험	.065	.975		
		헤도닉체험	−.134	−2.012*		
		관광유형더미1	.125	.306		
		정서체험*더미1	−.088	−1.139		
		관계체험*더미	.034	.455		
		교육체험*더미1	−.232	−.550		
		심미체험*더미1	−.014	−.184		
		행동체험*더미1	.219	3.091**		
		헤도닉체험*더미1	.180	2.637**		

*p<0.05, **p<0.01, ***p<0.001
기준범주(reference category)는 유산관광이며, "더미1=예술관광, 더미2=엔터테인먼트관광"을 나타냄

2) 이충순(2015), 문화관광경험구조가 도시브랜드가치 지각에 미치는 영향, 세종대학교 대학원 박사학위 논문

표 12-3 여행행태의 유사조절효과[3]

모형		독립/조절 변수	기능적가치			
			표준화계수	t	$R^2(\Delta R^2)$	$\Delta F(sig.\Delta F)$
1	독립변수	정서적체험	.089	1.736	.356 (.356)	22.602***
		관계적체험	.516	10.056***		
		교육적체험	.107	2.090*		
		심미적체험	.079	1.539		
		행동적체험	.252	4.921***		
		헤도닉체험	.012	.228		
2	독립변수 더미변수	정서적체험	.109	2.142*	.379 (.023)	8.931**
		관계적체험	.488	9.515***		
		교육적체험	.085	1.675		
		심미적체험	.079	1.555		
		행동적체험	.241	4.768***		
		헤도닉체험	.013	.262		
		여행형태더미	.157	2.989**		
3	독립변수 더미변수 독립*더미 (상호작용)	정서적체험	.092	1.599	.413 (.034)	2.315*
		관계적체험	.434	7.446***		
		교육적체험	.038	.667		
		심미적체험	−.028	−.451		
		행동적체험	.291	4.981***		
		헤도닉체험	−.052	−.928		
		여행형태더미	−.282	−1.122		
		정서체험*더미	−.020	−.315		
		관계체험*더미	.036	.574		
		교육체험*더미	.052	.894		
		심미체험*더미	.137	2.142*		
		행동체험*더미	−.064	−1.076		
		헤도닉체험*더미	.445	1.745		

*p<0.05, **p<0.01, ***p<0.001
기준범주(reference category)는 그룹패키지여행이며, "더미=개별여행"을 나타냄

---

3) 이충순(2015), 문화관광경험구조가 도시브랜드가치 지각에 미치는 영향, 세종대학교 대학원 박사학위 논문

6. 매개회귀분석(Regression Analysis with Intervening Variables)

(1) 개념

● 매개변수(Intervening/Mediating variable)

독립변수와 종속변수간 인과적 영향에서 직접적인 영향관계 이외에 제3의 변수(I/M)를 통한 간접적인 영향관계가 있을 경우 이 제3의 변수(I/M)를 매개변수라 함

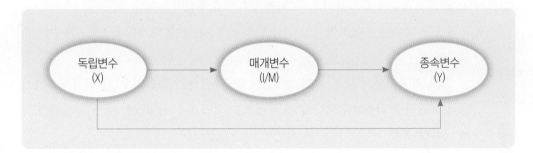

● 직접효과/간접효과

독립변수의 영향을 받아 종속변수에 영향을 미치는 매개변수를 고려할 경우
이러한 매개변수를 통한 독립/종속변수간 인과적 영향을 간접효과로
매개변수에 의하지 않은 독립/종속변수간 인과적 영향을 직접효과로 간주함

(2) 분석 방법

① 위계적(hierarchical) 회귀분석(Baron & Kenny, 1986)[4]

독립변수(X)와 종속변수(Y)간 인과관계가 매개변수(I)를 거치는 간접적인 영향관계에 있을 경우 아래 순으로 회귀분석를 실행하고 회귀계수를 분석함

ⓐ $I \leftarrow X$　　　　ⓑ $Y \leftarrow I$　　　　ⓒ $Y \leftarrow X$　　　　ⓓ $Y \leftarrow X+I$

● 무매개(no mediation)

▶ ⓒ 회귀계수가 유의적이고 ⓐ과 ⓑ중 어느 하나 또는 둘 다의 회귀계수가 유의적이지 않을 경우

---

4) Baron, R. M. & Kenny, D. A. (1986). The moderator-mediator variable distinction in social psychological research, Conceptual, strategies and statistical considerations, Journal of Personality and Social Psychology, 51(6), 1173-1182.

▶ ⓒ ⓓ의 독립변수(X) 회귀계수가 모두 유의적이면서 두 회귀식의 회귀계수들 간에 거의 차이가 나지 않을 경우

- 부분매개(partial mediation):

  ▶ ⓒ ⓓ의 회귀계수가 모두 유의적이지만 두 회귀식의 독립변수(X) 회귀계수에서 ⓓ의 X 회귀계수가 ⓒ의 X 회귀계수보다 상대적 영향이 작게 나타난 경우

- 완전매개(full mediation)

  ▶ ⓐ ⓑ 회귀계수가 유의적이고 ⓒ 회귀계수가 유의적이지 않을 경우

  ▶ ⓒ의 회귀계수는 유의적이지만 ⓓ의 X 회귀계수는 비유의적이고 I 회귀계수는 유의적일 경우

  ▶ ⓒ ⓓ의 회귀계수가 모두 유의적이면서 두 회귀식의 독립변수(X) 회귀계수에서 ⓒ의 독립변수 회귀계수보다 ⓓ의 독립변수 회귀계수 절대값이 아주 현저하게 작게 나타날 경우

② 간접효과의 유의성 검정: Sobel test[1982][5]

- 독립변수가 매개변수를 통해 종속변수에 미치는 효과인 간접효과($a \times b$)의 통계적 유의성은 간접효과와 간접효과의 표준오차(S_{ab}) 비율이 정규분포를 따른다고 가정하고 검정함(a: 독립→매개, b: 매개→종속)

☞ IZI가 1.96보다 크면 간접효과는 유의수준 5%에서 통계적으로 유의적임

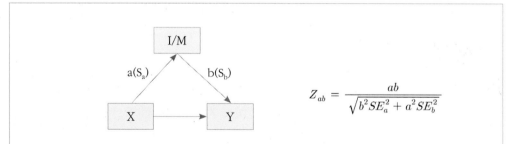

a : 독립변수에서 매개변수로 가는 경로의 비표준화 회귀계수 SE_a : a의 표준오차
b : 매개변수에서 종속변수로 가는 경로의 비표준화 회귀계수 SE_b : b의 표준오차

$$Z_{ab} = \frac{ab}{\sqrt{b^2 SE_a^2 + a^2 SE_b^2}}$$

---

5) Sobel, M. E. (1982). Asymptotic intervals for indirect effects in structural equations models. In S. Leinhart (Ed.), Sociological methodology, (pp.290-312). San Francisco: Jossey-Bass.

③ SPSS PROCESS macro by Hayes(2013)[6]

- Sobel test는 ab의 분포가 정규분포를 가정하고 있으나 대부분의 경우 정규분포를 이루지 않으므로 이를 보완하기 위한 방법으로 부트스트래핑(bootstrapping)방법이 이용되고 있음

- 부트스트래핑 방법은 다중매개, 조절된 매개효과(moderated mediating effect), 매개된 조절효과(mediated moderating effect) 등 다양한 간접효과를 살펴볼 수 있음

- 부트스트래핑 방법인 PROCESS는 Andrew F. Hayes교수가 개발한 프로그램으로 www.processmacro.org 나 www.afhayes.com 사이트 접속을 통해 프로그램을 이용할 수 있음

→ 아래의 분석결과는 부트스트래핑방법을 통해 매개효과를 살펴본 결과로, 부트스트래핑을 위해 재추출한 표본 수는 5천 개였으며, 검정결과 매개효과(ab)의 크기가 95% 신뢰수준 하에 하·상한 값은 〈표 12-4〉에 나타난 바와 같이 모든 하·상한 값이 0의 값을 포함하고 있지 않으므로 분석결과가 기반으로 하고 있는 유의수준 0.05에서 "Trend-oriented"의 매개효과가 유의한 것으로 결론지을 수 있음

```
*********** TOTAL, DIRECT, AND INDIRECT EFFECTS ************
Total effect of X on Y
     Effect        SE          t          p         LLCI       ULCI
     .2699      .0423      6.3801      .0000      .1868      .3530
Direct effect of X on Y
     Effect        SE          t          p         LLCI       ULCI
     .0862      .0312      2.7592      .0060      .0248      .1476

Indirect effect of X on Y
              Effect    Boot SE   BootLLCI   BootULCI
FAC1_1        .1837      .0366      .1134      .2584
```

---

6) Hayes, A. F. (2013). Introduction to Mediation, Moderation, and Conditional Process Analysis, A Regression-Based Approach, NY: Guilford.

표 12-4 Mediation effects of menu satisfaction based on bootstrap bias-corrected percentile method

Independent variables	Mediating variable	95% CI			
		b	S.E.	Lower	Upper
Trend-oriented	Menu satisfaction	.1837	.0366	.1134	.2584
Health pursuit & epicurism		.2627	.0320	.2049	.3313
Convenience-oriented		.1905	.0395	.1159	.2721
Social gathering-oriented		.1043	.0374	.0318	.1774

🔍 SPSS 예제: 회귀분석 예시

1) 다중회귀분석 및 가정 점검

- 분석 Data: 표본수(n)=330
- 독립변수(5) : Inversion base height/Pressure gradient/Visibility/Temperature/Day of the year
- 종속변수(1) : Daily Ozone level

- SPSS → 분석 → 회귀분석 → 선형 (선택)

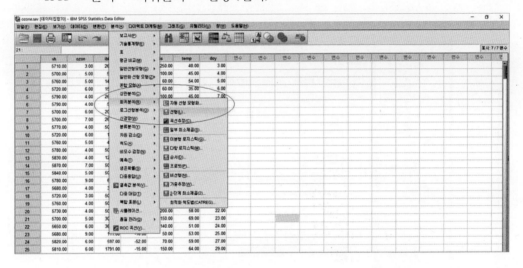

- 선형회귀분석 → 종속변수/독립변수 (입력)

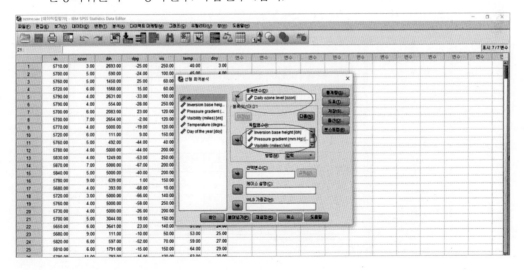

● 회귀분석 결과

● R(다중상관)=0.824, R^2=0.678, 수정된(adjusted)R^2=0.673, 분산분석 F값=136.567, 유의확률=0.000로 나타나 분석결과가 제시된 회귀함수가 분석자료를 대변하는 유의적인 설명력을 가진 것으로 나타났음

● 5개 독립변수 중 Temperature가 Daily Ozone level에 가장 유의적인 영향을 미치는 것으로 나타났고, 가장 큰 정(+)의 회귀계수(.632)를 가지는 것으로 나타남

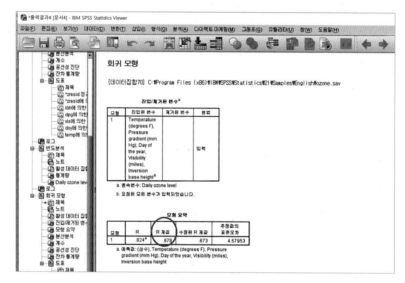

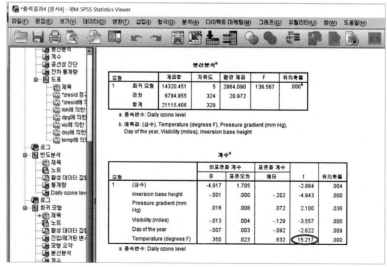

표 12-4 Daily Ozone level에 영향을 미치는 요인에 대한 회귀분석 결과

종속변수	독립변수	Daily Ozone level		
		비표준화 회귀계수	표준화 회귀계수	t-값
상수		−4.917	−	−2.884*
Daily Ozone level 변화요인	역전층 높이	−0.001	−0.202	−4.943**
	압력 변화도	0.016	0.072	2.100*
	가시성	−.0.13	−0.129	−3.557**
	기온	−0.007	−0.092	−2.622*
	일수	0.350	0.632	15.217**

R^2= 0.678 수정된R^2= 0.673 F값= 136.567*
* 0.05 에서 유의적인 통계량을 나타냄
** 0.001 에서 유의적인 통계량을 나타냄

- 회귀분석 가정 점검
- 선형 → 도표 → 정규확률도표 → 산점도(X: ZRESID, Y: ZPRED) → 편회귀잔차도표 모두출력 (선택)
- 선형 → 통계량 → 공선성진단 → Durbin-Watson (선택)

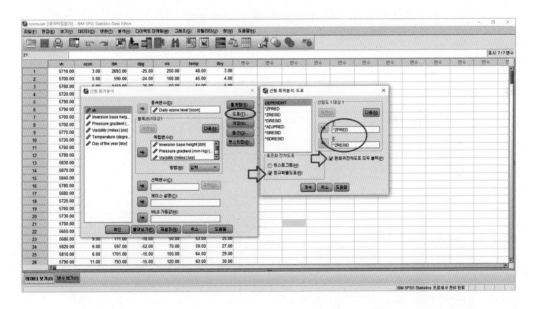

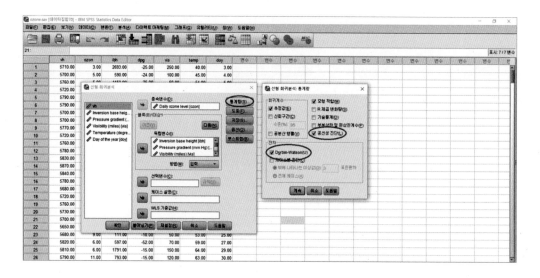

- 회귀분석 가정 점검결과
  - ▶ 공선성통계량인 공차한계값들이 0.1보다 크고 VIF값들이 모두 2보다 작은 값으로 나타나 다중공산성은 거의 없는 것으로 판단할 수 있음
  - ▶ 다만, 상태지수가 18.508로 나타난 경우가 있어 해당 상태지수에서의 분산분해비율 값들 중 두 값이 0.32, 0.93으로 비교적 큰 값들인 것으로 나타나 이들 두 변수 간 다중공선성은 추가 점검이 필요할 것으로 사료됨

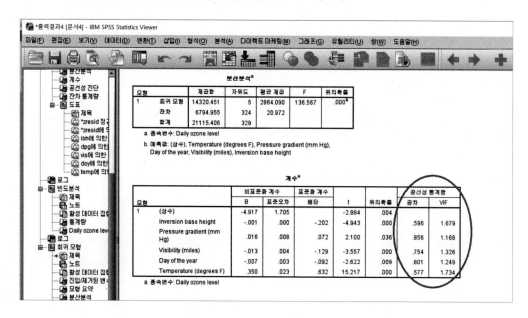

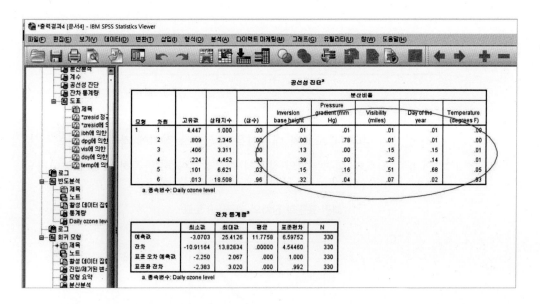

- Durbin-Watson 값(1.434)을 n=330, 독립변수 수=5 (p<0.05)의 임계치인 1.57(dL), 1.78(dU)를 기준으로 비교하면 양의 자기상관영역인 0에서 1.57사이에 존재하는 것으로 나타남(아래 그림 참조)

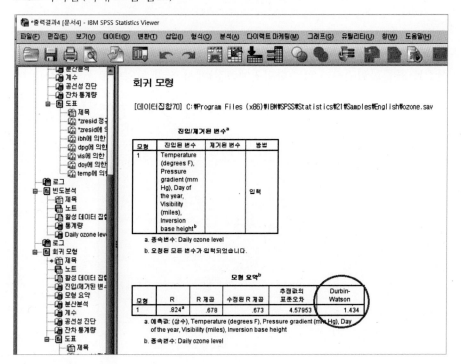

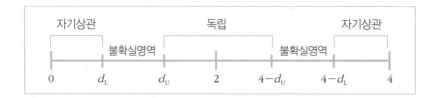

- 회귀 표준화 잔차의 정규P-P 도표가 대각선을 중심으로 직선에 가까운 모양으로 분포하고 있어 분석 자료가 회귀분석의 정규성 가정을 상당히 만족하는 것으로 나타남

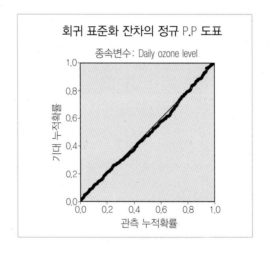

- 산점도(표준화회귀잔차/표준화회귀예측값)에서 잔차 모양이 0을 중심으로 어느 정도 균등한 모양으로 나타나 분산이 상당 부분 동질적인 것으로 판단될 수 있음

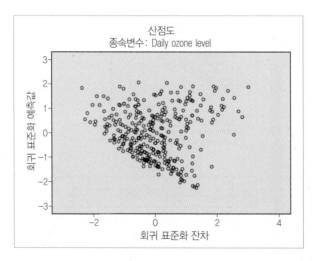

● 편회귀(종속변수/각 독립변수) 도표에서는 독립변수 중 Temperature 만이 (회귀)선형성 가정에 부합하는 것으로 나타남

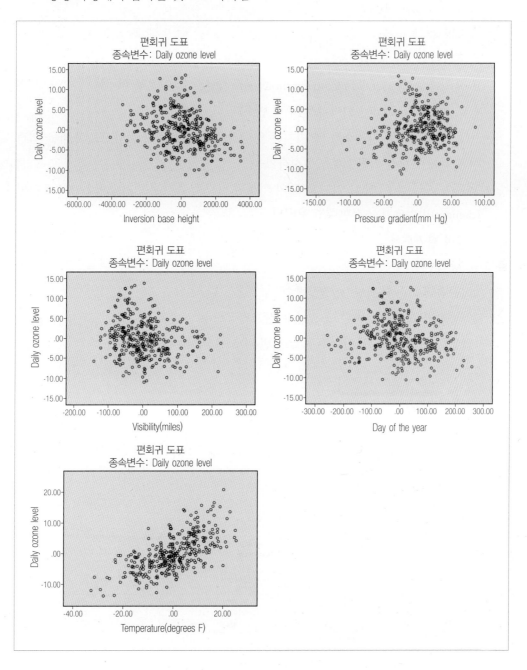

2) 조절효과 검정 – 위계적 회귀분석 –

- Data: customer_dbase
- Variables:
  - ▶ 독립변수: Credit card debt in thousands(신용카드부채: 연속형 변수)
  - ▶ 종속변수: Household income in thousands(가계소득: 연속형 변수)
  - ▶ 조절변수: Retired(은퇴여부: 범주형 변수)
- '신용카드부채'가 '가계소득'에 미치는 영향관계에서 '은퇴여부'의 조절효과를 검정하기 위해 위계적 회귀분석을 실시하였음
- '은퇴여부'의 경우 '예(1)/아니오(0)'의 이분형 척도로 측정된 비계량변수이므로 더미(dummy)변수로서 조절변수로 처리됨
- 위계적 회귀분석
  - ⓐ '종속변수 ← 독립변수'
  - ⓑ '종속변수 ← 독립변수, 조절변수'
  - ⓒ '종속변수 ← 독립변수, 조절변수, 상호작용변수'
    (상호작용변수는 '독립변수 × 조절변수'로 계산)

Variables Entered/Removed^a

Model	Variables Entered	Variables Removed	Method
1	Credit card debt in thousands^b	.	Enter
2	Retired^b	.	Enter
3	retired_cdebt^b	.	Enter

a. Dependent Variable: Household income in thousands

b. All requested variables entered.

Model Summary

Model	R	R Square	Adjusted R Square	Std. Error of the Estimate	Change Statistics				
					R Square Change	F Change	df1	df2	Sig. F Change
1	.773^a	.598	.595	36.45122	.598	219.936	1	148	.000
2	.794^b	.631	.626	35.04681	.033	13.099	1	147	.000
3	.798^c	.636	.629	34.90746	.005	2.176	1	146	.142

a. Predictors: (Constant), Credit card debt in thousands

b. Predictors: (Constant), Credit card debt in thousands, Retired

c. Predictors: (Constant), Credit card debt in thousands, Retired, retired_cdebt

ANOVA[a]

Model		Sum of Squares	df	Mean Square	F	Sig.
1	Regression	292226.659	1	292226.659	219.936	.000[b]
	Residual	196646.381	148	1328.692		
	Total	488873.040	149			
2	Regression	308316.038	2	154158.019	125.507	.000[c]
	Residual	180557.002	147	1228.279		
	Total	488873.040	149			
3	Regression	310967.517	3	103655.839	85.066	.000[d]
	Residual	177905.523	146	1218.531		
	Total	488873.040	149			

a. Dependent Variable: Household income in thousands

b. Predictors: (Constant), Credit card debt in thousands

c. Predictors: (Constant), Credit card debt in thousands, Retired

d. Predictors: (Constant), Credit card debt in thousands, Retired, retired_cdebt

표 12-5 은퇴여부에 따른 신용카드부채와 가계소득의 회귀분석 결과

가계소득	1단계		2단계		3단계	
	β 값	t 값	β 값	t 값	β 값	t 값
신용카드부채	.773	14.830[***]	.746	14.709[***]	.766	14.627[***]
은퇴여부	–	–	−.183	−3.619[***]	−.140	−2.379[**]
은퇴여부* 신용카드부채	–	–	–	–	−.087	−1.475
R^2	.598		.631		.636	
$\triangle R^2$	.598		.033		.005	
F값	219.936[***]		125.507[***]		85.066[***]	
$\triangle$ F값	–		13.099[***]		2.176	

* p<.05, ** p<.01, *** p<.001
β : 표준화 회귀계수

- 1단계(신용카드부채 → 가계소득)의 결과를 살펴보면, 신용카드부채는 가계소득에 유의적인 영향을 미치는 것으로 나타났으며 모형의 설명력은 .598로 나타남
- 전체 분석결과를 살펴보면, 1단계(종속변수 ← 독립변수), 2단계(종속변수 ← 독립변수, 조절변수)의 회귀계수는 모두 유의적으로 나타났고, R^2는 .033 변화하였으며, F값의 변화량 또한 유의적으로 나타남

- 상호작용항을 포함한 3단계(종속변수←독립변수, 조절변수, 상호작용항) 분석결과에서는 은퇴여부*신용카드부채의 회귀계수가 비유의적으로 나타났고 R^2의 변화 또한 아주 미미하게 나타나(.005), 이에 따른 F값의 변화량도 비유의적으로 나타남
- 따라서 신용카드부채와 가계소득의 인과관계에서 은퇴여부가 조절효과를 한다고 보기 어려움

핵심 연구방법론

Essentials of Research
Methodology

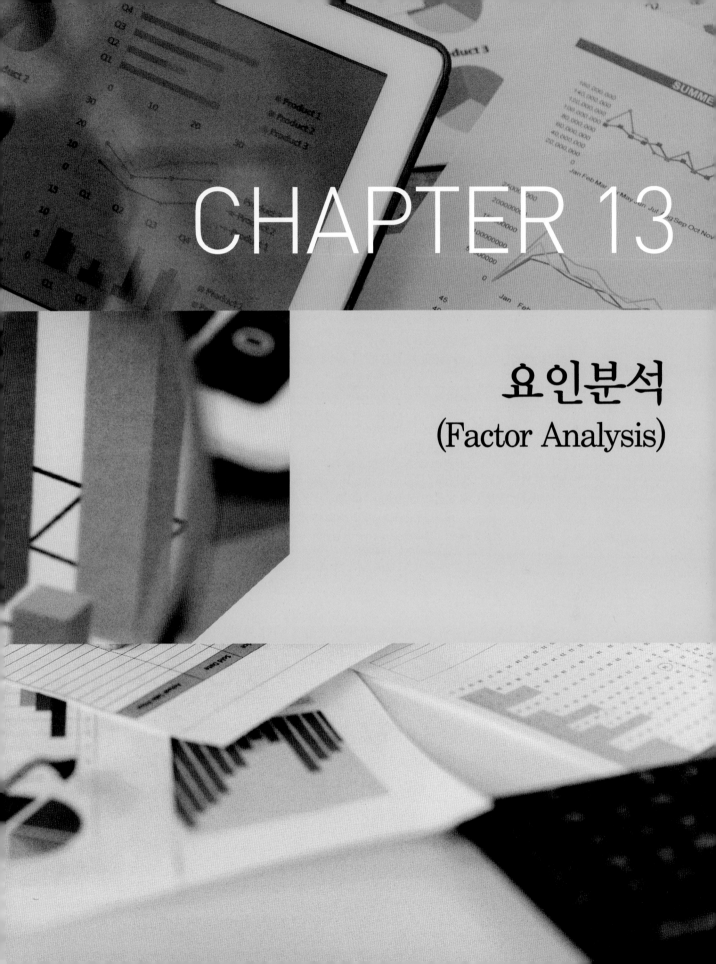

CHAPTER 13

요인분석
(Factor Analysis)

요인분석(Factor Analysis)

1. 개요(概要)

(1) 개념

요인분석	• 다수의 변수를 소수의 요인으로 축소해 주는 통계적 절차 (statistical reducing procedure of many variables to small number of factors)
요인(factor)	• 측정변수(observed or measured variable)들에 내재(underlying)하는 구성개념 (construct) 혹은 잠재변수(latent variable)로 직접 관찰/측정을 하지 못하는 가 설적 실체(hypothetical entity)
변수간 상관	• 분석대상이 되는 측정변수(observed variable)들간 상관관계를 이용하여 해당 변수들 속에 내재되어 있는 상관구조를 파악하고 서로 상관이 높은 변수들을 함께 묶어서 원래 변수들이 갖고 있는 정보를 보다 적은 수의 요인(factor)들로 나타내는 방법 • 계량척도로 측정된 변수들 사이의 상관구조를 토대로 서로 상관(correlation)이 높은 변수들을 묶어 해당 변수들을 대표하는 요인으로 규정함 → 독립/종속변수로 구분하지 않고 변수들 전체를 분석대상으로 하여 변수간 상호의존관계(interdependence)를 파악함 → 인과분석(causal analysis)이 아닌 기술통계분석(descriptive statistical analysis)으로 분류됨

• 활용

▶ 연구대상 변수들이 많아 이들 전체 변수들에 대한 다변량 통계분석에서 변수간
독립성 가정에 어긋나게 될 가능성이 높은 경우

▶ 아직 많은 연구가 이루어지지 않은 분야에서 구성개념을 이해하고 이와 관련된
변수 구조를 파악하고자 하는 경우

▶ 변수간 상관으로 인해 개별 변수의 특성이나 영향 등이 상호 중복되는 현상이 발
생할 수 있는 경우

→ 결과분석을 통해 나타나는 관련 시사점을 전략적으로 실행하는데 있어서 중요
한 요인에 초점을 맞출 수 있음

→ 수십 개 혹은 그 이상의 변수들을 모두 포함하는 분석보다는 서로 유사한 변수들끼리 묶어 적은 수의 요인으로 분류/분석하는 것이 보다 효율적임

- 제약
  ▶ 탐색적으로 요인을 도출하는 경우 표본에 따라 분석결과가 임의적으로 달라질 수 있음
  ▶ 분석결과로 도출된 요인의 해석 및 요인명 부여 등에 있어 연구자의 경험(experience)과 통찰력(insight), 주관적 판단(judgement) 등에 의존해야 하는 어려움을 내포하고 있음
  ▶ 분석결과는 분석한 변수들에 대한 이론적 토대 위에서 해석되어야 하며 타당한 이론적 근거 없이 변수들을 적은 수의 요인으로 분류/해석하는 것은 방법론적 오류를 가져올 수 있음
  → 요인분석의 이해: 변수간 상관구조를 통한 요인의 도출

- 레스토랑의 속성을 나타내는 변수(V_1~V_9)에 대하여 변수간 상관구조를 파악하기 위해 변수간 상관계수를 구한 결과

표 13-1 변수간 상관행렬

	V_1	V_2	V_3	V_4	V_5	V_6	V_7	V_8	V_9
V_1 Price Level	1.00								
V_2 Store Personnel	.427	1.00							
V_3 Return Policy	.302	.771	1.00						
V_4 Product Availability	.470	.497	.427	1.00					
V_5 Product Quality	.765	.406	.307	.472	1.00				
V_6 Assortment Depth	.281	.445	.423	.713	.325	1.00			
V_7 Assortment Width	.354	.490	.471	.719	.378	.724	1.00		
V_8 In-Store Service	.242	.719	.733	.428	.240	.311	.435	1.00	
V_9 Store Atmosphere	.372	.737	.774	.479	.326	.429	.466	.710	1.00

- 이러한 변수(V_1~V_9)간 상관계수를 토대로 서로 상관이 높은 변수를 중심으로 재정리하여 변수간 상관구조를 나타낸 결과

표 13-2 변수간 상관행렬 재정리

	V₃	V₈	V₉	V₂	V₆	V₇	V₄	V₁	V₅
V₃ Return Policy	1.00								
V₈ In-store Service	.733	1.00							
V₉ Store Atmosphere	.774	.710	1.00						
V₂ Store Personnel	.741	.719	.787	1.00					
V₆ Assortment Depth	.423	.311	.429	.445	1.00				
V₇ Assortment Width	.471	.435	.468	.490	.724	1.00			
V₄ Product Availability	.427	.428	.479	.497	.713	.719	1.00		
V₁ Price Level	.302	.242	.372	.427	.281	.354	.470	1. 00	
V₅ Product Quality	.307	.240	.326	.406	.325	.378	.472	.765	1.00

- 이러한 변수간 상관구조를 중심으로 9개 변수가 3개의 서로 상관이 깊은 변수군으로 묶이는 결과가 도출됨
- 요인분석을 통해 처음 고려되었던 변수들에 내재(underlying)되어 있는 잠재적 개념을 찾아낼 수 있음
- 요인분석은 이러한 방식으로 변수간 상관구조를 토대로 서로 상관이 깊은 변수군을 찾아내고 이를 요인(factor)으로 명명하여 연구와 분석에 활용함

(2) 목적

자료의 요약	• 분석대상이 되는 변수들이 갖고 있는 정보의 손실을 최소화하면서 원래 변수들에 내재하는 보다 적은 수의 요인 도출 • 다수의 변수들 속에 내재해 있는 소수의 공통된 요인을 밝혀냄 • 기존 수집 자료를 간결하게 축소함
변인(변수/응답자)간 상관관계 구조 규명	• 여러 변인들을 동질적인 몇 개의 요인으로 묶어 변인들 내에 존재하는 상관구조를 발견함 ➡ R-type 요인분석: 변수들간 상관관계에 의하여 변수들을 서로 동질적인 소수 요인들로 구분하는 방법 ➡ Q-type 요인분석: 응답자들간 상관관계에 의하여 응답자들을 서로 동질적인 몇 개 집단으로 구분하는 방법
자료의 변환(data transformation)	• 연구 목적에 적합한 통계분석기법에 활용할 수 있도록 원 자료를 가정에 적합한 자료로 변환시켜 줌 • 가설 검정을 위한 대리변수(surrogate variable)를 규명함 • 다변량분석에 활용하기 위한 요인점수(factor scores)를 산출함

측정도구 개발	• 이론적으로 제시된 구성개념을 측정하는 척도가 제시되어 있지 않은 경우 해당 개념과 관련된 변수들을 토대로 측정 척도를 개발함 • 원래 변수들로부터 도출된 내재적 요인들을 새로운 분석 척도로 활용함
측정타당성 평가	• 동일한 (구성)개념을 측정하는 변수들이 동일한 요인으로 묶이는지 여부를 확인함으로써 측정도구의 타당성을 검정하는데 이용될 수 있음 • 연구대상이 되는 개념(construct)을 여러 관련 변수들로 측정했을 경우 요인 분석 결과 이들 측정변수들이 공통요인으로 묶이면 해당 변수들이 개념(측정) 타당성을 가지고 있다고 볼 수 있음
가설 검정	• 변수들에 내재하고 있는 요인 수에 대한 가설 검정 • 변수들에 내재하는 요인 구조에 대한 가설 검정

(3) 가정

측정 척도	• 모든 분석변수들은 계량척도(metric scale)인 간격/비율척도로 측정되어야 함 ➔ 경우에 따라 0과 1의 이분형 척도(dichotomous scale)를 사용할 수도 있음
표본 크기	• 일반적으로 표본(응답자) 크기가 변수 수의 5배 이상 되어야 안정적인 요인 (factor solution) 추출이 가능하지만 가능하면 10배 이상 되는 것이 바람직함 • 전체 표본수가 최소 50개 이상이 되어야 하지만, 일반적으로 표본수 100개 이상이 바람직함
변수간 상관	• 요인분석을 위해서는 변수들간 상관관계가 충분히 커야 하며 만약 상관관계가 지나치게 작다면 변수들 간에 유사성을 찾기 힘들므로 요인분석을 실행할 의미가 없다고 판단할 수 있음 • 요인분석의 기본 가정은 선택된 변수들간에 잠재적인 상관구조가 존재한다는 것이므로 변수들간 상관성을 통해 요인분석에 적합한지를 검토하는 과정에서 부적합한 변수는 제외시킬 수도 있음

- 상관계수의 유의수준
  ▶ 요인분석은 변수들간 상관관계를 기초로 실행되며 분석변수들간에 유의적인($p \leq$ 0.01 혹은 $p \leq 0.05$) 상관관계가 존재하는지를 변수들간 상관관계행렬(correlation matrix)을 토대로 파악함
  ▶ 분석변수들간 상관계수의 크기는 대략적으로 0.3 이상이 되어야 함
- 부분상관계수(partial correlation coefficient)
  ▶ 분석변수들간의 부분(편)상관계수 값이 0에 가깝거나 충분히 작으면 변수간 상관관계가 변수들의 공통요인에 기인하고 의미있는 요인이 존재함을 나타내며 부분 상관계수값들이 크게 나타나면 요인이 존재하지 않음을 의미함

▷ 부분상관계수의 음수값을 취한 역이미지상관계수행렬(anti-image correlation coefficient matrix) 행렬의 대각선외 계수값들이 크게 나타나면 요인분석 적용이 부적절함을 의미함

● Bartlett 구형성 검정(Bartlett Test of Sphericity):

▷ 상관행렬내 변수들이 의미 있는 상관관계를 가질 확률을 나타냄

▷ 구형성 검정값이 크고 유의수준이 작으면($p \leq 0.01$ 혹은 $p \leq 0.05$) 귀무가설(H_0: 상관관계행렬의 모든 상관계수가 '0'이다)을 기각하고 상관행렬이 '0'이 아니라는 것을 입증하는 것이므로 요인분석을 하기에 적합하다고 볼 수 있음

➡ Bartlett 검정은 표본수가 커지면 상관관계를 찾아내는데 더 민감해질 수 있으므로 표본수가 너무 크지 않을 경우 사용하는 것이 바람직함

● 표본 적절성 측정값(MSA: Measure of Sampling Adequacy):

▷ 개별 변수들에 대한 표본 적절성을 평가하는 측정치로 0~1 사이 값을 가짐

▷ MSA는 표본 크기가 증가할 때, 상관관계가 증가할 때, 변수 수가 증가할 때, 요인 수가 감소할 때 증가하게 됨

➡ MSA가 최소 0.5 이상이어야 적합하며, MSA가 작은 변수들은 제외하고 분석하는 것이 바람직함

● KMO 표본 적절성 측정값(Kaiser-Meyer-Olkin measure of sampling adequacy):

▷ 단순상관계수와 부분상관계수의 크기를 비교하여 표본 적절성을 결정하는 측정값

▷ KMO는 0~1 사이 값을 가지고 1에 가까울수록 바람직하며 최소 0.5 이상 되어야 하고 0.7이상이면 요인분석을 적용하기에 적합하다고 판단할 수 있음

(4) 기본 원리

① 분산의 이해

● 분산(variance):

▷ 한 변수 값의 변화를 설명함

▷ 한 변수 값의 퍼짐의 정도를 나타냄

● 공분산(covariance):

▷ 두 개 이상 변수들이 공통적으로 변화하는 정도를 설명함

▷ 두 개 이상 변수들이 가지는 공통분산을 의미함

- 분산의 구성:
  - ▶ V_t = 공통분산(V_{co}) + 고유분산(V_{sp}) + 오차분산(V_e)
  - ▶ 타당성 = 공통분산(V_{co})/총분산(V_t)
    - → 요인분석에 있어 전체분산은 공통분산(V_{co} : common variance), 고유분산(V_{sp} : specific variance), 오차분산(V_e : error)을 포함하며, 공통분산은 특정 변수가 분석대상인 다른 모든 변수들과 공유하는 분산을 의미하고, 고유분산은 특정변수가 갖는 분산을, 오차는 표본오차, 측정오차 등과 같은 파악하기 어려운 분산을 나타냄

② 요인의 이해

- 요인분석은 변수들의 (공통)분산을 기초로 변수들간에 존재하는 공통 요인들을 추출함
  - ▶ 측정변수가 증가하면 변수들 사이에 존재하는 공통분산도 여러 개 존재할 수 있음
    - → 요인(factor)이 여러 개 추출될 가능성이 증가함
- 요인분석은 아래 변수와 요인간 관계식에서 측정변수 값을 가장 잘 나타내는 α_{ij}와 F_j의 값을 구하는 과정으로 볼 수 있음

변수와 요인간 관계

$$X_1 = \mu_1 + \alpha_{11} F_1 + \alpha_{12} F_2 + \ldots\ldots + \alpha_{1m} F_m + \epsilon_1$$
$$X_2 = \mu_2 + \alpha_{21} F_1 + \alpha_{22} F_2 + \ldots\ldots + \alpha_{2m} F_m + \epsilon_2$$
$$\cdot \quad \cdot \quad \cdot \quad \cdot \quad \cdot \quad \cdot$$
$$\cdot \quad \cdot \quad \cdot \quad \cdot \quad \cdot \quad \cdot$$
$$X_p = \mu_p + \alpha_{p1} F_1 + \alpha_{p2} F_2 + \ldots\ldots + \alpha_{pm} F_m + \epsilon_p$$

(X_i = i 번째 변수 측정값, μ_i = i 번째 변수 평균값, F_j = j 번째 공통요인)

(α_{ij} = i 번째 변수의 측정값에서 j 번째 공통요인의 중요성을 나타내는 계수: 적재량)

(ϵ_i = i 번째 오차/고유분산)

2. 분석절차

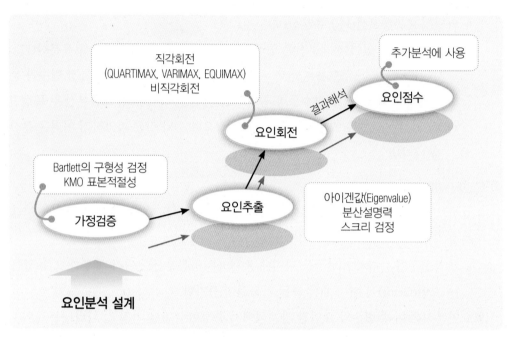

그림 13-1 요인분석 절차

(1) 연구 목적

탐색적 요인분석(EFA): (Exploratory Factor Analysis)	분석대상 변수들에 대한 사전적 이해나 논리적 가정 없이 이들 변수 사이에 존재하는 내재적 요인들을 탐색적으로 찾아내는 분석방법 ➡ 본 장에서는 탐색적 요인분석에 해당하는 내용들 위주로 설명함
확인적 요인분석(CFA): (Confirmatory Factor Analysis)	기존 연구들에 대한 고찰을 토대로 분석대상 변수들에 사이에 내재하는 요인들을 사전적/논리적으로 가정하고 이들 요인들에 대한 가정이 맞는지를 확인하는 요인타당성 분석방법(AMOS로 검정)

(2) 변수 결정

- 변수의 측정 척도:
  - ▶ 요인분석은 변수들간 상관관계에 기초하므로 계량(등간/비율)척도가 사용됨
  - ▶ 경우에 따라 0과 1로 측정된 비계량척도(이분척도: dichotomous scale)도 사용될 수 있음

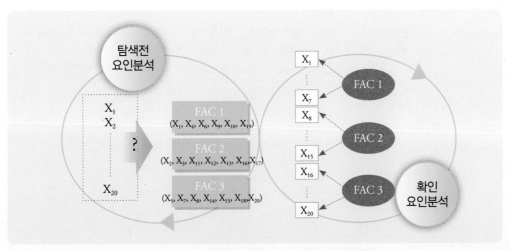

그림 13-2 탐색적 요인분석과 확인적 요인분석

- 변수 도출의 이론적 근거:
  - ▶ 연구에서 제시된 구성개념(construct)과 연관된 측정변수들을 기존연구 고찰을 통해 도출하고 이러한 변수 도출에 대한 논리적 타당성을 충분히 제시할 수 있어야 함
  - ▶ 기존연구 고찰의 토대 위에 연구자의 연구목적에 따라 필요하다고 판단되는 변수들을 추가 제시할 수 있지만 이 역시 논리적 타당성을 갖추고 있어야 함
    - → 확인요인분석(confirmatory factor analysis)의 경우 변수와 요인 구조에 대하여 기존연구들을 토대로 확고한 논리적 타당성이 제시되어야 하고 분석을 통해 나타난 요인구조가 사전에 가정된 요인구조에 부합한 결과가 나타나야 함

(3) 분석대상의 결정

- 요인분석의 대상이 변수들인지(R-type 요인분석) 또는 응답자들인지(Q-type 요인분석)에 따라 나뉘어짐

R-type 요인분석	가장 일반적인 요인분석으로 변수들간 상관관계를 파악하여 잠재적인 요인을 규명하며 변수들간에 내재하는 요인 구조의 파악과 많은 변수의 요약에 주로 사용됨
Q-type 요인분석	응답자들간 상호 상관성을 이용하여 서로 비슷한 특성을 갖고 있는 응답자들을 동질적인 집단으로 구분하는데 사용됨

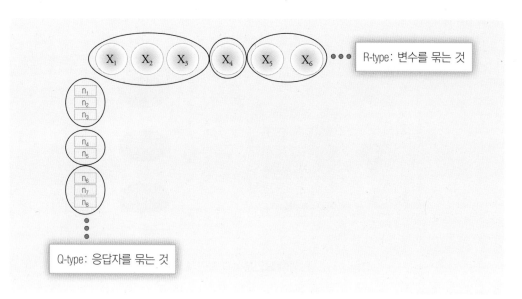

그림 13-3 R-type과 Q-type 요인분석

- 응답자대상 분석:
  - ▶ 응답자들을 서로 비슷한 집단으로 묶는 방법으로는 Q-type 요인분석과 군집분석 (cluster analysis)이 사용될 수 있으나 이 두 가지 방법은 서로 다른 방법론에 기초 하고 있음

Q-type 요인분석	응답자들간 상호 상관관계(intercorrelations)를 토대로 응답자들을 서로 비슷한 집단으로 구분함
군집분석 (cluster analysis)	응답자들간 상호 거리(↔유사성)를 토대로 응답자들을 서로 비슷한 집단으로 구분함

분석 자료(DATA)를 통한 예

변수 응답자	X_1	X_2	X_3
A	7	7	8
B	8	6	6
C	2	2	3
D	3	1	1

- Q-type 요인분석:

  변수 상관이 서로 비슷한 A-C, B-D 로 각각 묶이게 됨

- 군집분석(cluster analysis):

  응답자간 거리가 가까운 A-B, C-D 로 각각 묶이게 됨

(4) 요인의 추출(factor extraction)

- 분석변수가 확정되고 상관행렬이 산출되면 요인추출 방법을 결정하고 이를 통해 도출된 분석결과를 토대로 자료의 잠재적 구조를 나타내는 요인 수를 결정함

① 요인추출 방법

- 분산을 추정하는 방식에 따라 주성분분석과 공통요인분석으로 나눌 수 있으며 변수 수가 30 이상이고 대부분의 변수 공통성(communality)값이 0.60 이상이면 두 방법 모두에 있어 비슷한 분석결과가 도출될 수 있음

- **주성분분석(principal component analysis):**

  ▶ 분석변수들이 가지고 있는 원래의 정보(설명력)를 잃지 않으면서 최대한의 분산을 설명하는 최소의 요인으로 변수들을 요약하고자 하는 경우 사용됨

  ▶ 상관행렬의 대각선 요소에 해당하는 전체분산을 토대로 요인을 추출함

  ▶ 고유분산과 오차가 전체분산에서 차지하는 비율이 상대적으로 적다는 사전 지식이 있을 경우 적합함

  ▶ 개념적으로 간단(simple)하고 수학적으로 명백하며(straightforward) 실질적(practical)인 성격을 가지고 있어 실제 요인(real factor)이라고도 불리움

- **공통요인분석(common factor analysis):**

  ▶ 분석변수들 사이에 내재하는 의미있는(meaningful) 잠재요인(차원)을 규명하고자 하는 경우 사용됨

  ▶ 고유분산과 오차를 제외한 공통분산(communalities)만을 토대로 요인을 추출함

  ▶ 고유분산과 오차에 대한 사전 지식이 거의 없어 이 분산들을 제외한 공통분산을 토대로 요인을 추출하고자 할 경우 적합함

  ▶ 수집된 자료로부터 추정(estimated)되어 가상 요인(hypothetical factor)이라고도 불리움

> **공통요인분석 방법: SPSS**
>
> ⓐ **최소제곱법(least squares):**
>   변수가 모집단이고 대상자가 표본일 경우 사용할 수 있으며 요인수에 대한 가설검정이 가능함
>
> ⓑ **최우추정법(Maximum likelihood):**
>   변수가 모집단이고 대상자가 표본일 경우 사용되며 표본 자료로부터 모집단의 요인을 추정하려고 하는 접근법으로 요인 수에 대한 가설검정이 가능함 (표본 수가 많을 경우 다른 방법보다 우수한 분석결과를 얻을 수 있음)
>
> ⓒ **주축요인법(Principal axis factoring):**
>   변수와 대상자가 모두 모집단인 경우 사용됨
>
> ⓓ **알파요인법(Alpha factoring):**
>   변수는 모집단으로부터 추출된 표본이고 대상자가 모집단일 경우 사용되며 변수를 분석하여 얻은 결론을 변수의 모집단에 일반화시킬 수 있는 방법임
>
> ⓔ **영상요인법(Image factoring):**
>   변수와 대상자가 모두 모집단인 경우 사용됨

② 요인추출의 기준: 요인 수(number of factors) 결정

- 아래 제시된 기준들 중 하나를 사용할 수도 있지만 연구 주제와 자료 성격 등에 따라 이러한 여러 기준들을 함께 사용하여 요인을 추출하고 해석할 수도 있음

- **아이겐값(eigenvalue): 또는 고유값(characteristic root)**
  - ▶ 요인이 설명할 수 있는 분산의 정도
  - ▶ Σ요인적재량$_i^2$으로 정의되며 변수 하나에 담겨진 정보의 양(=총분산)을 '1'이라고 했을 경우 추출된 하나의 요인에 포함된 변수들의 상대적 정보량(하나의 요인이 설명해 줄 수 있는 변수들의 분산)을 나타냄
  - ▶ 하나의 요인이 최소한 한 변수의 분산을 설명할 수 있다는 것을 의미하는 '1'값을 기준으로 '1'이상인 요인들을 추출하며 아이겐값이 '1'이하인 요인은 한 변수의 분산도 설명할 수 없으므로 추출요인에서 제외하게 됨
  - ▶ 이러한 아이겐값 기준은 총 분석변수의 수가 20~50개일 경우 적합할 수 있음

- **분산설명력(percent of variance explained):**
  - ▶ 변수들의 총분산 중 요인들에 의해 설명되는 분산의 비율
  - ▶ 변수 요약과정에서 나타날 수 있는 정보 손실이 어느 정도인지를 알 수 있는 지표

로 요인분석을 통한 변수의 정보 손실이 일정 수준 이상으로 커지는 것을 막기 위해 고려할 수 있는 적절한 지표임

▶ 일반적으로 사회과학의 경우 총 분산의 60% 이상을 설명해주는 요인들을 고려하며 이는 요인분석을 통하여 변수를 요약하면서 감수하는 정보손실이 40% 이내 임을 의미함

- 이론적 근거:

  ▶ 분석대상 변수들에 대한 이론적 근거 기준에 따라 사전에 요인 수를 결정하는 방법

  ▶ 분석변수와 관련하여 기존 이론들이 제시하는 요인 수에 대한 기준이 있을 경우 적용 가능함

- 스크리 도표(scree plot):

  ▶ 고려할 수 있는 요인을 하나 더 추가했을 때 얻어지는 설명력의 증분(한계값)이 하나의 요인을 추가할 정도로 의미가 있는지를 살펴보는 방법으로 이러한 내용을 나타내는 그림의 모양이 하향 곡선에서 거의 평평하게 직선으로 나타나게 되는 점(변곡점)을 기준으로 요인 수를 결정함

  ▶ 일반적으로 스크리도표에 의한 기준이 아이겐값 기준보다 고려하는 요인 수가 더 많아질 수 있음

  ▶ 스크리도표에서 하향 곡선의 각도가 반드시 어느 지점에서 급격히 꺾이지 않는 경우 해석(결정)이 어려울 수 있음

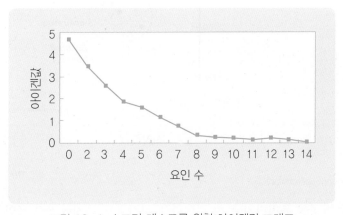

그림 13-4 스크리 테스트를 위한 아이겐값 그래프

▶ 앞에 그림에서 아이겐값 1을 기준으로 하면 6개 요인이 적합할 수 있지만 스크리 도표에 의하면 하향곡선이 수평으로 나타나기 시작하는 8개 요인수가 적합한 것으로 나타남

(5) 요인의 회전(rotation of factors)

- 요인분석 실행결과 도출된 요인들에 변수들이 동시에 높은 상관관계를 보일 경우 요인분석 결과의 명확한 해석과 요인명 부여(factor naming)가 어려워질 수 있음
- 이를 해소하기 위해 가능한 하나의 변수가 특정한 하나의 요인과의 상관관계(요인 적재량: factor loading)가 높아지도록 요인회전을 통해 초기 요인분석 결과를 조정할 필요가 있음
- 요인회전의 유형은 요인간 독립을 유지하는 직각 회전과 요인간 독립의 가정을 필 요로 하지 않는 사각회전이 있음

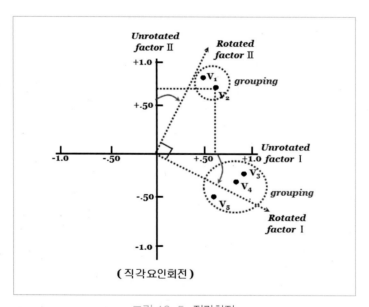

그림 13-5 직각회전

① 직각 회전(orthogonal rotation)

- 요인간 독립성을 유지하기 위해 회전축을 직각으로 유지하면서 요인설명력을 최대 로하는 회전축을 도출할 때까지 회전하는 방법

- 이 경우 도출된 요인간 독립성이 보장되므로 다변량분석의 가정인 다중공선성 (multicollinearity) 문제에서 자유로울 수 있음

- 직각 회전 방법: SPSS

VARIMAX 회전: **열을 단순화(simplify columns)**	요인의 해석에 중점을 두는 방식으로 하나의 요인에 크게 적재되는 변수 수를 줄이는 방법이며 이를 통해 요인 해석을 단순화할 수 있고 요인명 부여가 용이함 ➡ 대부분의 통계프로그램에서 직각 요인회전의 초기치(default)로 지정하고 있음
QUARTIMAX 회전: **행을 단순화(simplify rows)**	요인분석에 사용된 변수의 해석에 중 점을 두는 방식으로 하나의 변수를 설명해 주는 요인의 수를 최대한 줄이는 방법이며 변수의 해석을 단순화할 수 있음 ➡ 관측된 각 변수들의 요인설명력 기여도를 평가하기 용이함
EQUIMAX 회전:열과 행의 단순화 (combination, simplify both columns and rows)	VARIMAX와 QUARTIMAX 방법을 절충하여 두 방법을 조합한 회전 방법으로 요인에 적재되는 변수 수와 변수 설명에 사용될 요인 수를 동시에 최소화하는 방법

② 비직각/사각 회전(oblique rotation)

- 요인간 독립성을 유지할 필요 없이 가능한 요인설명력을 최대로 하는 회전축(요인)을 구하기 위해 회전시키는 방법

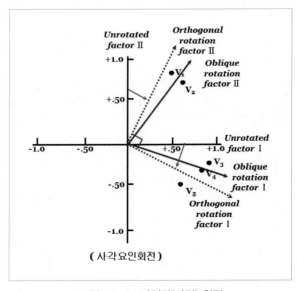

그림 13-6 비직각(사각) 회전

- 연구의 대상이 되는 구성개념들의 독립성을 보장할 수 없는 경우 사용하는 것이 바람직함
- 도출된 요인간의 상관성으로 인해 발생 가능한 다중공선성(multicollinearity) 문제로 회귀분석/판별분석과 같은 다변량분석에 도출된 요인점수를 활용하기 어려움
- 비직각/사각 회전 방법: SPSS

Direct Oblimin	회전시 델타값이 0(기본값)일 때 가장 기울어지는 형태를 나타내며 델타가 음수에 가까워질수록 요인의 기울기가 평평해지는 형태로 회전됨 (델타값은 0.8 이하의 수를 입력함)
Promax	먼저 직각회전을 한 다음 사각회전을 시키는 방법으로 직접 오블리민(Direct Oblimin) 회전보다 더 빨리 계산될 수 있어 용량이 큰 데이터에 유용함

(6) 요인의 해석

① 요인행렬(factor matrix)

- 요인 회전을 하지 않은 경우에는 비회전요인행렬(unrotated factor matrix)을 중심으로 해석하고 요인 회전을 한 경우에는 회전요인행렬(rotated factor matrix)을 검토하여 요인에 중요하게 적재되는 변수들을 중심으로 요인을 해석하고 요인명(factor name)을 정하게 됨
- 직각(orthogonal)회전을 하는 경우: SPSS

Component Matrix	회전하기 전 요인적재량을 나타내는 행렬
Rotated Component Matrix	회전 후 요인적재량을 나타내는 행렬
Component Transformation Matrix	• 회전 전/후의 요인변화 정도를 나타내며 대각선 값이 큰 요인일수록 (비대각선 값이 작은 요인일수록) 회전으로 인한 요인변화가 적음을 나타내고, 대각선 값이 작은 요인일수록(비대각선 값이 큰 요인일수록) 회전으로 인해 요인 설명이 더욱 수월해졌음을 나타냄

- 사각(oblique)회전을 하는 경우: SPSS

Component Matrix	회전하기 전 요인적재량을 나타내는 행렬
Pattern Matrix	회전 후 요인적재량을 나타내는 행렬
Structure Matrix	회전 후 변수와 요인간 상관을 나타내는 행렬
Component Correlation Matrix	회전 후 요인간 상관을 나타내는 행렬

② 요인적재량(factor loading)

- 각 변수와 추출된 요인간의 상관관계 정도(크기)
- 요인적재량의 의미:
  ▶ 각 변수들은 요인적재량이 상대적으로 큰 요인에 속하는 것으로 볼 수 있음
  ▶ 변수의 요인적재량이 클수록 해당요인에 대한 설명력이 크다는 것을 의미함
  ▶ 일반적으로(관례상) 표본크기가 100 이상일 경우 '요인적재량±0.4' 면 변수가 적재된 해당 요인에 속하는 유의한 변수로 간주함
  ▶ '요인적재량≥±0.5'이상이면 해당 요인을 설명하는 매우 중요한 변수로 볼 수 있음
  ▶ 어느 한 변수의 적재량이 0.4이면 그 변수가 해당 요인에 의해서 설명되는 분산의 16%를 설명하고, 적재량이 0.5이면 25%를 설명한다고 해석할 수 있음
  ▶ 일반적으로 [표본수↑ 변수수↑ 요인수↓] 일수록 요인적재량의 크기 기준을 낮추어 해석함

③ 공통성(communality)

- 각 변수가 분석결과 도출된 요인의 해석에 기여하는 정도
- 추출된 요인들이 각 변수들을 얼마나 잘 설명하는지를 나타냄
- 각 변수에 대하여 도출되며 해당 변수와 요인들간의 요인적재량을 제곱한 것을 모두 합한 값
  ➡ 아이겐값은 각 요인에 대하여 도출되며 해당 요인과 변수들간 요인적재량을 제곱한 것을 모두 합한 값

④ 요인명(factor name)

- 탐색적 요인분석의 경우 요인분석을 통하여 요인의 실체를 명확하게 규정하는 것이 주목적이므로 추출된 요인에 적절한 이름과 의미를 부여하는 것이 매우 중요함
- 요인이 추출되고 각 요인들을 구성하는 (적재)변수들이 결정되면 요인내 변수들의 특성을 파악하여 요인명을 부여함
  - ▶ 요인을 구성하는 변수들 중에서도 가장 큰 요인적재량을 갖는 변수가 요인의 해석에 중요하고 변수와 요인간 상관에도 가장 큰 영향을 미치는 변수이므로 요인명 부여시 해당 변수의 의미/내용이 적절히 반영되도록 하여야 함
  - ▶ 기존 이론, 관련 연구결과, 상식적 논리, 보편적 지식 등에 가능한 벗어나지 않는 범위에서 요인적재량이 높은 변수들이 공유하는 특징이 무엇인지 신중하게 파악하면서 요인의 명칭을 부여하는 것이 바람직함
- 어떠한 요인에도 적재되지 않는 변수나 공통성(communality)값이 낮은 변수는 요인 해석에서 제외하는 것을 고려할 수 있음
  - ▶ 이 경우 제외된 해당 변수가 요인분석 결과를 해석하는데 별다른 영향을 미치지 않는다는 것을 분명히 명시해 주는 것이 바람직함
  - ▶ 연구 목적에 적합하여 요인분석에 포함되었던 변수를 분석 이후 제거하는 과정은 가능한 신중한 과정 및 판단을 거치는 것이 바람직하며 제거 시에는 이에 대한 타당한 논리를 반드시 제시해야 함
    - → 각 변수의 요인해석 기여도를 의미하는 공통성 값은 변수 제거와 관련하여 가장 중요한 판단기준이 될 수 있음

(7) 타당성 검정

- 요인분석 결과의 일반화(generalization):
  - ▶ 표본에 대한 요인분석 결과가 모집단을 대표할 수 있는지를 나타냄
  - ▶ 요인분석 결과가 일반적인 상황에서도 그대로 적용 가능한지를 나타냄
- 안정성(stability):
  - ▶ 변수수 대비 표본크기 비율을 증대시켜 가능한 최대의 표본을 구하고 이를 활용하여 표본을 분할하고 분석결과의 안정성을 점검할 수 있음

① 표본 분할(sample splitting)

- 표본을 분석표본(analysis sample)과 검정표본(test sample)나누고 각각의 표본에 대하여 분석한 결과가 서로 어느 정도 같은지 상이한지를 점검함
    → 서로 별개의 표본(different samples)을 가지고 요인분석을 실시하여 분석 결과가 같은지를 확인해 볼 수도 있음

② 확인적 요인분석(confirmatory factor analysis)

- 분석표본을 통하여 도출된 (탐색적) 요인분석 결과가 타당한지를 점검하기 위해 도출된 요인/변수 구조에 대한 확인요인분석을 실시하고 이로부터 제시되는 적합도를 분석함

(8) 분석결과의 활용

- 요인분석 결과의 추가적인 이용:
    연구자가 요인분석 결과를 활용해서 추가 분석을 하고자 하는 경우 대리변수(surrogate variables)를 선정하거나 요인점수(factor scores)를 산출해서 이용할 수 있음

① 대리변수(surrogate variable)

- 요인분석의 목적이 추가 분석을 위한 적절한 변수의 규명이면 기존 변수들 중 대리변수를 요인으로 선택할 수 있음
- 요인행렬을 검토하여 각 요인에서 가장 높은 적재량을 가진 변수를 대리변수로 선택함
    ▶ 하나의 요인에 높은 적재량을 가진 변수가 여러 개일 경우 사전 이론적 근거와 지식을 통해 요인을 가장 잘 대표할 수 있는 변수를 결정할 수 있음
    ▶ 경우에 따라서는 적재량이 다른 변수보다 적다 해도 요인을 대표한다는 논리가 명확하면 타당한 논리를 제시하면서 연구자의 판단에 의해서 해당 변수를 대리변수로 선택할 수 있음

② 요인점수(factor score)

- 요인분석 결과 나타난 변수/요인간 구조적 관계를 토대로 원래 변수값(각 변수의 측정값)들을 새로운 요인값으로 나타낸 것
    ▶ 요인분석 결과를 이용해서 추가분석을 하는 경우 도출된 요인들을 요인점수(factor score)의 형태로 저장하여 사용함

- 요인분석 후 회귀분석/판별분석 등 추가적인 (다변량)분석을 수행하고자 하는 경우 여러 변수들 사이에 나타나는 다중공선성(multicollinearity) 문제가 발생할 수 있음
  - ▶ 원래 변수들을 반영하는 독립적(orthogonal)인 요인들을 구한 후 이에 해당하는 요인값을 활용함
    - → 요인분석 결과 도출된 요인값(factor score)을 활용하지 않고 요인에 적재되는 변수들의 산술평균값을 별도로 구해서 추후 분석에 사용하는 경우 요인간 독립성이 보장되지 않으므로 다중공선성 문제를 해결하기 어려움
- 추가분석시 대리변수/요인의 선택
  - ▶ 하나의 변수인 대리변수보다는 상호 관련이 있는 변수들의 복합적 측정값인 요인을 사용하는 것이 요인/변수간 구조적 관계와 원래 변수들의 설명력을 보다 크게 반영할 수 있음
  - ▶ 요인점수는 요인내 변수들의 상관관계에 기초하는 근사치이고 1보다 작은 수치로 나타나므로 요인값에 대한 직관적 해석에는 어려움이 있을 수 있음
  - ▶ 대리변수는 해석상의 용이함은 있으나 요인을 구성하는 모든 변수를 대변하지 못하는 단점이 있음

③ 요인분석과 다른 통계분석방법간 관계

요인분석과 타당성	• 변수들이 개념을 어느 정도 타당하게 측정하는지를 점검함 • 구성타당성(construct validity): 구성개념을 측정하는 변수들이 해당 개념을 어느 정도 일관성 있게 반영하는지를 나타내는 타당성으로 탐색적 요인분석을 통해 점검함
요인분석과 군집분석	• Q-type 요인분석은 응답자들을 공통의 집단으로 묶어주는 분석으로 군집분석과 성격이 유사함 • 연구대상(응답자)들간 유사성(similarity): Q-type 요인분석은 응답자간 상관성을 토대로 하며 군집분석은 응답자간 거리(statistical distance)를 이용하여 계산함
요인분석과 구조방정식	• 확인적 요인분석은 구조방정식모형(structural equation modeling) 분석의 부분 모형(submodel) 분석으로 관찰변수와 잠재변수(요인)간 관계를 분석하는 측정 모형(measurement model)을 분석함 • 확인요인분석을 통해 나타난 적합도 검정을 통해 측정모형의 타당성을 점검함

요인분석 결과 정리 표 예시 1 :[1]

표 13-3 관광지의 인지적 이미지에 대한 요인분석

요인[a]	항목	요인적재량	분산 설명력(%)
요인1. 도시적 이미지 (α=.8810)[b]	도시와 관광지가 깨끗하다 안전하다 삶의 수준이 높다 기반시설이 잘 발달되어 있다	.884 .867 .863 .684	22.652
요인2. 자연친화적 이미지 (α=.7960)	좋은 해변을 가지고 있다 좋은 기후를 가지고 있다 휴식 및 휴양시설이 잘 갖추어져 있다 레저활동을 할 기회가 풍부하다	.835 .763 .760 .726	19.994
요인3. 위락적 이미지 (α=.7018)	밤 문화가 잘 발달되어 있다 다양한 음식을 맛볼 수 있다 쇼핑시설이 잘 갖추어져 있다	.831 .764 .669	15.076
요인4. 역사·문화적 이미지 (α=.7041)	특색있는 문화와 풍습이 있다 문화적, 역사적 장소가 잘 보존되어 있다 자연경관이 아름답다	.856 .811 .582	13.267

a: Varimax 회전 후 아이겐 값이 1을 넘는 요인들을 추출하였으며 추출된 요인별 설명분산의 누적계수는 70.990 임
b: Cronbach's α 신뢰도 계수

1) 김흥범·장호성(2008), 관광지 방문후 이미지가 관광객의 태도와 구전의도에 미치는 영향, 관광학연구, 32(3), 209-229.

요인분석 결과 정리 표 예시 2 : [2]

표 13-4 리조트 선택속성에 대한 요인 분석 결과*

(전체설명력****: 57.613%, α=0.829)

구분	변수	평균값	커뮤낼리티	요인적재량***	아이겐값**	분산설명력(%)
요인1 (α=0.812) 시설 및 외적추구편익 요인	스포츠 관련 시설	3.11	.634	.787	5.045	21.934
	레크리에이션 시설 (노래방, 실내골프장 등)	3.17	.531	.723		
	자체적인 이벤트 (사진콘테스트 등)	2.82	.528	.679		
	웰빙 관련 시설(미용, 마사지 시설 등)	3.05	.514	.638		
	쇼핑시설	2.77	.441	.616		
	다양한 부대시설	3.74	.512	.605		
	어린이 및 노약자 배려시설	3.69	.461	.501		
요인2 (α=0.774) 내적서비스 및 고객배려성 요인	안내 및 예약의 편리함	4.29	.629	.746	2.752	11.964
	보안 및 안정성	3.90	.553	.679		
	객실 내외부의 실내장식과 인테리어	3.85	.519	.673		
	객실의 쾌적함(청결상태 등)	4.58	.539	.667		
	식음료의 품질	3.96	.556	.648		
	정서적 안정성 (스트레스 해소, 생활의 활력 제공)	4.19	.624	.582		
요인3 (α=0.553) 환경요인	주변 환경과의 조화로움 (경관, 자연친화성 등)	4.19	.670	.734	1.607	6.985
	객실에서의 전망	4.17	.634	.692		
	주변 관광여건(주변 명승지 분포 등)	3.93	.462	.602		
요인4 (α=0.838) 프로그램 요인	새로운 경험 제공	3.28	.709	.741	1.482	6.444
	체험성(자연체험, 제작체험 등)	3.15	.784	.671		
요인5 (α=0.438) 비용과 편이성 요인	가격의 적정함	4.21	.543	.713	1.257	5.464
	취사기능의 편리성	3.80	.596	.606		
	리조트 입지(접근성)의 편리함	4.34	.578	.551		
요인6 (α=0.458) 신용성 요인	리조트의 명성(인지도)	3.89	.633	.770	1.109	4.822
	종사원의 서비스	4.43	.604	.703		

*: 요인추출방법: 주성분분석, 회전방법 - Kaiser 정규화가 있는 Varimax 회전
**: Varimax 회전 후, 아이겐값이 1을 넘는 요인 6개를 추출하였음
***: 요인적재량이 0.5 이상인 변수들을 해석함
****: 전체설명분산 누적계수 57.613%
α = Cronbach's Alpha 값으로 내적일관성 검정에 의한 신뢰도 계수
KMO 계수 = 0.784, Bartlett의 구형성 검정: 근사 카이제곱 = 1366.207(p=0.000)

2)   김유하(2007), 리조트의 입지유형에 따른 관광객의 리조트 선택속성 비교연구, 세종대학교 관광대학원 석사학위논문

SPSS 예제: 요인분석 예시

→ Analyze → Dimension Reduction → Factor → Variables(등간/비율) → Descriptives(KMO/Bartletts test) → Univariate descriptives → Extraction(PCA/CFA) → Rotation(Varimax/Quartimax/Equamax/Promax) → Scores(Save as variables) → OK

- 분석표본 n=200, 변수(간격척도) 10개

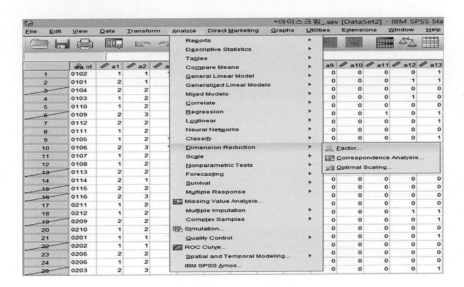

- Analyze → Dimension Reduction → Factor: 분석변수들을 Variables 에 입력함

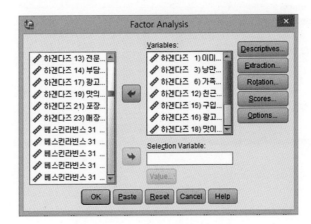

● 요인분석 가정(measure of sampling adequacy) test:

descriptives option에서 "KMO and Bartlett's test of sphericity"를 선택함

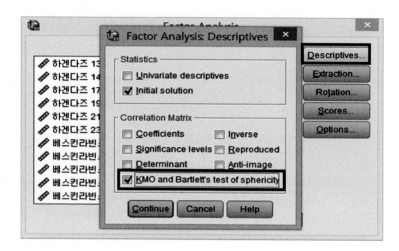

● 평균값 제시, 요인추출방법(PCA/CFA) 선택: principal components(주성분분석) 선택

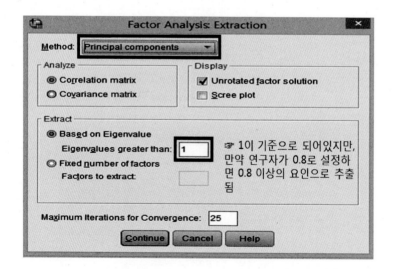

● 스크리 도표(Scree Plot): Scree plot 선택

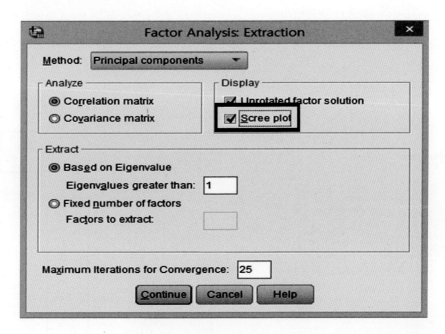

● 요인회전: Rotation → Varimax(독립회전) 선택

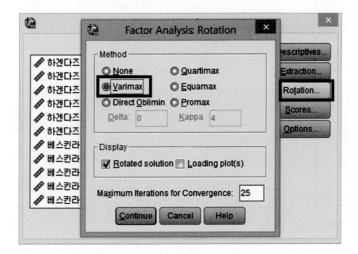

● 요인분석(SPSS) 결과:

● 요인분석 결과 전체 분산설명력 63.262%을 갖는 4개 (상호 독립적인) 요인들이 도출되었고 KMO값(.640)과 Bartlett test 유의성(.000)을 토대로 볼 때 분석표본이 요인분석에 적합함을 나타냄

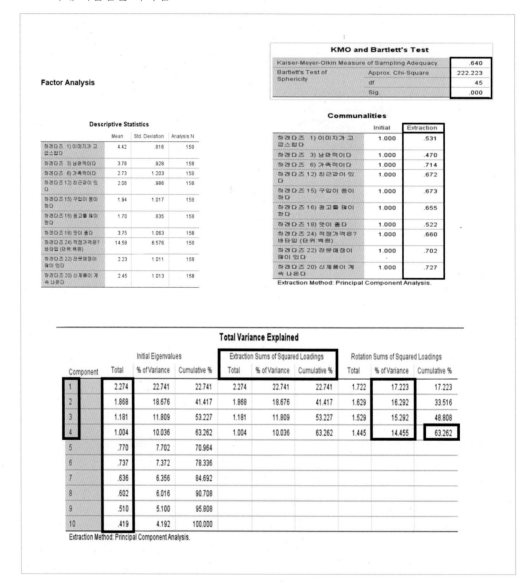

Factor Analysis

KMO and Bartlett's Test

Kaiser-Meyer-Olkin Measure of Sampling Adequacy.		.640
Bartlett's Test of Sphericity	Approx. Chi-Square	222.223
	df	45
	Sig.	.000

Descriptive Statistics

	Mean	Std. Deviation	Analysis N
하겐다즈 1) 이미지가 고급스럽다	4.42	.816	158
하겐다즈 3) 낭만적이다	3.78	.928	158
하겐다즈 6) 가족적이다	2.73	1.203	158
하겐다즈 12) 친근감이 있다	2.06	.986	158
하겐다즈 15) 구입이 용이하다	1.94	1.017	158
하겐다즈 16) 광고를 많이 한다	1.70	.835	158
하겐다즈 18) 맛이 좋다	3.75	1.063	158
하겐다즈 24) 적정가격은? 바타임 (단위:백원)	14.58	6.576	158
하겐다즈 22) 전문매장이 많이 있다	2.23	1.011	158
하겐다즈 20) 신제품이 계속 나온다	2.45	1.013	158

Communalities

	Initial	Extraction
하겐다즈 1) 이미지가 고급스럽다	1.000	.531
하겐다즈 3) 낭만적이다	1.000	.470
하겐다즈 6) 가족적이다	1.000	.714
하겐다즈 12) 친근감이 있다	1.000	.672
하겐다즈 15) 구입이 용이하다	1.000	.673
하겐다즈 16) 광고를 많이 한다	1.000	.655
하겐다즈 18) 맛이 좋다	1.000	.522
하겐다즈 24) 적정가격은? 바타임 (단위:백원)	1.000	.660
하겐다즈 22) 전문매장이 많이 있다	1.000	.702
하겐다즈 20) 신제품이 계속 나온다	1.000	.727

Extraction Method: Principal Component Analysis.

Total Variance Explained

Component	Initial Eigenvalues			Extraction Sums of Squared Loadings			Rotation Sums of Squared Loadings		
	Total	% of Variance	Cumulative %	Total	% of Variance	Cumulative %	Total	% of Variance	Cumulative %
1	2.274	22.741	22.741	2.274	22.741	22.741	1.722	17.223	17.223
2	1.868	18.676	41.417	1.868	18.676	41.417	1.629	16.292	33.516
3	1.181	11.809	53.227	1.181	11.809	53.227	1.529	15.292	48.808
4	1.004	10.036	63.262	1.004	10.036	63.262	1.445	14.455	63.262
5	.770	7.702	70.964						
6	.737	7.372	78.336						
7	.636	6.356	84.692						
8	.602	6.016	90.708						
9	.510	5.100	95.808						
10	.419	4.192	100.000						

Extraction Method: Principal Component Analysis.

- Scree test 결과 요인수와 아이겐값간 관계에 있어 뚜렷한 변화를 나타내는 변곡점은 없는 것으로 나타남

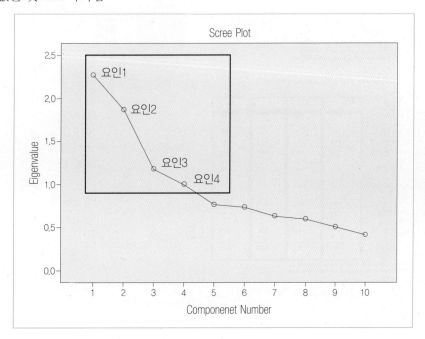

- Rotated Component Matrix를 통해 각 요인에 높게 적재되는 변수들을 파악함

Rotation 전

Component Matrix[a]

	Component			
	1	2	3	4
하겐다즈 1) 이미지가 고 급스럽다	.681	-.196	-.107	.129
하겐다즈 3) 낭만적이다	.672	-.082	-.096	-.052
하겐다즈 6) 가족적이다	.571	.168	.522	-.294
하겐다즈 12) 친근감이 있 다	.087	.630	.496	-.145
하겐다즈 15) 구입이 용이 하다	-.266	.625	.069	.454
하겐다즈 16) 광고를 많이 한다	-.177	.787	-.055	.042
하겐다즈 18) 맛이 좋다	.635	.096	.277	.183
하겐다즈 24) 적정가격은? 바타입 (단위:백원)	.447	-.103	.058	.668
하겐다즈 22) 전문매장이 많이 있다	.321	.474	-.602	.114
하겐다즈 20) 신제품이 계 속 나온다	.466	.378	-.437	-.420

Extraction Method: Principal Component Analysis.

a. 4 components extracted.

Rotation 후

Rotated Component Matrix[a]

	Component			
	1	2	3	4
하겐다즈 1) 이미지가 고 급스럽다	-.322	.584	.272	.107
하겐다즈 3) 낭만적이다	-.306	.435	.369	.226
하겐다즈 6) 가족적이다	-.134	.192	.077	.808
하겐다즈 12) 친근감이 있 다	.466	-.103	.009	.666
하겐다즈 15) 구입이 용이 하다	.814	.056	-.063	-.051
하겐다즈 16) 광고를 많이 한다	.724	-.202	.272	.130
하겐다즈 18) 맛이 좋다	-.013	.570	.087	.436
하겐다즈 24) 적정가격은? 바타입 (단위:백원)	.086	.798	-.095	-.077
하겐다즈 22) 전문매장이 많이 있다	.303	.208	.733	-.173
하겐다즈 20) 신제품이 계 속 나온다	-.054	-.047	.825	.202

Extraction Method: Principal Component Analysis.
Rotation Method: Varimax with Kaiser Normalization.

a. Rotation converged in 8 iterations.

Component Transformation Matrix

Component	1	2	3	4
1	-.309	.693	.475	.447
2	.831	-.136	.421	.337
3	.072	.050	-.697	.712
4	.457	.707	-.335	-.424

Extraction Method: Principal Component Analysis.
Rotation Method: Varimax with Kaiser Normalization.

Component Score Covariance Matrix

Component	1	2	3	4
1	1.000	.000	.000	.000
2	.000	1.000	.000	.000
3	.000	.000	1.000	.000
4	.000	.000	.000	1.000

Extraction Method: Principal Component Analysis.
Rotation Method: Varimax with Kaiser Normalization.
Component Scores.

Component Score Coefficient Matrix

	1	2	3	4
하겐다즈 1) 이미지가 고급스럽다	-.128	.308	.118	-.020
하겐다즈 3) 낭만적이다	-.157	.170	.196	.081
하겐다즈 6) 가족적이다	-.105	-.023	-.053	.581
하겐다즈 12) 친근감이 있다	.233	-.100	-.084	.491
하겐다즈 15) 구입이 용이하다	.525	.196	-.107	-.089
하겐다즈 16) 광고를 많이 한다	.390	-.084	.159	.057
하겐다즈 18) 맛이 좋다	.057	.327	-.070	.232
하겐다즈 24) 적정가격은? 바탕입 (단위:백원)	.202	.617	-.187	-.178
하겐다즈 22) 전문매장이 많이 있다	.182	.118	.491	-.262
하겐다즈 20) 신제품이 계속 나온다	-.113	-.200	.580	.073

Extraction Method: Principal Component Analysis.
Rotation Method: Varimax with Kaiser Normalization.
Component Scores.

● 요인분석 결과표(예시)

요인[a]	변수	공통성[b] (communality)	요인적재량	아이겐 값	분산설명력(%)
요인1. 브랜드 접근성	구입 용이성 광고를 많이하다	.673 .655	.770 .737	2.274	17.223
요인2. 적정비용과 하겐다즈 속성	이미지 고급화 낭만성 맛이 좋다 적정가격	.531 .470 .522 .660	2.274 1.868 .636 .602	1.868	16.292
요인3. 환경	전문 매장이 많다 신제품 출시	.702 .727	.510 .419	1.181	15.292
요인4. 친밀성	가족적 친근성	.714 .672	1.181 1.004	1.004	14.455

a. Varimax 회전 후 아이겐 값 1을 넘는 요인들을 추출하였으며 총설명분산은 63.262% 임
b. 각 변수들이 추출된 요인을 설명하는 비율로 모든 값이 0.4 이상으로 나타남
c. KMO 계수 = .640, Bartlett의 구형성 검정 (근사 카이제곱 = 222.223, p=0.000)

● 요인값(Factor Score)의 추출

Factor Score → Save as variables, Display factor score coefficient matrix 선택

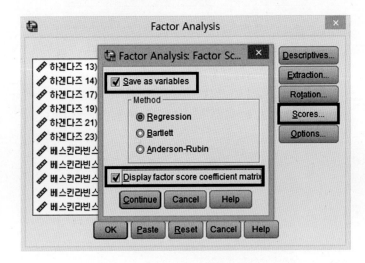

● 4개 요인값(FAC1_1, FAC2_1, FAC3_1, FAC4_1)이 추출됨

filter_$	브랜드노출성요인	적정비용과하겐다즈속성요인	환경요인	친밀성요인
1	.58116	-.63302	-1.23136	-.13318
1	2.03950	-.13240	.92382	.09563
0	.	.	.	.
1	1.08436	.49880	.31302	.79130
1	3.07697	-2.13887	-.74238	.56694
0	.	.	.	.
1	1.23368	-.92336	.62374	1.40207
1	.73558	-.51919	1.72003	.27613
1	.	.	.	.
1	.	.	.	.
1	.	.	.	.
1	-1.32009	.73657	.53708	-.38948
0	.	.	.	.
1	.	.	.	.
0	.	.	.	.
0	.	.	.	.
1	-.84302	.50056	-.81535	-.11221
1	.23157	1.18497	-.26987	-1.75895
0	.	.	.	.
1	.23622	-1.58230	.01172	.71318
1	-.19689	-.43215	2.47702	1.24623

• 요인값들간 독립성 점검: 독립회전을 통해 도출된 요인들간 상관이 0인지를 확인함

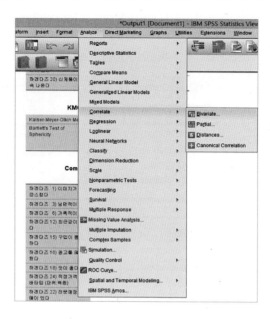

• 요인(값)들에 대한 상관분석: Analyze → Correlate → Bivariate

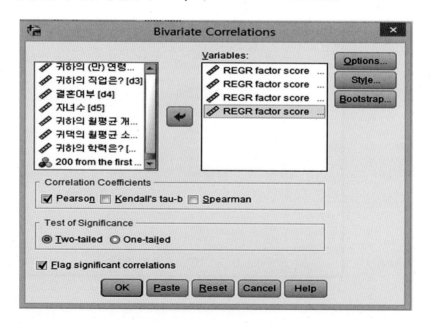

• 도출된 요인(4)들의 요인값간 상호 상관계수 값들이 모두 0으로 서로 간에 완전 독립임을 나타냄

Correlations

		REGR factor score 1 for analysis 1	REGR factor score 2 for analysis 1	REGR factor score 3 for analysis 1	REGR factor score 4 for analysis 1
REGR factor score 1 for analysis 1	Pearson Correlation	1	.000	.000	.000
	Sig. (2-tailed)		1.000	1.000	1.000
	N	158	158	158	158
REGR factor score 2 for analysis 1	Pearson Correlation	.000	1	.000	.000
	Sig. (2-tailed)	1.000		1.000	1.000
	N	158	158	158	158
REGR factor score 3 for analysis 1	Pearson Correlation	.000	.000	1	.000
	Sig. (2-tailed)	1.000	1.000		1.000
	N	158	158	158	158
REGR factor score 4 for analysis 1	Pearson Correlation	.000	.000	.000	1
	Sig. (2-tailed)	1.000	1.000	1.000	
	N	158	158	158	158

핵심 연구방법론

Essentials of Research
Methodology

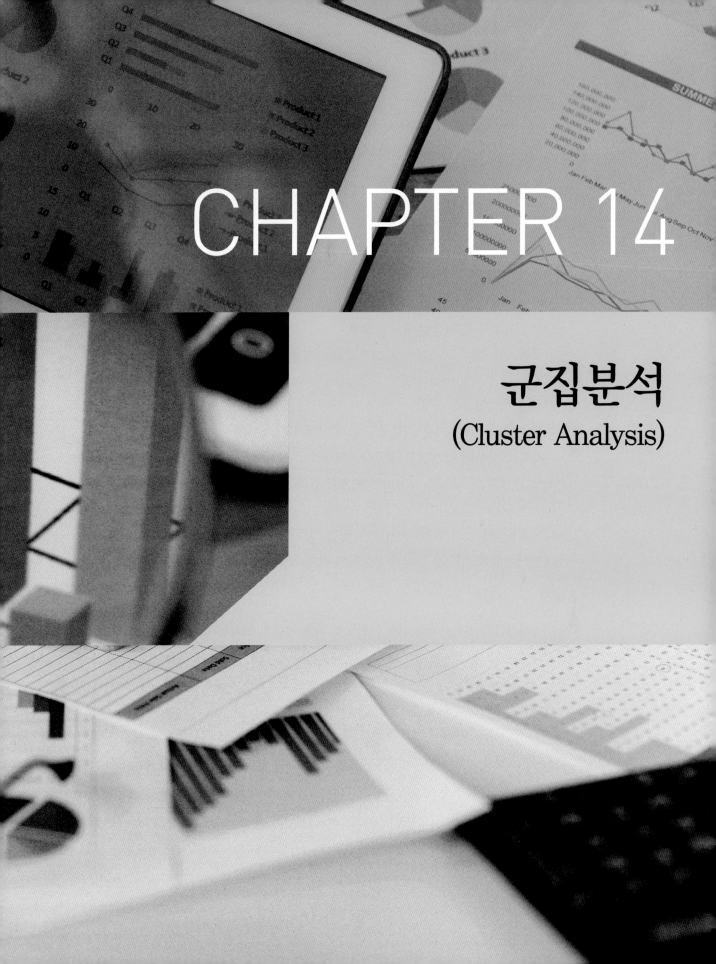

CHAPTER 14

군집분석
(Cluster Analysis)

군집분석(Cluster Analysis)

1. 개요(槪要)

(1) 개념

- 분석대상(응답자)들의 특성(변수)들을 토대로 서로 유사한 특성을 갖는 대상들을 동일한 집단으로 분류(군집화)하는 방법

- 응답자(subject) 또는 상품(object)과 같은 대상들을 그들이 갖고 있는 특성에 기초해서 대상간 유사성(similarity)이나 상이성(dissimilarity)/거리(distance)를 기준으로 서로 비슷한 대상들을 동일한 집단으로 분류하는 기법

- 가장 비슷하거나 가까운 대상들을 먼저 선택하고 그 다음으로 가까운 대상들을 단계적으로 선택해 나가면서 집단을 구분하는 계층적 방법(hierarchical method)과 전체 대상들을 기준으로 그 안에 존재하는 최적의 집단을 밝혀내는 최적화 방법(optimization method)으로 구분될 수 있음

- 대상들을 분류하기 위한 기준(나이, 성별, 소득수준, 심리적 특성, 태도 등)이 많을 경우 대상들을 집단(군집)으로 분류하기 위해 유용하게 사용할 수 있음

(2) 목적

- 분석대상들간 거리(distance)를 기반으로 서로 가깝게 위치한 대상들을 유사한 군집으로 분류함

- 대상들을 동질적 속성에 의해 묶음으로써 데이터의 내재적 구조를 파악하고 군집간 특성을 비교·분석함
  - → 비슷한 특성을 갖는 고객들을 군집화하여 시장을 나누는 시장세분화 전략과 이를 통하여 시장의 경쟁구조를 파악하고 시장 기회를 포착하는 전략을 수립하는 데 활용될 수 있음

- 데이터(분석자료)의 차원을 축약하여 보다 간단한 자료의 형태로 이용함

탐색적(exploratory) 목적	• 분석 대상들이 가지고 있는 군집 구조에 대한 사전 이해가 없는 경우 분석 대상들이 집단 내에서는 서로 비슷하고 집단 간에는 서로 다른 군집으로 분류될 수 있는지를 파악하고 찾아냄
	• 군집의 수나 구조에 대한 가정 없이 다변량 자료로부터 거리를 기준으로 대상들을 적절한 군집으로 나누는 것을 주목적으로 하고 있으며, 이후 각 군집의 특성과 군집간의 차이 등을 규명하는 탐색적 연구를 수행함
확인적(confirmatory) 목적	• 연구내용에서 사전적으로 제안된 모집단의 군집 구조를 확인하기 위해 분석표본을 대상으로 분석을 실시하고 이를 비교·확인함
	• 사전에 군집 수/구조에 대하여 현상적으로 또는 이론적으로 제시된 가설을 토대로 실제 자료를 분석하여 사전 군집 가설이 맞는지 확인함

(3) 기본 원리

- 조사 대상(subject)들의 특성을 분석하여 유사한 특성을 갖고 있는 대상들을 동일한 집단(cluster)으로 분류하는 방법으로 자료들 간의 거리 측정치를 구하고 이를 근거로 대상을 분류함

- 집단에 대한 정보가 없는 대상 자료들에 대해 다변량 측정치를 동시에 고려하여 대상들을 분류하는 방법으로 대상간 거리를 다변량 측정변수들을 이용하여 계산하고 서로 거리가 가까운 (또는 유사성이 높은) 대상(개체)들을 동일한 군집으로 묶어나가는 방법임

  ▶ 대상을 구분하기 위한 변수 선정, 대상간 거리(distance)/유사성(similarity)을 측정하는 척도의 결정, 대상들 간 거리를 산출한 후 서로 가까운 거리에 위치한 각 대상들을 묶어나가는 방법의 결정 등이 주요 과제가 됨

  ▶ 대상을 군집으로 그룹화 하고 각 집단의 성격을 파악함으로써 데이터 전체의 구조를 파악함

  ▶ 대상간 거리의 측정과 비슷한 대상들을 묶는 방법을 어떻게 정의하는가에 따라 분석의 결과가 달라질 수 있음

    → 변수간 상관(correlation)을 토대로 유사한 변수들을 묶는 요인분석과는 달리 군집분석은 각 대상들 사이의 거리(distance)값을 토대로 가까운 거리에 있는 대상들을 동일한 집단으로 묶는 방법임

    → 군집분석은 대상들(objects)을 분류하는 방법인데 반해 요인분석은 변수들

(variables)을 분류하는 방법임

→ 판별분석은 이미 집단이 구분되어 있는 상태에서 각 집단을 구분하는 주요 변수를 파악하는 방법이지만 군집분석은 집단이 구분되어 있지 않은 상태에서 분류기준이 되는 변수들을 토대로 전체 분석대상들을 서로 다른 집단으로 구분하는 방법임

2. 분석 절차

(1) 분석변수의 선정

- 군집분석 결과에 영향을 미치는 분석대상들간 거리는 분석대상들의 특징을 나타내는 변수들에 의하여 결정되므로 분석 변수의 선정은 매우 중요하고 만약 부적절한 변수가 포함된다면 원래 모집단의 특성을 제대로 반영하지 못하는 분석 결과를 초래할 수 있음
- 연구목적에 부합하는 변수들 중에서 다른 변수들과의 상관성이 높은 변수들이 존재하는 경우 이 중에서 분석에 가장 적합하다고 판단되는 변수를 정하는 것이 바람직함

→ 서로 상관성이 높은 변수들이 포함되는 경우 이들 비슷한 변수들의 영향이 거리 척도 산정시 중복적으로 영향을 미칠 수 있으며 이로 인해 해당 변수들이 측정하는 속성의 상대적 영향이 커지게 됨

- 군집분석에서는 요인/회귀/판별분석 등과는 달리 분석 과정 중 부적절한 변수를 제거하기 어렵고 분석에 포함된 변수는 모두가 동일한 비중으로 거리(또는 유사성) 평가에 이용됨
- 다른 통계분석과 달리 분석결과에 대한 유의성을 검정하기 어려워 분석변수 선정시 이론적/논리적 근거를 신중하게 고려하고 제시해야 함

(2) 분석 설계

① 표본크기(sample size)

- 다른 통계분석 방법들과 달리 표본크기가 결과의 통계적 유의성이나 검정력에 영향

을 미치지 않음

- 표본크기가 작은 경우 모집단내 이상치(outlier)와 소집단을 구분하기 어려울 수 있으므로 모집단내 존재하는 작은 군집을 발견하고 모집단의 군집 구조를 정확히 파악하는데 필요한 적절한 표본 크기가 바람직함

- 모든 표본간 거리척도를 구하고 비교하여 군집화를 진행하는 계층적 군집화의 경우 표본크기가 크면 이에 해당하는 계산과정이 복잡하고 시간이 그만큼 오래 걸리게 됨[1]

② 이상치 탐색(detecting outlier)

- 군집분석은 분석대상들 간에 존재하는 모든 상호 거리들을 고려해서 유사한 대상들을 묶는 방식을 택하므로 이상치를 포함한 분석은 과정도 복잡해지지만 분석결과도 모집단의 특성을 잘 못 반영할 수 있으므로 이에 대한 탐색과 정확한 파악이 필요함

  ➡ 이상치가 존재한다면 가능한 군집분석을 수행하기 전에 이를 제거하는 것이 바람직함

- 이상치의 특성에 따른 분석

  ▶ 원래 모집단의 특성을 대표하지 않는 부적절한 값:

    이상치를 포함한 군집분석 결과는 실제 모집단의 구조를 제대로 반영하지 못 할 수 있음

  ▶ 모집단내 작은 크기의 소집단이나 무의미한 집단을 대표하는 값:

    이상치를 제거하면 모집단의 구조를 보다 정확하게 파악할 수 있음

  ▶ 모집단내 실제 집단(actual group)에 속한 값들을 제대로 추출하지 못하는데서 기인한 값:

    이상치를 포함시켜 분석해야 분석결과가 실제 모집단의 구조를 반영할 수 있음

③ 유사성 척도(similarity measures)

- 분석대상들 간 유사성(inter-object similarity)은 군집분석으로 분류될 대상들 간의 비슷함(또는 가까움)을 나타내는 척도이며 군집분석에서 비슷한 대상들을 동일한 집단으로 묶는 중요한 기준이 됨

---

1) 최근 컴퓨터기기의 성능이 향상되면서 분석에 따르는 계산시간과 관련된 한계는 거의 중요치 않게 되었음

- 변수간 상관성 척도(correlational measures)를 사용하여 서로 유사한 변수들을 묶는 요인분석과는 달리 군집분석에서는 거리척도(distance measures)를 사용하여 분석 대상들 간 유사성 또는 근접도(proximity)를 측정함
- 거리 척도는 대상들이 서로 얼마나 가까운 거리에 위치해 있느냐에 초점이 맞추어져 있고 대상들간 상관관계와는 서로 다른 성격을 가지고 있음
  → 〈그림 14-1〉에서 A, C와 B, D는 각각 서로 비슷한 응답유형을 가지고 있으므로 상관성(correlation)이 높음(요인분석)
  → 반면 A, B와 C, D는 거리를 기준으로 서로 가까운 것으로 분류될 수 있음(군집분석)

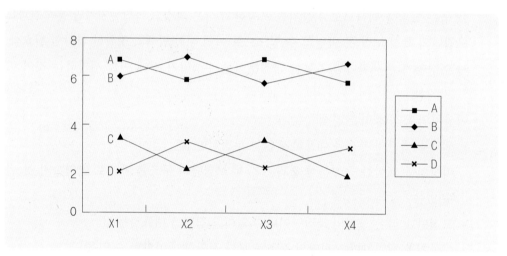

그림 14-1 군집/요인분석에서의 유사성 의미차이

④ 거리척도(distance measure)

- 군집분석에서 대상간 거리를 측정하는 척도

유클리디안 거리(Euclidean distance) 임의의 두 지점간 최단거리	$D_{AB} = [\sum_{i=1}^{n}(A_i - B_i)^2]^{1/2}$ D_{AB}: A, B사이 거리, A_i: i번째 A변수 측정치, B_i: i번째 B변수 측정치, n: 변수 수
유클리디안 제곱거리(squared Euclidean distance) 유클리디안 거리의 제곱	$D_{AB} = \sum_{i=1}^{n}(A_i - B_i)^2$
도시블록거리(city-block distance): Manhattan distance 변수들 값 차이의 절대값	$D_{AB} = \sum_{i=1}^{n} |A_i - B_i|$

· 민코브스키거리(Minkowski distance)[2]	$D(X, Y) = \left(\sum\limits_{i=1}^{n} |x_i - y_i|^p \right)^{1/p}$
· 마할라노비스거리(Mahalanobis distance)[3] Pearson Distance	$d(\bar{x}, \bar{y}) = \sqrt{\sum\limits_{i=1} \dfrac{(x_i - y_i)^2}{s_i^2}}$
· 체비쉐브거리(Chebychev distance)	$D_{chebyshev}(p, q) = \max\limits_{i} (|p_i - q_i|)$

⑤ 변수의 표준화(standardizing data)

- 거리척도는 변수의 단위/크기에 따라 민감하게 영향을 받으므로 이의 해결을 위해 평균과 표준편차에 기초해서 변수들을 표준화할 수 있음

  ➔ 표준값인 Z값으로 표준점수로 변환함

  ➔ 일례로, 한 변수는 달러로 표시되고 다른 변수는 연도로 표시되는 경우와 같이 변수가 서로 다른 척도로 측정되면, 변수를 표준화한 후 군집분석을 수행하는 것이 바람직함[4]

- 군집분석에 적용되는 변수들간 단위 차이로 인해 발생할 수 있는 문제를 변수 표준화를 통하여 제거함으로써 데이터에 내재되어 있는 군집구조를 보다 정확하게 파악할 수 있음

(3) 가정 점검

표본의 대표성 (representativeness)	· 군집분석은 분석 대상들에 내재해 있는 상호 거리 특성에 따라 대상들을 분류하므로 표본이 모집단을 잘 대표하여야 분석 결과의 유용성과 일반화 가능성이 높아질 수 있음
변수의 표준화 (standardization)	· 군집분석에 적용되는 변수들의 단위가 서로 다르면 분산의 크기가 다르게 나타나며 이로 인해 단위가 큰 변수가 개체(대상)간 거리에 상대적으로 더 큰 영향을 미치게 됨 · 분석에 사용되는 변수들의 단위를 통일하기 위해서는 변수들의 표준화가 필요함[5]

---

2) p값이 1, 2일 때 각각 Manhattan distance, Euclidian distance 가 되며, 무한대로 가면 Chebychev distance 가 됨
3) s는 x, y의 covariance matrix를 나타냄
4) 이러한 표준화는 SPSS 계층적 군집분석 과정에서 분석옵션 선택으로 자동으로 실행될 수 있음
5) Mahalanobis distance(Pearson Distance)는 변수의 표준화가 고려된 거리 개념으로 볼 수 있음

변수 척도	• **계층적/비계층적 군집분석**: 계량(등간/비율) 척도 • **이단계 군집분석(two-step clustering)**: 비계량(명목/서열), 계량(등간/비율) 척도[6]
다중공선성 (multicollinearity)	• 다중공선성은 변수들 간 높은 상관관계에 의해 나타나며 이러한 현상이 있으면 실제 군집분석에서 분석변수 각각의 영향이 동등하게 미치지 못하게 되어 정확한 분석결과가 도출되기 어려움. • 분석 변수들간 상관이 존재하는 경우 각 변수들이 동일하게 가중되지(equally weighted) 못하고 상관관계가 높은 변수들이 집단 구분에 더 큰 영향을 미치게 됨 • **다중공선성의 대처 방안**: ➔ 집단 구분에 영향을 미치는 서로 상관이 있는 변수들의 수를 줄임 ➔ 변수간 상관관계를 조정해서 각 변수의 가중치를 동등하게 해 주는 마할라노비스 거리(Mahalanobis distance) 척도를 사용함 ➔ 요인분석을 통해 서로 상관이 높은 변수들을 요인으로 묶은 후 서로 독립적인 요인을 분석에 사용함[7] ➔ 상관이 높은 변수들을 대변하는 대리(surrogate)변수를 정하고 이 변수를 분석에 활용함

(4) 군집추출 방법

• 군집화 방법의 기준은 군집내 대상들의 거리를 최소화하면서 군집들간 거리를 최대화하는데 있으며 계층적 군집화 방법(hierarchical cluster procedures)과 비계층적 군집화 방법(non-hierarchical cluster procedures)으로 나눌 수 있음[8]

① 계층적 군집화 방법

분리방식 (devisive methods)	• 모든 분석 대상들 전체를 포함하는 하나의 군집으로 시작해서 그 안에서 집단 간에는 서로 거리가 멀고 집단내 대상들간에는 거리가 가까운 두 군집을 찾아 나누고 여기서 다시 집단간 거리가 멀고 집단내 거리는 가까운 집단들을 순차적으로 찾아가면서 최종 군집을 도출하는 방법 • 전체 분석대상들을 단계적으로 분리해가는 방법으로 최종적으로는 개별 대상 하나 하나가 군집이 될 때까지 구분해 나가는 방법

---

6) 이단계군집분석(two-step clustering)은 SPSS에서 제공되는 분석으로 계층/비계층 군집분석의 변수 척도인 계량척도(등간/비율) 이외에 명목/서열척도 변수까지 사용 가능한 최적화 분석방법임

7) 이 경우 원래 변수들의 특성이 제대로 반영되지 못 할 수 있고 원래 변수를 사용해서 분석하는 경우와는 다른 결과가 나타날 수 있음

8) 이외에 SPSS에서 제공되는 이단계군집분석(two-step clustering)을 들 수 있으며, 이 방법의 경우 군집분석에 사용되는 변수 척도를 계량척도(등간/비율) 이외에 명목/서열척도까지 사용 가능하고, 분석표본 수가 큰(대표본) 경우에도 효과적으로 사용할 수 있는 분석 방법임

결합방식 (agglomerative methods)	• 분리방식의 역순으로 개별 분석 대상들로부터 시작해서 이들 중 서로 가장 가까운 거리에 있는 대상들을 순차적으로 묶어나가 집단내 거리는 최소화하고 집단간 거리를 최대화 하는 기준으로 모든 대상들이 최종적으로 하나의 군집에 속할 때까지 묶어 나가는 방법 • 군집분석 결과 단계적으로 나타난 각 군집수별 군집간 거리척도를 기준으로 군집수가 몇 개일 때 군집간 거리가 최대가 되는지(또는 군집내 거리가 최소가 되는지)를 고려하여 최적의 군집수를 결정함

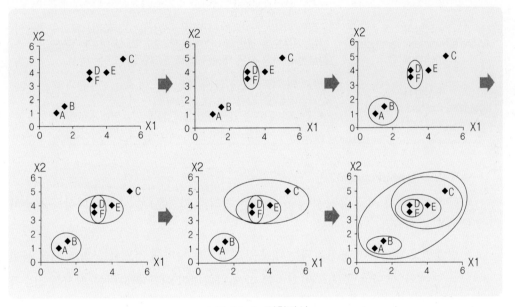

그림 14-2 결합방식

• 결합방식의 유형

군집(또는 대상)간 거리를 계산하는 방식에 따라 다음과 같이 나눌 수 있음

단일결합방식 (single-linkage procedure, nearest neighbor)	• 여러 대상 중 가장 가까운 거리에 있는 두 대상(또는 이미 묶여 있는 군집)을 먼저 군집화 하고 그 군집과 대상(또는 다른 군집)과의 거리를 다시 비교하여 가장 가까운 거리를 선정하여 계속 군집화 해 나가는 방식 ➡ 두 대상(또는 군집)간 최소한의 거리를 기준으로 거리를 산정함 ➡ 이미 묶여 있는 군집과의 거리를 산정할 경우 해당 군집의 가장 가까운 거리에 있는 대상을 기준으로 거리를 산정하게 됨
완전결합방식 (complete-linkage procedure, furthest neighbor)	• 이미 묶여 있는 군집과의 거리를 산정할 때 해당 군집의 가장 먼 거리에 있는 대상을 기준으로 거리를 산정하는 방식

평균결합방식 (average–linkage procedure, average neighbor)	• 이미 묶여 있는 군집과의 거리를 산정할 때 해당 군집내 모든 대상들과의 거리의 평균값을 기준으로 거리를 산정하여 묶어 나가는 방식 ➡ 군집과의 거리 산정시 해당 군집내 모든 대상과의 거리 평균에 기초하므로 단일/완전결합방식과는 달리 군집내 극단치(extreme value)의 영향을 적게 받음
중위수방식 (median method, median neighbor)	• 이미 묶여 있는 군집과의 거리를 산정할 때 해당 군집내 모든 대상들과의 거리의 중위수 값을 기준으로 거리를 산정하고 묶어 나가는 방식으로 이상치의 영향을 적게 받음
워드방식 (Ward's minimum variance method)	• 군집의 각 결합단계에서 군집을 구성하는 모든 대상들과의 측정분산을 기준으로 결합해 나가는 방식으로 각 대상(또는 군집들)간 측정분산이 가장 작은 대상(군집)들로 결합해 나가는 방식
중심방식 (centroid method, centroid neighbor)	• 군집과의 거리를 산정할 때 해당 군집내 모든 변수들의 평균(중심)값과의 거리를 기준으로 하는 방식 ➡ 군집의 중심(평균)은 군집화 단계를 거치면서 새로운 대상(또는 군집)이 포함될 때마다 다시 계산되므로 변할 수 있음

- 덴드로그램(dendrogram)

  ▶ 군집분석에서 서로 유사성이 높은(또는 거리가 가까운) 순서대로 대상들을 순차적으로 연결하는 도표

  ▶ 단계별로 대상들이 군집화되는 내용을 그림으로 나타낸 것으로 군집화 되어 묶이는 단계와 각 단계별 군집간 거리를 함께 나타내어 이를 참고하여 최적 군집수를 용이하게 결정할 수 있음

  ➡ 덴드로그램에서 선의 길이는 대상간 거리의 크기를 나타냄

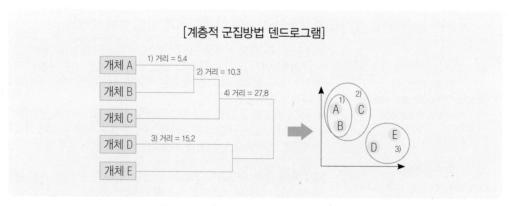

그림 14-3 덴드로그램 – 계층적 군집방법 –

② 비계층적 군집화 방법: K-means 군집방식

- 순차적으로 군집화해 나가고 이 결과를 통해 최종 군집수를 결정하는 계층적 군집화 방법과 달리 최종 군집수를 미리 정해 놓고 그 군집 수에 적합한 최적의 군집결과를 찾아 가는 방법

- 사전에 결정된 군집수에 따라 최초 군집의 중심으로서 각 군집의 중심점(cluster seed)을 정하고 이들 중심점과 일정 기준거리 안에 있는 모든 대상들을 같은 군집으로 결합하며, 이렇게 결정된 각 군집의 중심점들을 다시 정해서 같은 방식으로 이들 중심점과 가까운 거리에 있는 대상들을 묶어 새로운 군집을 정하는 과정을 계속해 나가면서 군집에 할당되는 대상(개체)의 변동이 없을 때까지 반복해 나가는 방식

 K-means 군집화 단계

- 군집 수(k)를 결정함
- 초기 k개 군집의 중심을 무작위(random)로 선택함
- 각 관측 값들을 가장 가까운 중심의 군집에 할당함
- 각 군집에 할당된 관측 값들로 새로운 중심을 계산
- 대상(개체)의 군집 변동이 없을 때까지 단계를 반복함

- 군집화 과정에서 한 번 특정 군에 소속되면 이후 다른 군집으로 소속되기 어려운 계층적 군집화 방법과는 달리 특정 대상이 이미 어떤 군집에 포함되어 있다 해도 새로운 중심점을 기준으로 다시 군집을 형성하므로 소속 군집은 재편될 수 있음

 비계층적 군집화 방법의 문제점

- 군집분석의 주 목적 중 하나가 최종적으로 적정 군집수를 결정하는 것인데 사전에 군집수를 어떻게 결정하고 이후 분석을 해 나갈 수 있는지에 대한 논리적 정당성에 관한 문제
- 초기 군집 중심점 결정에 관한 문제[9]

---

9) 이러한 문제와 관련해서는 군집화 과정을 거치면서 초기값이 미치는 영향이 어느 정도 상쇄될 수 있다고 간주함

● 군집화를 위해 군집의 중심점(cluster seed)을 정하고 대상들을 결합하는 방법

순차적 방식 (sequential threshold method)	• 먼저 하나의 군집중심점을 정하고 기준거리 내에 있는 대상들을 하나의 군집으로 결합한 후 사전에 정해진 군집 수에 해당하는 결과를 얻을 때까지 같은 방식으로 계속 군집화 하는 방식 ➡ 특정 대상이 어떤 하나의 군집에 포함되면 해당 대상은 이후 계속되는 군집중심점을 기준으로 하는 군집화 과정의 고려대상에서 제외됨
동시적 방식 (parallel threshold method)	• 먼저 사전에 정해진 군집수에 해당하는 군집중심점들을 정하고 각 중심점의 기준거리 내에 있는 대상들을 각각의 군집으로 결합해 가는 방식 ➡ 특정 대상이 어떤 하나의 군집에 포함되면 해당 대상은 이후 군집화 과정에서의 고려대상에서 제외됨
최적화 방식 (optimization procedure)	• 사전에 정해진 군집수에 해당하는 군집중심점들을 정하고 각 중심점의 기준거리 내에 있는 대상들을 각각의 군집으로 결합해 가는 방식은 동시적 방법과 비슷하지만 군집화 과정에서 각 대상들을 다른 군집으로 재편할 수 있음[10]

● 군집화 방법(계층적/비계층적)의 선택

▶ 계층적 군집화 방법은 사후에 적정 군집수를 결정하는 군집분석의 논리가 정확히 반영되는 방법으로 분석 과정에 대한 이해가 상대적으로 쉽고 도출되는 분석결과의 객관적 타당성이 높음

▶ 계층적 군집화 방법의 경우 단계적 분석 절차를 밟으므로 처음 단계에서 결합된 군집이 바람직하지 않아도 이후 분석과정에서 이를 변경하기 어렵고 군집으로 결합해가는 과정에서 극단치(outliers)의 영향을 크게 받을 수 있음

▶ 비계층적 군집화 방법의 경우 표본수가 크거나 극단치가 있는 경우에도 이의 영향을 적게 받으면서 비교적 효과적으로 최종 군집분석 결과를 도출할 수 있는 장점이 있음

▶ 비계층적 군집화 방법은 사전에 군집수를 정하고 이후 여기에 맞도록 대상을 군집으로 묶는 과정을 밟아 가므로 군집수를 최종적으로 도출하고자 하는 군집분석의 논리적 절차적 타당성에 문제의 소지를 안고 있음

➡ 이 두 가지 방법을 함께 활용할 경우 각각의 장점을 살릴 수 있으며, 먼저 계층

---

10)　현재 SPSS를 포함한 여러 통계패키지에서 비계층적 군집분석이 기본(default) 방식으로 사용되고 있음

적 방법으로 군집수, 중심점, 극단치 등을 파악하고, 이를 토대로 군집수와 군집중심점을 정하여 비계층적 방법을 사용하는 방식을 고려할 수 있음

(5) 군집의 해석

① 군집 수의 결정

군집내 대상간 거리 (within group distance)	• 계층적 군집화 방법(결합방식)의 경우 군집화 단계를 거치면서 각 단계별로 제시되는 군집내 대상간 거리척도는 처음에 군집화가 아직 이루어지지 않았을 때가 가장 작은 값으로 나타나게 되며, 이후 단계별로 군집화를 거치면서 계속 크게 나타나(증분) 최종적으로 전체 대상이 하나의 군집으로 묶였을 때 가장 크게 나타남
	• 이러한 분석단계별 군집내 대상간 거리 값이 전체 하나의 군집일 때부터 시작하여 역으로 작아지는 추세(감소분)를 살펴보고 어떤 단계에서 작아지는 추세가 꺾이는지(threshold point)를 판단하여 꺾이기 시작하는 단계에 해당하는 군집수를 최종 분석 결과로 결정하게 됨
	→ 군집내 대상간 거리의 감소 추세가 급격히 변하는 점까지는 군집을 통해 군집내 거리를 줄일 수 있음을 의미하지만 그 이후는 군집 수를 늘린다 해도 더 이상 군집내 거리를 줄이는데 크게 기여하지 못하므로 해당 변곡점의 군집수가 가장 적절할 수 있다는 논리를 따르게 됨
덴드로그램 (dendrogram): SPSS	• 덴드로그램은 군집화 단계에 따른 군집내 대상간 거리 값을 군집화 단계별로 횡축 또는 종축으로 도식화해서 나타낸 것으로 군집화 단계와 군집내 거리를 함께 보여줌으로써 군집수를 편리하게 결정할 수 있도록 해 줌
군집 수(k)의 결정	• **계층적 분석 방법** 군집내 거리 또는 덴드로그램에 의해 k 결정 • **비계층적 분석 방법** 여러 군집수(k)의 대안을 사용하여 군집간 평균거리(또는 군집내 개체 평균거리)를 구하고 이를 통해 최대 군집간 거리 또는 최소 군집내 거리를 제시하는 k를 최적 군집수로 결정

② 군집의 특성(프로파일) 분석

- 군집분석 결과 도출된 각 군집이 어떤 특성을 가지고 있는지를 추가 분석을 통해 파악함
- 군집분석에 사용된 변수들의 특성이 각 군집별로 어떤 차이를 보이는지를 평균의 차이검정 방법을 통해 분석함
  - ▶ 대표적인 방법으로 분석분석(ANOVA: Analysis of Variance), 판별분석 등을 활용할 수 있음

▶ 분산분석의 사후검정분석(post-hoc analysis)

군집분석에 사용된 변수들이 각 군집별로 구체적으로 어떻게 차이가 나는지를 유의성 검정을 통해 분석함[11]

- 군집별 특성 차이를 분석하는데 사용되는 변수들이 비계량척도(명목/서열)로 측정된 경우 의사결정수분석(tree analysis)이나 교차분석(cross-tabulation analysis)을 통하여 빈도(frequency) 차이, 독립성 검정(χ^2), 명목 카테고리간 상관계수 등을 기준으로 군집간 차이와 특성을 분석하고 해석할 수 있음[12]

③ 군집명 부여(Cluster Naming)

- 군집분석 결과 도출된 각 군집들의 특성이 파악되면 각 군집을 대표할 수 있는 이름(군집명)을 부여하게 됨

    ▶ 군집명은 각 군집의 본질과 특성을 잘 나타내며 군집을 상징적으로 대표할 수 있어야 함

- 군집분석에서 도출된 군집이 이후 분석에서 활용되는 경우 시사점을 충분히 나타낼 수 있을 정도의 구체성과 군집을 대표할 수 있는 상징성을 모두 가질 수 있도록 군집명을 결정하는 것이 바람직함

    ▶ 군집명 부여시 분석자의 경험(experience)과 판단(judgement), 통찰력(insight), 이론적 근거(theoretical background), 상식적 논리(common knowledge) 등이 포괄적으로 적용될 수 있음

(6) 타당성 분석

교차타당성 (cross-validation)	• 모집단에서 서로 다른 표본들을 추출하여 이들 표본에 대하여 군집분석을 여러 번 수행하였을 때 계속 같거나 비슷한 결과가 도출된다면 해당 분석결과를 일반화하는 (외적)타당성이 인정될 수 있음 • 일반적으로 시간과 비용의 제약, 표본 추출의 어려움으로 인해 두 개 정도의 표본을 추출하여 각각 군집분석을 수행한 후 해당 결과를 비교하여 타당성을 입증할 수 있음
안정성 (stability)	• 군집분석에 사용된 변수들 중 몇 개를 제거하는 것이 분석 결과 나타나는 군집 구조에 어떤 영향을 미치게 되는지를 고찰함으로써 모집단을 대표할 수 있는 안정적인 군집 구조인지를 판단함

---

11) 대표적인 방법으로는 Duncan's Multiple Range, Tuckey, Scheffe, LSD 분석을 들 수 있음

12) 대표적인 명목 카테고리간 상관계수로는 contingency coefficient, uncertainty coefficient 등을 들 수 있음

SPSS 예제: 군집분석

 SPSS Procedure: 계층적 군집분석(Hierarchical Cluster Analysis)

Analyze → Classify → Two-step(이단계)/K-means(K평균)/Hierarchical(계층적)

Analyze → Classify → Hierarchical → Cluster: case(대상/응답자에 대한 군집분석)/variables(분석 변수에 대한 군집분석)/ variables: 등간척도/비율척도 → Plots: Dendrogram → Method: Cluster Method – between-groups linkage/ Interval-squared euclidean distance → Save: single solution number of clusters → continue → OK

- Data: restaurant data
- Variable: gender(0=male/1=female), frequency(1=less than once a month/2=once a month/3=2-3 times a month/4=4-5 times a month/5=6+times a month), taste, service, location, price, atmosphere

	Name	Type	Width	Decimals	Label	Values	Missing	Columns	Align	Measure	Role
1	gender	Numeric	11	0		{0, male}...	None	11	▦ Right	♣ Nominal	➘ Input
2	frequency	Numeric	11	0		{1, less tha...	None	11	▦ Right	▦ Ordinal	➘ Input
3	taste	Numeric	11	5		None	None	11	▦ Right	⏴ Scale	➘ Input
4	service	Numeric	8	5		None	None	11	▦ Right	⏴ Scale	➘ Input
5	location	Numeric	11	5		None	None	11	▦ Right	⏴ Scale	➘ Input
6	price	Numeric	11	5		None	None	11	▦ Right	⏴ Scale	➘ Input
7	atmosphere	Numeric	8	5		None	None	11	▦ Right	⏴ Scale	➘ Input

gender	frequency	taste	service	location	price	atmosphere
1	3	-.49635	-1.01050	.36826	-.14625	-.27660
0	4	1.86589	-1.02892	1.26111	-2.06867	-.18414
1	2	-3.28142	.41977	-2.33941	-2.32975	-2.38412
0	3	-.55059	.43524	1.23471	-1.69694	1.03292
0	3	-3.28142	.41977	-2.33941	-2.32975	-2.38412
0	4	2.00806	.42276	-.47683	.30784	.44322
1	2	-3.28142	.41977	-2.33941	-2.32975	-2.38412
1	3	-1.47050	-1.01194	1.25173	2.47636	-.94581
1	2	-3.28142	.41977	-2.33941	-2.32975	-2.38412
0	1	.84293	.41727	1.26350	.27411	-.23074
1	4	-1.53443	-2.43966	.37656	2.45391	-.70959
1	1	-3.28142	.41977	-2.33941	-2.32975	-2.38412
0	1	-.43123	.18402	.71624	.22869	-.21697
0	4	-1.53443	-2.43966	.37656	2.45391	-.70959
1	5	-1.53443	-2.43966	.37656	2.45391	-.70959
1	2	-3.28142	.41977	-2.33941	-2.32975	-2.38412
1	4	-3.28142	.41977	-2.33941	-2.32975	-2.38412
0	2	-1.47050	-1.01194	1.25173	2.47636	-.94581
1	1	-3.28142	.41977	-2.33941	-2.32975	-2.38412
1	3	.73976	.41788	-.51066	.20164	.76876
0	3	2.05653	.41893	.40416	.42689	2.48864
0	4	-1.47050	-1.01194	1.25173	2.47636	-.94581
0	2	1.95024	-1.01048	-.98870	.24046	-.29939
0	1	-3.28142	.41977	-2.33941	-2.32975	-2.38412
0	2	-1.47050	-1.01194	1.25173	2.47636	-.94581
1	2	-3.28142	.41977	-2.33941	-2.32975	-2.38412
1	3	-.53167	.42389	-1.38700	.18061	-.30566
1	4	-1.47050	-1.01194	1.25173	2.47636	-.94581
1	3	-.49189	.19958	-.53527	.09225	1.06718
0	4	-.49406	.18849	-.52910	.10577	.12792
0	2	-.49635	.19090	-.53386	-.03672	.02800
1	4	-1.47050	-1.01194	1.25173	2.47636	-.94581
1	1	.80294	.42180	.03343	.22334	.73124
0	1	-3.28142	.41977	-2.33941	-2.32975	-2.38412
0	5	2.10055	.42552	.91354	.04297	.78381

- 계층적 군집분석(hierarchical clustering)
  - ▶ 고객들이 레스토랑 방문동기에 따라 어떻게 나뉘어지는지를 분석하기 위해 계층적 군집분석(hierarchical clustering)을 실시함
  - ▶ 군집 방법은 (SPSS cluster analysis) between-groups linkage를 이용하였으며, 거리 척도는 squared euclidean distance를 이용함
  - ▶ 분석 결과 최종 3개 군집이 도출됨

Case Processing Summary[a,b]

		Cases				
Valid		Missing		Total		
N	Percent	N	Percent	N	Percent	
200	100.0	0	.0	200	100.0	

a. Squared Euclidean Distance used
b. Average Linkage (Between Groups)

Average Linkage (Between Groups)

		Frequency	Percent	Valid Percent	Cumulative Percent
Valid	1	70	35.0	35.0	35.0
	2	67	33.5	33.5	68.5
	3	63	31.5	31.5	100.0
	Total	200	100.0	100.0	

  - ▶ 분석결과 군집화 일정표(agglomeration schedule)에서 군집화 단계에 따른 군집내 대상간 거리를 나타내는 유사성 거리계수(coefficients)[13]가 197단계에서부터 감소폭이 크게 줄어들므로 197단계에 해당하는 군집수인 3개를 유효군집의 개수로 채택하였고 레스토랑 방문동기가 3개 군집으로 나뉘어짐을 알 수 있음
    - → 이를 구체적으로 살펴 보면 전체를 하나의 군집으로 가정했을 경우(단계1: 199) 군집내 거리는 39.604로 나타났고 이후 군집이 2개(단계2: 198), 3개(단계3: 197)로 늘어남에 따라 이 값은 19.897, 16.542로 줄어드는 추세를 보이고 있음
    - → 이 추세는 군집수가 4개로 늘어날 경우 감소폭이 뚜렷이 작게 나타나 4개 이상의 군집화는 큰 의미가 없으며 최종 군집수로 3개가 적절함을 알 수 있음

---

13) 유사성 거리계수(coefficients)는 각 단계에서 얼마나 상이한 군집이 형성되었는가를 판단할 수 있으며 군집의 수를 몇 개로 결정하여야 하는지에 대한 유익한 정보를 제공함

162	44	182	1.960	135	0	190
163	63	86	1.975	140	0	174
164	46	55	2.066	0	0	180
165	35	78	2.141	148	147	171
166	13	148	2.215	157	159	176
167	164	197	2.430	0	0	182
168	108	123	2.539	0	0	181
169	64	79	2.646	0	0	187
170	6	20	2.714	152	158	179
171	21	35	2.791	136	165	182
172	8	11	2.865	115	119	197
173	10	50	2.909	161	129	183
174	4	63	3.104	0	163	177
175	114	124	3.126	0	155	178
176	1	13	3.501	0	166	178
177	4	87	3.855	174	160	185
178	1	114	3.981	176	175	184
179	6	23	4.144	170	156	186
180	40	46	4.270	154	164	188
181	108	154	4.681	168	0	193
182	21	164	4.726	171	167	186
183	10	185	4.893	173	0	184
184	1	10	5.325	178	183	188
185	4	71	5.367	177	0	189
186	6	21	5.399	179	182	187
187	6	64	6.166	186	169	192
188	1	40	7.158	184	180	189
189	1	4	7.444	188	185	190
190	1	44	7.470	189	162	192
191	61	99	8.790	0	0	194
192	1	6	10.543	190	187	193
193	1	108	11.120	192	181	195
194	3	61	11.876	150	191	199
195	1	49	12.549	193	153	196
196	1	2	15.001	195	0	198
197	8	100	16.542	172	0	198
198	1	8	19.897	196	197	199
199	1	3	39.604	198	194	0

Cluster Membership

Case	3 Clusters
1	1
2	1
3	2
4	1
5	2
6	1
7	2
8	3
9	2
10	1
11	3
12	2
13	1
14	3
15	3
16	2
17	2
18	3
19	2
20	1
21	1
22	3
23	1
24	2
25	3
26	2
27	1
28	3

계층적 군집분석 결과의 일부

● 군집명

▶ 분류된 군집의 군집명을 결정하고 군집분석 결과의 적절성 검정을 위해 레스토랑 방문동기에 대한 일원분산분석(One-way ANOVA)과 사후검정(post-hoc analysis) 을 실시하였음

▶ 평균의 차이 검정과 사후검정 분석결과 동기요인 중 각 군집별로 높게 나타나는 요인들의 특성을 고려하여 군집1은 "맛추구형", 군집2는 "서비스지향형", 군집3 은 "가격추구형"군집으로 각각 명명함

- 요약 정리표

표 14-1 레스토랑 방문동기에 따른 군집 간 차이 검정

군집 방문동기	Cluster_1 맛추구형(n=70)	Cluster_2 서비스지향형(n=67)	Cluster_3 가격추구형(n=63)	F값
taste	.305[1]	−3.238	−1.486	405.895***
	(1.176)[2]	(.342)	(.141)	
	H[3]	L	M	
service	.161	.420	−1.783	280.712***
	(.655)	(.003)	(.765)	
	M	H	L	
location	.006	−2.325	.765	503.112***
	(.847)	(.109)	(.517)	
	M	L	H	
price	.108	−2.309	2.442	1087.017***
	(.959)	(.120)	(.180)	
	M	L	H	
atmosphere	.469	−2.301	−.852	347.412***
	(.896)	(.479)	(.252)	
	H	L	M	

1) 평균   2)표준편차   ***p<0.001
3) DMR-Test : H(High)>M(Middle)>L(Low)

- 이단계 군집분석(Two-step clustering):

  ▶ SPSS에서 제시하는 군집분석 방법으로 표본수가 크거나 변수의 척도가 명목척도/ 서열척도인 비계량척도 변수의 경우에도 적용 가능한 분석방법임

  ▶ 군집수를 결정하는 기준으로 BIC(Schwarz's Bayesian Inference Criterion), Distance Measure 등을 제시하고 있으며, BIC값이 최소, 또는 Ratio of Distance Measure 값이 최대로 되는 군집수를 적정 군집수로 결정함

  ▶ 성별(명목척도)과 레스토랑 방문횟수(비율척도)에 따른 레스토랑 방문동기를 분석하기 위해 이단계 군집분석을 실시하였으며, 군집수 결정 기준으로 BIC, Distance Measure를 고려하였음

Auto-Clustering

Number of Clusters	Schwarz's Bayesian Criterion (BIC)	BIC Change[a]	Ratio of BIC Changes[b]	Ratio of Distance Measures[c]
1	1665.477			
2	1357.909	-307.568	1.000	2.786
3	1290.438	-59.471	.193	1.137
4	1255.762	-42.676	.139	1.301
5	1241.340	-14.421	.047	1.055
6	1231.850	-9.491	.031	1.320
7	1243.950	12.101	-.039	1.102
8	1262.263	18.312	-.060	1.303
9	1294.815	32.553	-.106	1.005
10	1327.587	32.771	-.107	1.123
11	1365.489	37.902	-.123	1.065
12	1405.938	40.449	-.132	1.126
13	1450.760	44.822	-.146	1.062
14	1497.615	46.855	-.152	1.113
15	1547.788	50.173	-.163	1.220

a. The changes are from the previous number of clusters in the table.

b. The ratios of changes are relative to the change for the two cluster solution.

c. The ratios of distance measures are based on the current number of clusters against the previous number of clusters.

- 위 분석결과에 나타난 바와 같이 BIC 최소값과 Ratio of Distance Measures 값이 최대가 되는 군집수가 일치하지 않는 경우에는 가능한 Ratio of Distance Measures를 더 중요한 비교기준으로 고려하는 것이 바람직하며, 이러한 기준을 따라 군집수 2개일 경우를 가장 적절한 것으로 판단하였음

- SPSS 이단계 군집분석에서는 이러한 최적의 군집수(= 2)를 자동적으로 제시하여 주며, 이외에도 다양한 그림과 도표를 통해 군집분석에 사용된 변수들의 분석 기여도, 군집의 상대적 크기, 각 군집의 특성 등을 나타내 줌.

- 이단계 군집분석을 통해 나타난 이러한 정보들을 토대로, Cluster1은 가격과 위치에 대해 민감하고 여성의 비율이 59.7%, 레스토랑 방문은 평균적으로 한 달에 4-5회 정도 방문하는 집단으로 구성되어 있는 것을 알 수 있고, Cluster2는 서비스를 지향하고 남성의 비율이 57.6%, 레스토랑 방문은 한 달에 1회 이하로 방문하는 집단으로 구성되어 있다는 것을 알 수 있음

Clusters

Input (Predictor) Importance

■1.0 ■0.8 ■0.6 ■0.4 □0.2 □0.0

Cluster	1	2
Label	Price sensitive group	Service oriented group
Description		
Size	67.0% (134)	33.0% (66)
Inputs	location 0.35	location -2.33
	price 1.19	price -2.32
	atmosphere -0.16	atmosphere -2.34
	taste -0.54	taste -3.28
	service -0.75	service 0.42
	gender female (59.7%)	gender male (57.6%)
	frequency 4-5 times a month (26.9%)	frequency less than once a month (30.3%)

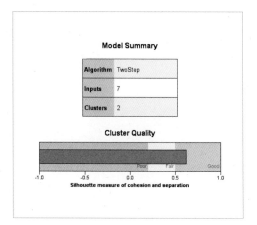

Model Summary

Algorithm	TwoStep
Inputs	7
Clusters	2

Cluster Quality

Poor   Fair   Good

-1.0   -0.5   0.0   0.5   1.0

Silhouette measure of cohesion and separation

핵심 연구방법론

Essentials of Research
Methodology

CHAPTER 15

판별 및 로지스틱 회귀분석
(Discriminant Analysis and Logistic Regression Analysis)

판별 및 로지스틱 회귀분석

1. 판별분석

1) 개요(槪要)

(1) 개념

- 집단으로 나뉘어지는 종속변수에 영향을 미치는 독립(계량)변수를 밝히고자 할 경우 사용되며 집단으로 나뉘어지는 종속변수를 유의적으로 구분(판별)하는 독립변수를 분석을 통하여 도출함
- 종속변수가 질적(비계량적) 변수이고 독립변수가 두 개 이상의 양적(계량적) 변수일 경우 사용됨
  - ▶ **두 집단 판별분석**(two-group discriminant analysis)
    종속(질적/비계량적)변수가 두 집단으로 구분되며 줄여서 판별분석(discriminant analysis)으로 칭함
  - ▶ **다중판별분석**(multiple discriminant analysis)
    종속(질적/비계량적)변수가 세 집단 이상으로 구분되어 있을 경우
- 타 분석과의 비교

회귀분석과 판별분석	계량적(metric) 변수인 독립/종속변수간 인과관계를 분석하는 회귀분석과는 달리 판별분석에서는 독립변수는 계량변수이지만 종속변수가 범주형(categorical/norminal/nonmetric) 변수임
분산분석과 판별분석	종속변수가 계량적(metric) 변수이고 독립변수가 범주형(categorical)일 때 사용하게 되는 분산분석(ANOVA)과 달리 판별분석에서는 종속변수가 범주형이고 독립변수들은 계량적 변수임
군집분석과 판별분석	판별분석의 경우 이미 존재하는 집단(종속변수)의 수를 가정하고 이들 집단을 구분하는 설명(독립)변수를 찾아내는 반면, 군집분석은 설명변수들을 통해 측정된 표본단위들을 잘 구분하는 집단을 찾아내는 방법임

(2) 목적

- 모집단이 서로 다른 집단으로 구분되어 있을 경우, 이들 집단간 차이를 판별하는 설

명(독립)변수를 규명하는 목적으로 사용됨

- 집단변수인 종속변수의 집단간 차이를 구분하는 주요 속성(독립/판별변수)들을 파악하고 이들 중 집단을 구분하는데 가장 크게 기여하는 독립변수들을 찾아냄
- 분석단위인 구성원이 어떤 집단에 속하는지를 판별 예측하는 판별함수를 통해 집단분류의 기준을 제시하고 예측의 적정성을 평가함
  - ➡ 표본의 크기가 충분히 크지 않을 경우 분석 결과 도출된 판별식의 적정성(예측력)을 평가하기 어려울 수 있음

(3) 기본원리

- 종속변수로 규정된 집단들을 가장 잘 구분(판별)해 주는 두 개 이상의 독립변수의 선형조합(linear combination)인 판별함수(discriminant function)를 도출함
- **판별함수**
  종속변수의 집단간 분산을 집단내 분산으로 나눈 비율을 최대화할 수 있는 독립(판별)변수들의 선형조합 함수

$$Z = W_1X_1 + W_2X_2 + \cdots + W_nX_n$$

Z = 판별점수(discriminant score)
X_i = 독립(판별)변수 i
W_i = 독립(판별)변수 i의 판별계수(가중치)(discriminant weight)

- **집단의 구분**
  판별함수의 값인 판별점수(Z)의 집단간 중심값(centroid) 비교를 통해 집단을 구분함

중심값(centroid)	독립변수와 이에 대응하는 가중치를 곱한 값들을 합하여 각 표본단위의 판별점수를 구한 후 각 집단에 속한 표본단위들의 판별점수 평균 값을 나타내며 해당 집단의 집단평균값이 됨
중심값의 비교	중심값은 특정 집단에서 표본단위들이 가장 많이 위치하는 점을 나타내며 이들 중심값(집단평균)의 비교를 통해 각 집단들이 판별을 위한 검정기준(dimension being tested)으로부터 어느 정도 떨어져 있는지를 판단할 수 있음

- 유의성 검정
  ▷ 판별함수의 통계적 유의성은 집단 중심값들 간의 거리(generalized distance) 측정을 통해 검정하게 됨
  ▷ 두 개 이상 집단에 대한 분포를 비교하여 집단간 분포의 중복이 적을 경우 판별함수는 집단들을 잘 판별해 줄 수 있지만 분포간 중복이 클 경우에는 판별함수를 통한 집단 구분이 어려울 수 있음

2) 분석절차

(1) 분석목적

- 판별함수를 통해 도출된 집단 중심점(group centroid)들간에 통계적으로 유의적인 차이가 있는지 분석함
- 독립(판별)변수들의 선형조합(판별함수)을 통해 각 집단을 타당하게 분류하는 기준을 제시함
- 독립(판별)변수들 중 어떤 변수가 두 개 이상 집단(종속변수)의 중심점(평균점) 차이를 잘 설명해 주는지 설명력의 상대적 차이를 분석함

- 판별함수에 의해 집단들이 얼마나 정확하게 구별되는지 분석하고 이와 관련된 판별력을 제시함
- 각 집단을 구분하는 판별함수를 도출하고 이를 통해 새로운 분석단위들이 어떤 집단에 속할지를 판별함

(2) 변수 및 표본

① 변수 선정

종속변수	• 범주형 변수로 전체 분석대상들을 몇 개의 그룹으로 나누어 분석할 것인지를 결정함 • 집단 수는 두 개 혹은 그 이상이 될 수 있으며 종속변수 각 집단은 상호배타적이어서 분석단위(관찰치)는 어떤 집단이든 특정한 한 집단으로만 분류됨(mutually exclusive & collectively exhaustive) ➔ **척도의 범주화(categorization)** 　종속변수가 범주형 변수가 아닌 서열/등간척도로 측정된 변수인 경우 다시 이를 몇 개 집단으로 구분하여 범주형 변수로 사용할 수도 있음 ➔ **양극집단 접근법(polar extremes approach)** 　종속변수가 3개 이상의 집단으로 구분되는 경우 중간 집단은 제외시키고 양극단의 두 집단만을 비교하는 방법
독립변수	• 계량(등간/비율)척도 변수로 상호 독립적이며 종속변수의 집단을 판별하는데 영향을 미치는 변수들을 선정함 • 연구목적에 필요시 질적변수도 더미변수의 형태로 사용될 수 있음 ➔ 이 경우 질적 독립변수의 해석은 기준값(기준 카테고리)과 비교하는 더미변수의 해석을 따름 • 연구모형과 가설에서 제시된 변수들로 연구목적에 부합하는 이론적 또는 선험적(先驗的) 근거를 통하여 도출됨 ➔ 연구자의 직관(insight)에 의해 변수가 선택되는 경우 이들 변수들은 종속변수(집단)를 판정(예측)하는 것과 논리적 연관성이 있어야 함

② 표본의 선정

표본 크기	• 독립변수(predictor variable) 수의 20배 이상의 표본수가 바람직하고 그 이하로 될 경우 분석(추정) 결과가 불안정해 질 수 있음 • 각 집단이 적어도 20개 이상의 관찰치가 되어야 바람직하며 집단 중 가장 작은 표본 크기를 갖는 집단의 표본 수가 독립변수의 수보다 많아야 함 • 집단별로 표본수(관찰치) 차이가 크면 판별함수 추정을 위한 집단간 등분산성 가정을 만족시키지 못 할 수 있으며 이를 통한 사례 분류(판별)에도 영향을 미칠 수 있음 ➔ 집단 수가 세 개 이상이면서 각 집단간 표본 수 차이가 크게 나면 표본 수가 적은 집단들에 대한 적절한 재집단화(regrouping)를 통해서 집단 수를 축소하여 분석할 수 있음

표본의 분할	• **표본분할법(split-sample or cross-validation approach)** 판별함수의 타당성 분석을 위하여 표본을 분석표본과 검정표본으로 나누어 비교 분석함 ➔ **분석표본(analysis sample):** 　전체 표본 중 판별함수를 도출하는데 사용되는 표본 ➔ **검정표본(holdout sample):** 　도출된 판별함수를 비교 검정하는데 사용되는 나머지 표본

(3) 가정 점검

표본 수	• 가장 작은 집단의 표본 수가 독립(판별)변수의 수보다 커야 함: 가장 작은 집단의 표본 수가 독립변수 수보다 적으면 오차 자유도가 작아져 통계적 검정력이 떨어지게 됨 • **과다적합(overfitting):** 한 집단의 사례 수가 지나치게 적으면 통계적으로 유의하지 않은 판별함수가 유의하게 도출되는 잘 못된 결과를 가져올 수 있음
독립변수의 다변량 정규성 (multi-variate normality)	• 독립변수들은 모집단으로부터 독립적으로 추출되는 연속형 변수임 • 독립변수들의 선형조합의 표본분포는 정규성을 가짐
분산/공분산구조 (dispersion/ covariance structures) 의 동질성 (homogeneity)	• 독립변수의 분산/공분산 행렬은 종속변수 집단별로 동일해야 함 ➔ 각 집단의 분산/공분산행렬은 동일한 모집단의 분산/공분산행렬로부터 추출됨 ➔ 동등하지 않은(unequal) 공분산 행렬은 분류과정에 영향을 미칠 수 있음: 　사례들이 보다 큰 공분산 행렬을 가진 집단으로 과잉 분류됨 ➔ **Box's M 통계치:** 　p값이 0.05보다 작으면 집단의 공분산이 이질적이고 0.05보다 크면 동질적으로 해석함 ➔ **산포도(scatterplot):** 각 집단의 분포가 비슷한 형태를 취하고 있는지 점검할 수 있음 • 집단별 표본 크기가 다르거나 작을 경우 분산/공분산 행렬의 동질성 확보 방법: ➔ 표본 크기가 크고 집단내 분산이 큰 경우 유의수준(α)을 더 엄격하게 설정하고, 표본 크기가 작고 집단내 분산이 큰 경우 유의수준을 상대적으로 다소 높게 설정함 ➔ 분산동질성을 확보하지 못하는 경우 유의성 검정을 위한 통계치로 Wilks Lambda 값 대신 집단내 분산의 영향을 적게 받는 Pillai 값을 사용함 ➔ 재집단화(regrouding)를 통해 집단의 사례 수를 동일하게 맞춤

다중공선성 (multicollinearity)[1]	• 독립변수간 지나친 다중공선성이 없어야 함 → 단계적 방법(stepwise procedure)을 이용하여 판별함수를 추정하는 경우 다중공선성이 미치는 영향이 크게 나타날 수 있으므로 특히 주의해야 함
독립(판별)변수들의 선형성 (linear relationship)	• 독립변수의 모든 쌍(pair)이 선형적 관계를 가져야 함 → 산포도(scatterplot)를 통해 모든 가능한 변수조합들의 분포를 분석하고 선형성을 점검함 → 분산/공분산의 이질성이 판별함수 추정에 따르는 검정력 약화에 미치는 영향에 비해서는 상대적으로 심각하지 않음
사전확률 (prior probability)의 동일성(equality)	• 각 집단의 표본 수가 동일할 경우 표본이 각 집단에 속할·사전확률은 동일해야 함

(4) 모형 추정 및 적합도 평가

① 모형 추정

● 판별함수의 도출

동시적 방법 (simultaneous method)	집단(종속변수)과 독립변수들간의 전반적인 관계성을 분석하여 판별함수를 구하는 방법으로 독립변수 각각의 판별력보다는 독립변수 전체를 하나의 선형결합으로 보고 가장 판별을 잘하는 선형식을 찾아내며 이 과정에서 도출되는 독립변수의 계수를 통해 각 변수가 판별에 미치는 상대적 영향(중요도)을 알 수 있음
단계적 방법 (stepwise method)	독립변수 중 가장 판별력이 좋은 변수를 선택한 다음 나머지 변수 중 가장 판별력이 크면서 기존에 선택된 변수와 결합하여 전체적인 판별력을 가장 크게 증대시키는 변수를 선택하는 일련의 과정을 거치면서 더 이상 전체 판별력을 증대시키는 독립변수가 없을 때까지 선택을 계속하면서 판별함수를 도출함

단계적 방법에서의 변수 평가 기준

Wilks Lambda = 집단내 분산 / 총분산

---

1) 독립변수들이 서로 상관관계를 보여 특정 변수가 다른 변수들에 의해 너무 많이 설명되어지고 전체 설명력에 기여하는 바가 적어지는 현상

윌크스람다 값이 가장 작은 변수(집단 간 판별력이 가장 큰 변수)부터 선택하고 남아 있는 변수들의 F값이 기준값 이하가 될 때까지 계속 반복함

→ 이 과정에서 기존에 선택된 변수라 해도 새로운 변수의 선택을 고려하면서 기존의 변수가 판별력을 잃게 되는 경우 해당 변수를 판별함수를 구성하는 변수군에서 제외될 수도 있음

→ 단계적 방법은 탐색적으로 독립변수의 판별 우선순위를 정하거나 집단을 분류하는 판별모형을 가설적으로 만들고자 할 때 유용함

● 판별함수(식)의 수

▶ 판별분석은 (종속변수) 집단수보다 하나 적은 수까지 판별함수를 추정할 수 있음

$$추정\ 판별함수의\ 수 = min(g-1, p),\ g = 집단\ 수,\ p = 독립변수\ 수$$

▶ 판별함수의 해석과 판별(예측)의 정확도 평가는 유의적인 함수를 토대로 이루어짐

● 통계적 유의성

Wilk's Lambda값	판별함수의 유의수준은 독립변수와 판별함수간 정준상관계수(canonical correlation coefficient)에 대한 Wilk's Lambda값을 토대로 F–검정하고 대개 0.05수준으로 평가하지만 이는 연구 목적에 따라 더 높거나 낮게 정해질 수 있음
마할라노비스 거리 (Mahalanobis'Distance) D^2	판별함수를 평가하는 방법으로 각 독립변수를 기준으로 두 집단 간 거리를 가장 크게 하는 독립변수를 선택하는 방법이며 단계적 방법에 사용될 수 있음

② 적합도 평가

● 분류행렬(표)

▶ 기준점(cutting score): 또는 임계값(critical value) Z

최적기준점(optimum cutting score)이라고도 하며 유의적인 판별함수가 도출되면 이를 토대로 각 사례의 판별점수를 구하고 해당 사례를 집단에 분류할 때 사용하는 기준값이 됨

→ 이러한 사례 분류 결과를 토대로 판별함수의 판별력을 보다 정확하게 평가하기 위한 분류행렬을 구성함

- **집단의 크기가 같은 경우**

$$Z_E = \frac{Z_A + Z_B}{2}$$

여기서
Z_E = 집단의 크기가 같을 경우의 임계점
Z_A = 집단 A의 중심값
Z_B = 집단 B의 중심값

- **집단의 크기가 다른 경우**

$$Z_U = \frac{N_A \, Z_A + N_B \, Z_B}{2}$$

여기서
Z_U = 집단의 크기가 다를 경우의 임계점
N_A = 집단 A 사례 수
N_B = 집단 B 사례 수
Z_A = 집단 A의 중심값
Z_B = 집단 B의 중심값

- **분류행렬(classification matrices)**

  판별함수의 판별(예측)력을 결정하기 위하여 구성하는 분류표

  → 전체 표본을 분석표본과 검정표본으로 나누어 분석하는 경우 분석표본은 판별함수를 도출하기 위하여 사용되고 검정표본으로 분류행렬을 구성할 수 있음

  → 각 사례의 판별함수값과 기준점을 비교하여 판별함수값이 기준점보다 크면 '1'로 코딩된 집단으로 분류하고 작으면 '0'으로 코딩된 집단으로 분류하게 됨

  → 분류행렬의 대각셀(cell)에는 올바로 분류된 사례가 나타나게 되며 비대각셀(cell)에는 오분류된 사례가 포함됨

- **분류함수(Classification Function)**

  ▷ 판별함수(Discriminant Function)가 아닌 분류함수(Classification Function)를 사용해도 분석표본에 대한 집단 구분이 가능함

  ▷ 이 경우 분류함수는 집단 수만큼 도출되고 각 사례를 각 집단에 해당하는 분류함수에 대입하여 더 큰 분류함수 값을 갖는 집단으로 해당 사례를 분류하게 됨

- 판별함수의 분류(판별) 정확도 평가
  - ▶ 백분율(적중률: hit ratio)
    판별함수의 타당성을 나타내는 지표로 분류표에서 총 사례 중 올바로 분류된 사례의 비율(백분율)을 나타냄
    - ➜ 회귀분석에서의 R^2와 같은 의미로도 해석할 수 있음
- 백분율의 평가
  판별함수의 판별예측 정확도는 분류행렬을 통하여 구한 적중률과 판별함수의 도움 없이 순전히 확률(chance)에 의해서 사례가 정확히 분류될 백분율을 비교하여 판단할 수 있음

확률에 의한 분류도(determination of the chance classification):
- 집단의 크기가 같을 경우:

$$C = (1 \div 집단의\ 수)$$

- 집단의 크기가 다를 경우:
  - ⓐ 가장 큰 집단의 확률(maximum chance) 이용 방법
    가장 큰 표본을 가진 집단을 기준으로 우연에 의한 확률 분류도를 결정하는 방법

$$Cmax = (가장\ 큰\ 집단의\ 표본수 \div 전체\ 표본수) \times 100$$

  - ⓑ 집단의 크기를 고려한 확률(proportional chance) 이용 방법

$$C_p = \sum_{i=1}^{n} \left(\frac{집단\ i의\ 빈도수}{전체\ 표본수} \right)^2$$

전체 표본(n)이 아래와 같이 n_1, n_2의 두 집단으로 나뉘어 질 경우:

(n_1)   (n_2)

(표본) $n = n_1 + n_2$

$$\left(\frac{n_1}{n}\right)^2 + \left(\frac{n_2}{n}\right)^2 = CP \text{ (hit-ratio가 높고 낮은지의 기준이 될 수 있음)}$$

n_1 & n_2: 50명으로 비슷하다면 CP값은 작아짐($\frac{1}{2}$을 다시 제곱하면 더 작아짐)
n_1 98명, n_2 2명: 집단간 표본수 차이가 클 경우 CP값은 커지게 됨

- 판별함수의 분류 정확도 기준:
  판별함수의 분류 정확도는 적중률이 확률에 의해 기대되는 백분률보다 클 때 판별함수가 집단들을 정확하게 판별한다고 해석하게 되지만 어느 정도 커야 하는지에 대해서는 일반적인 기준이 정해져 있지 않음
  → Hair et al.(2010)은 판별함수에 의한 적중률이 확률에 의한 것보다 적어도 25% 이상 커야 한다는 기준을 제시하고 있으며, 예를 들어, 확률에 의한 분류 정확도가 50%라면 판별함수에 의한 분류 정확도는 적어도 62.5%(50%×1.25) 이상은 되어야 한다는 것을 의미함

- 분류 정확도의 유의성 검정: Press'Q 통계치
  정확히 분류된 사례수, 전체 표본크기, 집단수 등을 통해 계산된 점수를 (원하는 신뢰구간에서 자유도 1의) χ^2-분포 임계치(critical value)와 비교하여 계산된 Q점수가 이 임계치보다 크면 판별함수의 분류가 우연 확률에 의한 것보다 더 우수하다는 결론을 내릴 수 있음

$$\text{Press'}Q = \frac{[N-(n \times K)]^2}{N(K-1)}$$

여기서
  N = 전체 표본크기
  n = 정확히 분류된 사례 수
  K = 집단 수

(5) 결과 해석

- 유의적인 판별함수가 도출되고 판별함수의 분류 정확도가 받아들일 수 있는 수준이 되면 집단을 판별하는데 있어 독립변수의 상대적 중요도를 조사하고 해석하게 됨

표준화 판별함수계수: (standardized canonical discriminant function coefficient)	• 도출된 판별함수의 각 변수들에 부여된 표준화된 판별가중치(표준화 판별계수: standardized discriminant coefficient)의 크기(판별의 상대적 기여도)와 부호(집단 판별)를 해석함 • Wilk's Lambda 값을 토대로 도출된 F-값으로 각 독립변수 판별계수의 유의성을 검정함
비표준화 판별함수계수: (unstandardized canonical discriminant function coefficient)	• 각 독립변수에 원 자료값을 대입하고 비표준화 판별함수계수를 이용하여 집단별 판별점수를 구할 수 있음 • 각 표본의 판별점수와 임계값(critical value)을 비교해 집단을 분류함
판별적재치 (discriminant loadings)	• 구조상관(structure correlation)이라고도 불리며 각 독립변수와 판별함수간 선형상관(linear correlation)을 나타냄 • 각 독립변수가 판별함수와 공유하고 있는 분산 • (판별가중치 이외에) 독립변수들의 판별력을 해석하는 수단이 되며 요인분석의 요인적재치와 비슷하게 판별함수에 대한 각 독립변수의 상대적 기여도를 평가할 수 있음 ➡ 일반적으로 변수 적재치가 ±.3 이상일 때 유의한 판별치로 간주함[2] ➡ 일례로 아래 판별분석 결과표는 13개 독립변수와 2개 집단으로 구분되는 종속변수간 판별분석에서 독립변수들과 판별함수간 상관계수(판별적재치)를 보여주고 있음
부분 F값 (partial F-value)	• 단계적(stepwise) 방법으로 판별함수를 도출할 경우 각 독립변수의 상대적 판별력을 해석하는 기준이 됨 • F-값의 크기가 클수록 해당 변수의 판별력이 크다는 것을 의미하며 이를 통해 각 독립변수의 판별에 있어서의 유의 수준을 나타낼 수 있음
다중집단 (multiple Group)	• 종속변수가 3집단 이상으로 구분되는 경우 판별분석을 통해 판별함수가 두 개 이상 도출될 수 있으므로 각 판별함수가 어떤 특정 집단들을 구분할 수 있는지 정확히 파악하는 것이 중요함 • 각 판별함수별로 제시되는 집단 중심값(group centroid)들의 크기와 부호를 고려하여 가능한 서로 다른 부호로 계수의 크기가 서로 명확하게 큰 차이를 보이는 집단(들)을 해당 판별함수가 정확히 구분하는 것으로 해석하게 됨

---

2) Hair, Jr., J.F., W.C. Black, B.J. Babin, and R.E. Anderson(2010), "Multivariate Data Analysis: A Global Perspective" 7th ed. Pearson.

판별분석 결과정리 – SPSS – 예제표[3)]

표 15-1

DISCRIMINANT FUNCTION ANALYSIS CLASSIFYING TRAVELERS FROM NONTRAVELERS			
Predictors	Correlation between Discriminating Variables and Canonical Discriminant Function[a]	Univ. F	Sig.
Demographics			
Married	−.24	14.84	00
Home owner	−.23	13.13	.00
Income level	−.41	42.91	.00
Age	.68	118.50	.00
Years of education	−.57	84.29	.00
Health status			
Number chronic conditions	.39	39.15	.00
Number mobility problems	.55	76.54	.00
Self-assessed health	.47	55.85	.00
Predisposition-attitudinal			
Ability handling money	.40	41.08	.00
Locus of control — chance	.29	21.48	.00
Locus of control — power	.23	13.77	.00
Life-satisfaction	−.23	13.35	.00
Would spend money on recreation	−.37	36.17	.00

[a]Negative correlation indicates a greater tendency to travel.

Eigenvalue	.19
Percent of variance	100.00
Canonical correlation	.40
Significance	.00
Percent classified correctly	79.8%
Percent classified correctly without predictors	62.7%

- 위 예제표의 경우 각 판별(독립)변수의 판별 기여도를 나타내는 기준으로 표준화 또는 비표준화 판별함수계수를 사용하지 않고 판별적재치(discriminant loadings)에 해당하는 "Correlation between Discriminating Variables and Canonical Discriminant Function"을 사용하였음

- 일례로 아래 판별분석 결과표의 경우, 종속변수가 5개 집단으로 구분되어 세 개의 판별함수가 도출되었고 function 1의 경우 'Near Canada'와 'Farther Destination'을 잘 구분하는 판별함수가 되고 function 2의 경우 'Near Canada'와 'Near United States'를 function 3의 경우에는 'Near United States'와 'Other Canada'를 상대적으로 잘 구분하는 판별함수가 된다는 것을 알 수 있음

---

3) Zimmer, Z., R.E. Brayley, M.S. Searle(1995), Whether to Go and Where to Go: Identification of Important Influences on Seniors' Decisions to Travel, Journal of Travel Research, Winter, pp.3-10.

⊙ 판별분석 결과정리 – SPSS – 예제표

표 15-2

DISCRIMINANT FUNCTION CLASSIFICATION RESULTS FOR TRAVEL DESTINATIONS

	Function 1	Function 2	Function 3
Eigenvalue	.18	.04	.03
Percent of variance	69.17	14.82	13.48
Canonical correlation	.39	.19	.18
Significance	.00	.00	.02
Percent classified correctly		42.67%	
Percent classified correctly without predictor variables		26.23%	
Group Centroids			
1. Near Canada	-.69	.21	-.17
2. Near United States	-.15	-.59	-.33
3. Other Canada	-.08	-.06	.18
4. Other United States	.32	.07	.07
5. Farther destinations	.69	.13	-.23

(6) 타당성 검정

- 표본분할(spilt sample) 또는 교차타당성(cross-validation) 검정
  - ▶ 연구자가 판별분석 결과의 외적 타당성에 관심이 있다면 중요하게 고려해야 함
  - ▶ 분석 표본수가 작을 경우 판별함수를 도출하는데 사용된 표본을 그대로 사용하여 판별력을 검사하는 일반적인 분류행렬을 도출하면 실제 보다 타당성이 더 높게 나타나는 상향적 편향(upward bias)이 발생할 수 있으므로 결과 해석에 유의해야 함
- 내적 표본 분할(internal sample validation):
  전체 표본집단을 임의로 분석표본과 검정표본으로 나누고 분석표본을 사용하여 판별함수를 도출한 후 해당 결과를 검정표본에 적용하여 검정함
- 외적 표본 분할(internal sample validation)
  다른 모집단이나 모집단의 다른 부분으로부터 검정표본을 구성하는 경우
  → 표본분할을 위해서는 전체 표본수가 100 이상 되는 것이 바람직함
  → 표본의 분할: 비례표본분할(proportionate sample splitting)
  범주별 표본수가 동일할 경우: 분석집단과 검정집단을 같은 수로 배분함

범주별 표본수가 동일하지 않을 경우: 집단의 범주별 비율에 따라 분석집단과 검
정집단에 배분

⊙ SPSS Procedure: Discriminant Analysis

- Analyze → Classify → Discriminant → Grouping Variable(종속변수)/Independents(독립변수) → OK

- 분할표(Hit-ratio)

  Analyze → Classify → Discriminant → Grouping Variable/Independents → Classification(옵션) → Summary Table → Continue → OK

- 집단간 분산/공분산의 동질성 가정 점검: Box's M

  Analyze → Classify → Discriminant → Grouping Variable/Independents → Classification(옵션) → Summary Table → Continue → Statistics: Box's M → Continue → OK

2. 로지스틱 회귀분석(Logistic Regression Analysis)

1) 개요(槪要)

(1) 개념

- 계량(metric)척도로 측정된 종속변수와 독립변수간 인과관계를 분석하는 회귀분석과는 달리 비계량척도인 이분형(binary) 종속변수와 계량척도로 측정된 독립변수간 인과관계를 분석하고자 하는 경우 사용됨

  → 판별분석과 변수 척도나 사용 목적 등이 비슷함

$$Y = X_1 + X_2 + X_3 + X_4$$

$$(Y: 0, 1)$$

$$(X_i: 연속변수)$$

● 판별분석에서는 응답자 개인별 판별점수를 계산하여 응답자의 소속집단을 예측하는 데 비해서 로지스틱 회귀분석에서는 응답자가 특정집단에 속할 확률을 토대로 응답자의 소속집단을 예측함

● 판별분석에서는 독립변수들의 정규성(normality)과 종속변수 집단간 분산/공분산의 동일성(Box-M Test)등과 같은 가정들이 만족되어야 하지만 로지스틱 회귀분석에서는 이러한 엄격한 가정들을 필요로 하지 않기에 분석방법의 사용에 있어 더 편의적이고 현실적인 측면이 있지만 분석결과의 해석에 있어서는 (로그)변환된 종속변수의 개념을 신중히 고려하여 해석해야 함

● 로지스틱 회귀분석에서도 회귀식의 설명력을 나타내는 R^2값(Cox & Snell R^2, Nagelkerke R^2)이 도출되지만 로지스틱 회귀분석에서의 R^2값은 일반적으로 낮게 나오는 편이므로 모형평가에서는 R^2보다 분류율(hit ratio)을 참고하는 경우도 많음[4]

(2) 목적

● 비계량(집단)척도인 종속변수와 계량척도인 독립변수간 인과관계를 분석하기 위한 목적으로 사용됨

● 종속변수의 집단을 구분하는데 기여하는 독립변수들의 상대적 기여도를 분석함

● 분석 대상들이 (종속변수에 의해) 두 개 혹은 그 이상의 집단으로 나누어진 경우 개별 자료(관측치)들이 어떤 집단으로 분류될 수 있는지를 분석하고 이를 예측하는 모형을개발하기 위한 목적으로 사용될 수 있음

(3) 기본 원리

● 종속변수의 계량 변환(metric transformation)

독립변수(X_1, X_2, $\cdots$, X_n)는 계량척도 변수이지만 종속변수(Y)가 비계량척도이므로 변수간 인과관계를 ($Y = \beta_0 + \beta_1 X_1 + \beta_2 X_2 + \cdots + \beta_n X_n + \varepsilon$)과 같이 정의하는 회귀분석을 할 수 없으며 대신 종속변수의 각 집단 이 나타날 확률의 비율을 새로운 종속변수로 삼아 독립변수 선형조합($\beta_0 + \beta_1 X_1 + \beta_2 X_2 + \cdots + \beta_n X_n$)과의 인과함수로 지정하고 이를

---

4) 로지스틱 회귀분석에서 제시되는 R^2값(Cox & Snell R^2, Nagelkerke R^2)은 회귀분석에서의 R^2값과는 다른 방식으로 도출되고, Cox & Snell R^2의 경우 최대값이 1보다 작음(로지스틱 회귀분석에서의 R^2를 Pseudo R^2로도 칭함)

분석함

- 오즈(Odds)

종속변수가 두 집단(1, 0)으로 구분되는 경우 특정집단(1)이 발생할 확률을 특정집단(1)이 발생하지 않을 확률로 나눈 비율

➡ $Odds = \dfrac{P(1)}{1-P(1)}$

⟨종속변수 변환⟩ Odds:

$Y' = \dfrac{P(1)}{P(0)} = \dfrac{P(1)}{1-P(1)}$: 성공확률 : 실패확률

확률이 0에서 + ∞ 값을 가짐

$0 < Y' < \infty$

➡ 종속변수가 두 집단(1, 0)으로 구분되는 경우 판별분석에서는 이 두 집단을 구분(판별)하는 독립변수를 구하므로 독립변수 계수 추정을 통하여 각 독립변수의 판별력을 직접 해석하면 되지만 로지스틱 회귀분석에서는 종속변수가 Y→Y'으로 변환(로짓변환: logit transformation)되어 해당 집단이 발생할(성공) 확률을 해당 집단이 발생하지 않을(실패) 확률로 나눈 값에 영향을 미치는 변수의 의미로 독립변수의 계수를 해석하게 됨

2) 분석 내용

(1) 로짓 변환(logit transformation)

logit = log(odds)

odds 값은 (0 ~ +∞) 사이로 매우 큰 범위를 가지므로
log 변환을 통해 (0 ~ 1) 사이 값으로 변환함

- 로지스틱 회귀분석

이 logit을 종속변수로 정의하고 예측(독립)변수와 선형의 관계로 모형화하여 분석하는 방법

$$\bullet \ P(1) =\rangle \ p, \ \text{예측변수} \ x_1, \ x_2, \ \cdots, \ x_q \ \text{인 경우,}$$

$$\log(odds) = \beta_0 + \beta_1 x_1 + \beta_2 x_2 + \cdots + \beta_q x_q$$

$$odds = \frac{p}{1-p} \implies odds = e^{\beta_0 + \beta_1 x_1 + \beta_2 x_2 + \cdots + \beta_q x_q}$$

(2) 로지스틱 (반응)함수: logistic (response) function

$$p = \frac{1}{1 + e^{-(\beta_0 + \beta_1 x_1 + \beta_2 x_2 + \cdots + \beta_q x_q)}}$$

확률밀도함수 (probability density function)	$(x_1, \ x_2 - -, \ x_q)$가 어떤 값을 가지더라도 우변은 항상 0과 1의 값을 갖게 됨으로써 확률밀도함수의 요건을 충족시키는 함수가 됨
S-커브 함수	S-커브의 형태를 띠는 함수[y=1/(1+e⁻ˣ)]로 실제 많은 자연, 사회현상에서 특정 변수에 대한 확률값은 선형이 아닌 S-커브 형태를 따르는 경우가 많음

- SPSS 분석결과 통계치:

  ▶ B

  독립(예측)변수의 기울기를 나타내는 계수값(β_0, β_1, β_2, $\cdots$)을 의미함

  ➔ (−: negative)값을 갖는 경우:

  해당 독립변수가 증가할수록 p(집단1이 발생할 확률) = p(Event)가 감소함을 의미

  ➔ (+: positive)값을 갖는 경우:

  해당 독립변수가 증가할수록 p(집단1이 발생할 확률 = p(Event))가 증가함을 의미

  ▶ Exp(B)

  Odds ratio(교차비)를 의미하며 독립변수 값에 따라 p(Event) 값이 몇 배 증가하는 지를 나타냄[5]

---

5) 독립변수가 계량변수인 경우: Exp(B)은 해당 독립변수 값이 1 증가할 때의 Odds ratio를 나타냄
독립변수가 비계량변수인 경우: Exp(B)은 해당 독립변수 값이 특정 집단(0)에서 다른 집단(1)으로 한 단계 증가할 때의 Odds ratio를 나타냄

$$Z = B_0 + B_1X_1 + B_2X_2 + B_3X_3 \cdots + B_qX_q$$

$$Prob(Event) = \frac{e^Z}{1+e^Z}$$

➡ Exp(B) < 1: p(Event)가 감소함 (B값은 (-))

➡ Exp(B) = 1: p(Event)는 변화가 없음 (B값은 (0))

➡ Exp(B) > 1: p(Event)가 증가함 (B값은 (+))

▶ 함수 추정방법

➡ [Enter]: 고려하고 있는 모든 독립변수들을 포함시켜 분석함

➡ [Forward(Conditional)]: 유의적인 변수들만 선택 적용하여 분석함

(3) 로지스틱 회귀계수의 검정

카이스퀘어(Chi-square) 검정	회귀분석(t-검정)과는 달리 로지스틱 회귀분석에서는 Wald 통계값을 카이스퀘어(Chi-square, df=1) 검정함
검정시 주의점	로지스틱 회귀계수의 절대값이 큰 경우 표준오차도 커지는 경향이 있으므로 회귀계수의 절대값이 크면 Wald 검정이외에 우도비(likelihood-ratio) 검정을 추가하는 것이 바람직함
-2Log Likelihood(-2LL)	해당 변수를 포함하지 않은 모형과 포함한 모형의 -2LL 차이를 구한 후 해당 차이값이 자유도=1에서 유의미한지를 검정하기 위해 우도비검정(Log Likelihood Ratio test)을 실시함

(4) 분석결과 해석

- **분류표(Classification table)**

  종속변수의 집단 구분에 대한 예측정확도를 나타내주는 표로 각 집단으로 정확하게 분류된 분석단위와 정확하게 분류되지 않은 단위의 절대 개수와 상대 비율이 제시되어 있음

- **설명력: Cox & Snell R[26], Nagelkerke R[27]**

  추정된 각 로지스틱 회귀식의 설명력을 나타내며 최대값이 1보다 적은 값을 갖는

---

6) Cox, D.R. & Snell, E.J.(1989). Analysis of Binary Data (second edition). Chapman & Hall/CRC.

7) Nagelkerk, E.(1991). A note on a general definition of the coefficient of determination. Biomelrika, 78(3), 691-692.

Cox & Snell R²과는 달리 Nagelkerke R²는 Cox & Snell R²을 보정한(adjusted) 방식으로 0에서 1까지의 값을 가짐[8]

- Hosmer & Lemeshow 적합도(goodness-of-fit) 검정

    분석 결과 도출된 유의수준 p값이 0.05보다 크면 분석 표본에서 추정된 로지스틱 회귀식이 모집단을 잘 반영하는 것으로 간주할 수 있음

- 우도비(Likelihood ratio) 모형 적합도(goodness-of-fit) 평가

우도(Likelihood)	로지스틱 회귀모형의 회귀계수들이 특정 값을 가질 때 이 모형으로부터 분석표본에서 관찰되는 값과 같은 종속변수 값들이 얻어질 확률을 의미함
최우추정치 (maximum likelihood estimates: MLE)	우도(L)를 최대로 하는 로지스틱 회귀모형을 도출하기 위해 최대우도추정법 (maximum likelihood estimation)이라는 반복계산절차(iterative process)를 사용하여 얻어진 추정치
포화모형 (saturated model)	우도값이 최대가 되는 모형으로 분석단위와 설명(독립)변수의 수가 같은 경우이며 분석자료를 완벽하게 설명할 수는 있지만 가능한 적은 수의 변수로 많은 자료를 설명하고자 하는 현실적 통계분석 목적에는 적합지 않음
축소모형 (reduced model)	포화모형보다 설명변수를 적게 가지는 모형으로 포화모형에서 얻어지는 L값과 축소모형의 L값을 비교하여 축소모형의 적합도를 평가함

우도비(Likelihood ratio): −2LL(log likelihood)	−2LL = −2log(포화모형의 우도비/축소모형의 우도비)
	    = −2[log(포화모형의 우도비) − log(축소모형의 우도비)]
	    값이 0일 때 축소모형의 적합도가 가장 좋다고 볼 수 있고
	    값이 0보다 커질수록 적합도는 나빠지게 됨

적합도(우도비) 검정	−2LL을 자유도 d.f.=(분석표본수 − 설명변수수 − 1)인 χ^2 분포로 검정함 ➡ 검정 결과 p값이 유의적일수록 해당 모형이 적합하지 않음을 나타냄

- 모형 카이스퀘어(Model Chi-square) 검정

    ▶ 설명(독립)변수를 사용하지 않은 영모델(null model)의 -2LL에서 해당 설명변수를 포함한 모형의 -2LL 값을 뺀 값을 Chi-square 검정통계량을 통하여 검정함

    ▶ Chi-square 검정통계량이 크게 나타날수록 p값이 작게(검정결과가 유의하게) 나올수록 연구모형이 유의미함을 나타냄

---

8) Cox & Snell(1989), Nagelkerke(1991)

ⓒ SPSS Procedure: Binary Logistic

- Analyze → Regression → Binary Logistic → Dependent(0/1 명목척도) → Covariates(독립변수) → Option(Hosmer-Lemeshow goodness) → R^2→ OK

(5) 다항 로지스틱 회귀분석(Multinomial Logistic Regression Analysis)

- 이항(binary) 로지스틱 회귀분석의 확장

  종속변수가 집단(category) 3개 이상의 명목변수인 경우의 로지스틱 회귀분석으로 분석단위가 종속변수의 각 집단에 속할 확률에 영향을 미치는 독립변수를 분석함

- 기준집단(reference group)을 통한 더미(dummy)화

  ▶ 특정 카테고리(집단)를 기준집단으로 정하고 이를 기준으로 다른 사건(집단)이 발생할 확률을 대비시켜 분석함

  ▶ 종속변수의 category가 k개라면, (k-1)개 만큼의 로지스틱 함수식을 추정하게 됨

   → 일례로, 종속변수가 a/b/c/d 4개 category(집단)로 나누어지고 Reference category가 d이면 a-d, b-d, c-d를 각각 대비하는 식을 추정하고 이를 토대로 a-b, a-c, b-c 관계까지 추론함

  ▶ 각 로지스틱 함수의 로짓계수를 추정하고 이를 토대로 각 관찰치가 종속변수의 특정 범주를 선택할 확률 또는 특정 범주에 속할 확률을 구하게 됨

  ▶ 기타, 회귀계수 추정 및 모형 적합도 검정은 이항로지스틱 분석과 같은 방식을 따름

ⓒ SPSS Procedure: Multinomial Logistic

- Analyze → Regression → Multinomial Logistic → Dependent(reference category: 명목척도 카테고리) → Covariates(독립변수: 연속) / Factors(독립변수: 카테고리) → Statistics(Model: Pseudo R-Square, Parameter: estimate, likelihood ratio tests) → OK

SPSS 예제: 판별분석 예시

- Data: hotel data

  Dependent variable: type_hotel: (1: 체인호텔, 2: 독립호텔, 3: 대체숙박업소)

  Independent variable: room_comfort, staff_service, location, price
- 호텔 유형에 영향을 미치는 호텔의 속성(객실편안함/직원서비스/위치/가격)에 대한 분석을 하기 위해서 150개 sample을 이용하여 다중판별분석을 실시함

Name	Type	Width	Decimals	Label	Values	Missing	Columns	Align	Measure	Role
type_hotel	Numeric	1	0		{1, chain}...	None	8	🔳 Right	🔴 Nominal	➘ Input
room_comfort	Numeric	11	5	room_comfort	None	None	13	🔳 Right	🖉 Scale	➘ Input
staff_service	Numeric	11	5	staff_service	None	None	13	🔳 Right	🖉 Scale	➘ Input
location	Numeric	11	5	location	None	None	13	🔳 Right	🖉 Scale	➘ Input
price	Numeric	11	5	price	None	None	13	🔳 Right	🖉 Scale	➘ Input
facilities	Numeric	11	5	facilities	None	None	13	🔳 Right	🖉 Scale	➘ Input

	type_hotel	room_comfort	staff_service	location	price	facilities
1	1	-.36525	-.49848	-.17374	-.54913	-.58089
2	1	-.41578	.34247	-.36244	-.55463	.05228
3	1	-.35274	.87395	-.61779	-.43236	1.22436
4	1	-.40014	-.48095	-.37810	-.62504	.97333
5	1	-.42092	-.45089	-.45607	-.56862	.98949
6	1	-.28856	1.60730	-.53036	-.23353	.02956
7	1	-.39116	.29302	-.50765	-.22461	.00284
8	1	-.26031	1.86096	-.25812	-.24681	.31491
9	1	-.32827	.44269	-.27122	-.53057	-.00763
10	1	-.35296	1.33552	-.25862	-.44848	-.60884
11	1	-.36548	.72924	-.27609	-.23097	.24985
12	1	-.37237	-.13710	-.17708	-.49998	-.06710
13	1	-.41929	2.54210	.16505	-.67713	2.26852
14	1	-.36917	.61025	.14012	-.55639	-.60620
15	1	-.35244	-.12832	-.27673	-.25691	-.60911
16	1	-.22209	.71082	-.43595	-.07323	-.16233
17	1	.31610	.46398	-.19940	-.44721	-.23155
18	1	-.37331	1.68624	-.61894	-.45319	2.38351
19	1	-.35572	.10895	-.26968	-.51580	-.59445
20	1	-.44816	.62494	-.56911	-.63886	2.35904
21	1	-.30394	1.04221	-.29506	-.41595	-.56770
22	1	-.32388	.06274	-.21206	-.53186	-.20804
23	1	-.30382	2.75131	-.20943	-.43877	-.62547
24	1	-.18533	.96740	-.03329	-.43729	-.60212
25	1	-.34335	.41406	-.25249	-.59091	.02046
26	1	-.41574	-.48421	-.40662	-.56409	.19964
27	1	-.30639	.86282	-.27946	-.47952	-.55948
28	1	-.40463	.71647	-.46502	-.45114	.22537
29	1	-.27303	.56381	-.11090	-.20106	-.62732
30	1	-.28183	.61155	-.58650	.64352	1.65411
31	1	-.32964	.35783	-.12763	-.53084	-.10731
32	1	-.20438	.52266	-.03431	-.47278	.33983
33	1	-.23077	1.23366	-.18226	-.41426	-.56525
34	1	.11318	-.68608	-.35296	-.51148	-.60039
35	1	-.33082	.59268	-.27647	-.50153	-.56155

- Wilks'lambda와 χ^2검정 결과 2개 판별함수는 모두 p<.05로 나타나 5개 호텔속성(독립변수)을 토대로 호텔유형을 판별하는 유의미한 판별함수가 도출되었음
- 판별분석의 전제가 되는 각 집단간 공분산 동일성 가정인 Box's M test 결과 510.918(p<.05)로써 각 집단간 공분산이 동일하다는 귀무가설이 기각되어 본 분석의 경우 판별분석의 전제조건을 충족시키지는 못하는 것으로 나타남
- 정준상관계수를 통해 함수1은 68.2%($.826^2$) 함수2는 11.3%($.337^2$)의 판별함수 분산설명력을 가지고 있음을 알 수 있음

Test Results

Box's M		510.918
F	Approx.	16.199
	df1	30
	df2	68472.528
	Sig.	.000

Tests null hypothesis of equal population covariance matrices.

Eigenvalues

Function	Eigenvalue	% of Variance	Cumulative %	Canonical Correlation
1	2.153[a]	94.4	94.4	.826
2	.128[a]	5.6	100.0	.337

Wilks' Lambda

Test of Function(s)	Wilks' Lambda	Chi-square	df	Sig.
1 through 2	.281	184.050	10	.000
2	.886	17.528	4	.002

- 호텔의 속성을 대상으로 호텔 유형을 구분(판별)하는 요인을 분석하기 위해 다중판별분석을 실시한 결과 2개의 판별함수가 도출되었으며 판별적중률은 83.3%로 나타남
- C_{pro}값은 25.1%로 판별적중률과 58.2%정도의 차이가 나는 것으로 나타나 판별분석 결과의 타당성은 상당히 높다고 할 수 있음
- 집단중심점(group centroid)을 통해 추정된 판별함수의 성격을 분석한 결과 함수Ⅰ은 chain hotel(-1.207)과 independent hotel(2.043)을 구분하는데 유용하며 함수Ⅱ는 chain hotel(-.406)과 guest house(.458)를 구분하는데 유용한 판별함수임을 나타내고 있음

Standardized Canonical Discriminant Function Coefficients

	Function	
	1	2
room_comfort	-.155	.717
staff_service	-.707	.199
location	.333	.013
price	.945	.284
facilities	.220	-.388

Structure Matrix

	Function	
	1	2
price	.697*	.462
staff_service	-.574*	.288
location	-.279*	.031
room_comfort	-.070	.859*
facilities	.078	-.503*

Functions at Group Centroids

	Function	
type_hotel	1	2
chain	-1.207	-.406
independent	2.043	-.052
guesthouse	-.836	.458

Classification Results[a]

		type_hotel	Predicted Group Membership chain	independent	guesthouse	Total
Original	Count	chain	47	0	3	50
		independent	3	46	1	50
		guesthouse	17	1	32	50
	%	chain	94.0	.0	6.0	100.0
		independent	6.0	92.0	2.0	100.0
		guesthouse	34.0	2.0	64.0	100.0

a. 83.3% of original grouped cases correctly classified.

- 호텔 유형을 판별하는데 있어서의 상대적 중요도를 의미하는 표준화 정준판별함수 계수는 함수 Ⅰ에서 price(.945), 함수 Ⅱ는 room_comfort(.717)의 판별력이 가장 큰 것으로 나타났고 상관계수를 통해 판별에 영향을 미치는 변수를 확인하면 함수 Ⅰ은 staff_service, price가 함수 Ⅱ는 room_comfort, price, facilities가 호텔유형 판별에 유의한 영향을 미치는 요인으로 나타남

● 판별분석 결과 요약 정리표

표 15–3 **Hotel Attributes Affecting Hotel Types - Discriminant Analysis -[a]**

$f(\chi)$	Eigenvalue	Canonical Correlation	Wilk's Lambda	χ^2	df	sig.
1	2.153	.826	.281	184.050	10	.000
2	.128	.337	.886	17.528	4	.002

Variables[b]	discriminant function I	discriminant function II
	Coefficient[c] (Correlation)[d]	Coefficient (Correlation)
room_comfort	−.155 (0.070)	.717 (.859)**
staff_service	−.707 (−.574)**	.199 (.288)
location	.333 (−.279)	.013 (.031)
price	.945 (.697)**	.284 (.462)**
facilities	.220 (.078)	−.388 (−.503)**

Group	Centroid 1	Centroid 2	Hit Ratio
chain hotel	−1.207	−.406	
independent hotel	2.043	−.052	83.3%
guesthouse	−.836	.458	

a. Result of multiple discriminant analysis
b. n=150
c. Standardized canonical discriminant function coefficients
d. Within_groups correlation
** ±.30 correlation between each variable and any discriminant function

핵심 연구방법론

Essentials of Research
Methodology

CHAPTER 16

비모수통계분석
(Nonparametric
Statistical Analysis)

비모수통계분석(Nonparametric Statistical Analysis)

1. 개요(概要)

(1) 개념

- 자료(관측치)가 어떤 특정한 확률분포를 따른다고 가정할 수 없거나 모집단에 대한 정보가 없는 경우 실시하는 통계적 검정방법
  - ▶ 모수와 모집단에 대한 언급을 하지 않아 분포무관(distribution-free) 방법이라고도 함
  - ▶ 분포에 대한 기본 가정을 필요로 하지 않아 자료가 정규분포를 따르지 않거나 표본의 크기가 작아도(n<30) 검정을 할 수 있는 통계적 기법
- 모집단의 분포 가정이나 분석자료의 계량적(간격/비율) 측정에 제약이 많은 사회과학 분야에서 중요하게 고려될 수 있는 분석방법임
  - ▶ 서열측정 자료에 모수통계기법을 적용하면 모수통계 가정을 위반하기 때문에 분석자료의 특성에 맞추어 적합한 통계기법을 선택하는 것이 바람직함
- **자료(관측치)가 비계량척도(명목/서열)로 측정된 경우**
  - ▶ 계량적 수치보다 부호나 순위 또는 명목적 카테고리만이 의미가 있는 경우
    - → 계량적 관측치가 아닌 상대적 평가(순위: rank)나 명목 카테고리에 의존하므로 자료에서 이상값이 미치는 영향을 줄일 수 있음
  - ▶ 모집단 분포와 계량척도를 기반으로 하는 모수통계기법에 비해 가설검정에 있어 검정력(power of the test)이 약함

(2) 목적

- 자료가 정규분포를 하지 않거나 정규분포로 적절히 변환되지 못하는 경우 통계적 분석이나 검정을 하고자 할 때 사용될 수 있음
- 분석 자료의 표본(sample) 수가 적을(n<30) 경우 사용됨
- 변수 척도가 비계량(명목/서열)척도로 측정된 경우 사용됨

(3) 특징

- 최소한의 가정을 전제로 하므로 모수통계 가정을 만족시키지 못한 상태에서 모수통계 분석을 하는데 따르는 오류를 줄일 수 있음
- 계산과정이 단순하고 분석 및 검정방법의 통계적 의미를 논리적으로 쉽게 이해할 수 있어 통계에 대한 깊은 지식을 필요로 하지 않음
  - ▶ 비교적 신속하고 쉽게 통계량을 구할 수 있으며 결과에 대한 해석 및 이해가 용이함
- 질적 연구를 하고자 하는 경우 또는 많은 표본을 추출하기 어려운 경우에 사용하기 적합함
- 모수통계분석을 사용하기 위한 가정에 위배되는 경우 대안적인 방법으로 사용될 수 있음
- 모수통계/비모수통계 분석 비교
  - ▶ **모수통계**: 모집단의 확률분포가 특정한 분포(정규분포)를 따르며 분석자료가 계량(간격/비율)척도로 측정되었을 경우 사용 (일반적으로 표본수가 30 이상)
  - ▶ **비모수통계**: 모집단의 확률분포가 특정한 분포(정규분포)를 따르지 않으며 분석자료가 질적 자료 즉 비계량(명목/서열) 척도로 측정되었을 경우 사용 (표본수가 30미만일 경우)

장점	• 분석에 따르는 가정이 적으므로 분석시 오류의 가능성이 적음 • 분석에 따르는 계산 과정이 모수통계에 비해 상대적으로 간단해서 해석이 수월함 • 분석 논리가 간단하여 이해하기 쉬움 • 서열측정 이하의 비계량 측정 자료 사용이 가능함 • 표본 수가 아주 작은 경우(n<6)에도 사용 가능함
단점	• 통계적 검정력과 효율성이 떨어짐 • 다변량 분석이나 상호작용효과 분석이 어려움 • 인과관계 가설을 정확하게 검정하기 어려움

(4) 비모수통계 분석(검정) 방법[1]

표본			분석(검정) 방법	
			서열척도	명목척도
표본의 차이 분석	단일표본		• Kolmogorov-Smirnov 검정	• χ^2 검정 • Run 검정
	종속표본	2개	• Sign 검정 • Wilcoxon 부호 순위검정	• Mcnemar 검정
		k개	• Friedman 검정	• Cochran Q 검정
	독립표본	2개	• Mann-Whitney U 검정 • Moses 검정	• χ^2 검정
		k개	• Kruskal-Wallis 검정	—
표본의 관련 성 분석	변수 2개		• Spearman 서열상관 • Kendall 서열상관	• χ^2 검정 (contingency coefficient) (uncertainty coefficient)
	변수 k개		• Kendall's coefficient of concordance (W)	—

2. 단일표본분석

(1) χ^2-단일표본분석

① 개념

- 목적:

  명목척도로 측정된 관찰변수의 각 명목카테고리 빈도(관찰 숫자)가 가정 또는 예상
  되는 빈도와 동일한지 차이가 나는지를 분석함

- 가정:

  ▶ 측정자료(n개)는 독립적 관찰로 이루어짐

  ▶ 관찰변수는 명목척도로 측정됨

  ▶ 관찰변수의 명목 카테고리는 상호배타적(mutually exclusive)이고 포괄적
  (exhaustive)임

---

1) Sidney Siegel, Nonparametric Statistics for the Behavioral Sciences, McGraw-Hill, 2nd ed., 1988.

- 가설:

  ▶ 귀무가설(H0)

    관찰변수 카테고리의 예상빈도와 관찰빈도 간에는 유의적인 차이가 없다.

  ▶ 대립가설(H1)

    관찰변수 카테고리의 예상빈도와 관찰빈도 간에는 유의적인 차이가 있다.

② 검정

- 적합도 검정(goodness-of-fit):

  명목 카테고리 별로 측정된 관찰빈도와 기대빈도 간에 유의적인 차이가 나는지를 검정함

- χ^2-검정 통계량(자유도 d.f.= k-1)

$$\chi^2 = \sum_{i=1}^{k} \frac{(O_i - E_i)^2}{E_i}$$

O_i : i 카테고리에서 관찰된 수

E_i : i 카테고리의 예상된 수 $(= \sum_{i=1}^{k} \frac{O_i}{k})$

k : 카테고리의 수

- 표본 수:

  ▶ 표본 수가 많을수록 바람직함

  ▶ 관찰변수의 카테고리 수가 2일 때 (각 cell내의) 기대빈도수는 5이상 되어야 함

  ▶ 카테고리 수가 2이상일 경우 기대빈도수의 20% 이상이 5보다 적거나 혹은 기대빈도수 중 하나라도 1보다 적으면 검정 효과가 없음

    → 이 경우, 관찰변수의 명목 카테고리 수를 줄이는 방법을 고려할 수 있음

    → 관찰변수를 서열측정 했을 경우 해당 순위의 정도는 검정시 고려될 수 없음

- 분석예:

  모집단으로부터 추출한 100명의 표본에 44명의 남자와 56명의 여자가 포함되어 있을 경우 모집단의 남/여 분포가 동일(각각 1/2)하다고 가정할 수 있는지에 대한 분석

$$\chi^2 = \frac{(44-50)^2}{50} + \frac{(56-50)^2}{50} = 1.44$$

▶ 이 값은 자유도 1의 chi-square 분포에서 약 0.23의 확률에 해당하며 이는 통상적인 기각 확률(α=0.05)에 못 미쳐 귀무가설(남/여 비율이 각각 1/2로 동일함)을 기각하지 아니함

(2) 콜모고로프–스미르노프(Kolmogorov – Smirnov) 단일표본(One–Sample) 검정

① 개념

- 목적:
  - ▶ 무작위로 추출된 관찰값(표본값)이 특정한 분포를 따르는지를 검정함
  - ▶ 관찰된 분포와 이론적(기대) 분포 간 일치도(degree of agreement)를 검정함
  - ▶ χ^2-단일표본분석과 같이 적합도 검정(goodness of fit)을 통해 관찰빈도와 기대빈도 차이를 분석함
    - → SPSS: 정규(Normal)분포, Uniform분포, 포아송(Poisson)분포, 지수(Exponential)분포 등의 이론적 분포를 검정할 수 있음
- 가정:

  관찰 자료는 분포가 알려져 있지 않은 모집단에서 무작위로 추출된 독립적인 표본으로 구성되어 있음
- 가설:
  - ▶ 귀무가설(H_0):

    관찰변수 카테고리의 관찰된 빈도수와 이론적(기대) 빈도수는 동일하다.
  - ▶ 대립가설(H_1):

    관찰변수 카테고리의 관찰된 빈도수와 이론적(기대) 빈도수는 동일하지 않다.
    - → 이론 분포와 관찰 분포의 차이에 대한 방향을 가정하는 단측 검정도 가능함

② 검정

- **적합도 검정(goodness-of-fit)**: 관찰변수의 관찰빈도와 이론적 분포의 기대빈도 간에 유의적인 차이가 나는지를 검정함
- Kolmgorov-Smirnov 단일표본분석은 단순한 빈도수가 아닌 누적빈도분포(cumulative frequency distribution)를 이용하여 가정된 분포의 확률밀도함수의 누적확률과 관찰된 확률밀도함수의 누적치가 유의한 차이를 보이는지를 분석함

• Kolmgorov-Smirnov 검정통계량 D

$$D = \text{maximum}\,|F_0(x) - S_N(x)|$$

$F_0(x)$: 이론적인 누적분포, 즉 x값보다 작거나 같으리라고 생각되는 수

$S_N(x)$: 관찰된 누적분포 즉, $S_N(x) = \dfrac{K}{N}$

K : x보다 작거나 같게 관찰된 수

N : 총 표본수

• **표본 수**

▶ 표본 수가 35이상이면 위 공식에 의하여 임계치를 구하게 됨

▶ 표본수가 적을 경우, χ^2-단일표본분석보다 검정력이 높음

(3) Runs 검정[2]

① 개념

• 목적:

▶ 통계분석의 중요한 가정 중 하나인 표본의 무작위성(randomness)을 분석하고 검정함

▶ 전체 관측치를 두 개 그룹(카테고리)으로 나누고 각 그룹의 관측치가 발생하는 경우가 무작위성에 기반하는 지를 분석함

• 가정:

▶ 관측치를 두 개의 군으로 나눌 수 있음

▶ 표본의 크기가 n인 경우 한 쪽 그룹(+)의 관측치 수가 n_1이고 다른 그룹(-)의 관측치 수는 n_2로 $n=n_1+n_2$가 됨

➔ 표본 크기(n)는 표본의 총 관측치 수로 기대되는 런(r: run)의 수와 검정에서의 p-값에 영향을 미침

➔ 관측치가 서열/간격/비율척도인 경우 평균, 중위수 등의 기준(k)을 사용하여 표본을 두 개 그룹으로 나누어 run 검정을 적용할 수 있음

---

2) Abraham Wald 와 Jacob Wolfowitz 에 의해 제안되어 Wald-Wolfowitz Runs 검정이라고도 불리움

- Run 의 개념:
  - ▶ 무작위성은 run의 수(부호가 바뀐 회수)와 그 run의 길이에 의해 결정됨
  - ▶ 두 개 그룹(M, F)의 표본이 'MFMFMFMFMF' 인 경우: run의 수 r=10, n=10, n_1(5), n_2(5)
  - ▶ 두 개 그룹(M, F)의 표본이 'MMMMMFFFFF' 인 경우: run의 수 r=2, n=10, n_1(5), n_2(5)
- 가설:
  - ▶ 귀무가설:
    두 개 그룹으로 나누어진 관측치는 무작위성(randomness)을 만족한다
  - ▶ 대립가설:
    두 개 그룹으로 나누어진 관측치는 무작위성(randomness)을 만족하지 않는다

② 검정

- 검정통계량:

  runs의 총 회수(r) (부호가 바뀌는 회수)

  - ▶ n_1, n_2 중 최소 하나가 20 이상이면 근사 정규분포(approximate normal distribution) 를 이용한 검정 가능
    - ➡ 전체 표본크기가 n이고 각 관측치가 n_1, n_2인 경우(n=n_1+n_2), n_1 또는 n_2 둘 중 최소 하나가 20 이상이면 runs의 수(r)는 다음의 평균, 분산을 갖는 정규분포를 따름

$$평균: \ \mu = \frac{2 \cdot n_1 \cdot n_2}{n} + 1$$
$$분산: \ \sigma^2 = \frac{2\,n_1 n_2(2n_1 n_2 - n)}{n^2\,(n-1)} = \frac{(\mu - 1)\,(\mu - 2)}{n - 1}$$

- 검정 기준:
  - ▶ 검정통계량 r이 (n_1, n_2)에 적절한 하한 기각역(critical values of r in the run test) 보 다 작거나 같은 경우 또는 상한 기각역보다 크거나 같은 경우 귀무가설을 기각함
  - ▶ 관측된 런 수와 기대 런 수:
    무작위 표본에서의 런(run)의 표본분포 평균인 기대 런 수보다 관측된 런 수가 상 당히 크거나 작으면 관측치에 나타나는 두 개 그룹 순서가 무작위하지 않을 가능 성이 높음

3. 관련된 두 개의 표본분석

(1) 맥니마 검정(McNemar Test)[3]

① 개념

- 목적:
  - ▶ 두 개 카테고리(0, 1)만을 갖는 서로 연관된(paired) 명목변수가 두 개 있을 경우 이들 두 명목변수 간의 차이를 검정할 때 사용됨
    - → 모수통계에서의 대응표본 t-test(Paired t-test)에 비견되는 비모수통계 방법으로 관찰값이 두 개 카테고리(0, 1)로만 측정되는 경우 사용되는 분석 방법
  - ▶ 실험변수의 효과를 사전/사후 두 번으로 나누어 측정해서 이들 간에 차이가 있는지를 검정하는 기법으로 실험변수의 효과는 두 개 값(0, 1)을 갖는 명목척도로 측정됨
    - → 실험 또는 관찰 이전(before)과 이후(after)의 서로 연관된(paired) 명목변수를 각각 두 카테고리(0, 1)로 측정한 다음 이전(before)/이후(after)의 값(0,1)에 유의적인 차이가 있는지를 검정하기 위해 사용할 수 있음
- 가설:
  - ▶ 귀무가설(H_0): 관찰값(0, 1)은 실험전과 실험후에 있어 동일하다
  - ▶ 대립가설(H_1): 관찰값(0, 1)은 실험전과 실험후에 있어 동일하지 않다
- 가정:
  - ▶ 관찰 자료(n개)는 두 개 값을 갖는 명목척도로 측정됨
  - ▶ 표본(관찰값)은 각각 그리고 서로 짝(pair)을 이루었을 경우 모두 독립적임

② 검정

- 검정의 이해:
  - ▶ 서로 연관된 변수가 실험 또는 관측의 사전(before)값과 사후(after)값이고 각 관찰치가 0, 1 의 두 개 값만을 가진다고 가정하면 100명의 표본(sample)에 대한 자료는 다음과 같이 2×2 분할표(contingency table)의 형태로 표시/정리될 수 있음

---

3) 맥니마 검정은 1947년 Psychometrik에 미국의 심리학자이자 통계학자인 Quinn McNemar에 의해 처음 발표되었음

대상(subject)	사전(before)	사후(after)
1	1	1
2	1	0
3	1	0
4	0	1
5	0	0
...	...	...
100	1	1

사전(before)에 '1'이고 사후(after)에도 '1'인 대상(subject)은 10명, 사전(before)에 '1'이고 사후(after)에 '0'인 대상은 20명과 같이 총 100명(=10+20+30+40)에 대한 자료가 아래와 같이 분할표(contingency table)의 형태로 정리될 수 있음

사전/사후	1	0	합
1	10	20	30
	(cell1)	(cell2)	
0	30	40	70
	(cell3)	(cell4)	
합	40	60	100

- 위 상황표에서 대각(diagonal) 부분은 고려하지 않고 (사전/사후)가 (1, 0)인 경우(20/100=20%)와 (0, 1)인 경우(30%)만을 고려해 표본으로부터 구한 차이가 실제 '차이가 있다'라고 주장할 수 있을 만큼의 유의적인 차이인지에 대해 가설검정(hypothesis test)을 하게 됨
- 검정통계량:

$$\chi^2 = (cell2 - cell3)^2/(cell2 + cell3), \ d.f.=1$$

→ McNemar 검정은 자유도(degree of freedom)가 1인 χ^2분포를 사용해 가설 검정함
→ 참고로 상황표에서 자유도는 (열의 수 − 1)×(행의 수 − 1) 이므로 '1'이 됨
→ χ^2값이 주어진 유의수준에서 자유도 1일 때의 임계치보다 같거나 크면 귀무가설을 기각함

▶ χ^2분포는 연속성을 가정하고 있으므로 연속적 변수로 가정하기 위해 공식을 다음과 같이 수정할 수 있음

$$\chi^2 = \{ \mid \text{cell2} - \text{cell3} \mid - 1\}^2/(\text{cell2} + \text{cell3})$$

▶ 만일 cell2 와 cell3의 수(count)가 같으면 검정통계량이 '0'이 되며 카이제곱분포는 양(+)의 값에서만 정의(define)되므로 유의수준에 관계없이 귀무가설이 기각되지 않음

● 표본 수

▶ (cell2+cell3)가 '25'보다 큰 것이 바람직함

▶ (cell2+cell3)/2 가 '5'보다 작아 표본 수가 충분하지 않은 경우 이항분포(Binomial distribution)로부터 정확한 확률을 구해 가설을 검정(exact test)할 수 있음

(2) 윌콕슨 쌍대비교 검정(Wilcoxon Matched-Pairs Signed-Ranks Test)

① 개념

● 목적:

▶ 모수통계에서의 "대응표본 t-test(Paired t-test)"에 비견되는 비모수통계 방법으로 관찰값이 서열척도로 측정되는 경우 사용되는 분석 방법

▶ 쌍대 비교(paired comparison)하는 두 측정치 간에 차이가 있는지를 검정하며 서열척도로 측정됨

● 가정:

▶ 측정 자료는 쌍(pair)으로 이루어져 있고 동일 모집단에서 추출됨

▶ 각 쌍은 무작위로 서로 독립적으로 추출됨

▶ 최소한 서열측정으로 측정됨

● 가설:

▶ 귀무가설(H_0):

쌍을 이루는 두 측정치간 차이는 0을 중심으로 대칭이 되는 분포를 따른다[4]

---

4) 혹은, 쌍의 차이의 중위수(Median)값은 0이다.

▷ 대립가설(H_1):

쌍을 이루는 두 측정치간 차이는 0을 중심으로 대칭이 되는 분포를 따르지 않는다[5]

② 검정

● 검정의 이해:

▷ 각 쌍(pair)에 해당하는 두 개 값의 차이의 방향(+, −)과 정도를 고려하여 분석함

▷ 쌍의 차이에 크기(순위)/부호(+, −) 부여:

각 쌍의 값 차이를 절대값 크기를 기준으로 순위를 정하며 그 차이 값이 양(+)/음(−)이냐에 따라 차이에 부호를 부여하고 만약 차이가 없으면 분석에서 제외하며 차이가 동일한 쌍이 존재하면 해당 쌍이 갖는 서열의 중간값을 택함

▷ N개 쌍(pair)을 i = 1, ⋯, N 에 대하여 $X_{1,i}$와 $X_{2,i}$ 로 표기하는 경우

➡ $sgn(X_{2,i} - X_{1,i})$: 쌍의 차이에 부호(+, −)를 부여하는 함수

➡ R_i : 쌍의 크기에 따른 순위

$$w = \sum_{i=1}^{N_r} [sgn(x_{2,i} - x_{1,i}) \cdot R_i]$$

W통계량: 평균 = 0, 분산 = N(N+1)(2N+1)/6

● 검정통계량:

▷ 표본 수 10개 이상이면 통계치(W)는 정규분포를 하게 되며 Z-test를 이용할 수 있음

$$z = \frac{W}{\sigma_w}, \quad \sigma_w = \sqrt{\frac{N(N+1)(2N+1)}{6}}$$

---

5) 혹은, 쌍의 차이의 중위수(Median)값은 0이 아니다.

- 분석 예:

i	$X_{2,i}$	$X_{1,i}$	$X_{2,i} - X_{1,i}$			
			sgn	abs	R_i	sgn*R_i
1	125	110	1	15	7	7
2	115	122	−1	7	3	−3
3	130	125	1	5	1.5	1.5
4	140	120	1	20	9	9
5	140	140		0		
6	115	124	−1	9	4	−4
7	140	123	1	17	8	8
8	125	137	−1	12	6	−6
9	140	135	1	5	1.5	1.5
10	135	145	−1	10	5	−5

- 앞 자료에서 3번째, 9번째 쌍은 각각 차이가 5로 같아(tie) 차이의 순위(1, 2)의 평균 1.5가 R_i 로 부여됨

- 따라서 N = 10 − 1 = 9, $|W|$ = |1.5 + 1.5 − 3 − 4 − 5 − 6 + 7 + 8 + 9| = 9 로 계산 될 수 있음[6]

- 이를 토대로 Z 값은 다음과 같이 계산되고 이 값이 1.96보다 훨씬 적으므로 귀무가 설(H_0)은 기각되지 아니함

$$z = \frac{W}{\sigma_w}, \quad \sigma_w = \sqrt{\frac{9(9+1)(2 \times 9 + 1)}{6}} = \sqrt{285}$$

(3) Sign(부호) 검정

① 개념

- 목적:

  ▶ 서열척도로 측정된 쌍(pair)으로 이루어진 두 자료가 서로 간에 차이가 있는지를 검정하고자 때 사용함

---

6) $W_{\alpha=0.05,\ 9,\ \text{two-sided}}$ = 6

▶ 자료를 계량적으로 측정(간격/비율)하기 어렵고 서열화(rank)하여 측정된 쌍 (pair)으로 이루어진 자료의 차이를 분석할 경우 적용 가능함

- 가정:

  ▶ 관찰변수는 연속분포를 가짐

  ▶ 쌍으로 이루어진 관찰값의 서로 간의 차이의 분포에 대한 가정은 불필요함

  ▶ 쌍으로 이루어진 모든 관찰 대상이 동일한 모집단에서 추출되지 않아도 됨

    → 서로 다른 쌍(pair)은 나이, 성별, 학력 등 서로 다른 모집단에서 추출 가능하지 만 각 쌍은 (특정 사건 또는 실험의 전/후와 같은) 동일한 외생변수를 기준으로 구성되어야 함

- 가설:

  ▶ 귀무가설: $p(X_A > X_B) = p(X_A < X_B) = 1/2$

    → (X_A, X_B)는 쌍을 이루는 관찰치로 XA가 특정한 조건(사후) 하에서의 관찰치가 되며 X_B는 이와는 다른 조건(사전) 하에서의 관찰치가 됨

    ☞ 검정을 위해서는 쌍을 이루는 두 관찰치 간의 차이의 방향(+, −)이 중요하며 부호검정의 귀무가설은 이러한 각 쌍의 차이를 부호(+, −)로 나타냈을 때 전체 표본의 절반은 + 이고 나머지 절반은 − 가 된다는 것을 의미함[7]

② 검정

- 검정의 이해:

  ▶ 자료 양적 측정보다는 부호(+, −)만을 사용하여 검정을 함

  ▶ 쌍을 이루고 있는 전체 n개의 표본 중 n/2개는 두 관찰치간 차이의 방향이 + 이고 n/2개는 차이가 − 가 되어야 한다는 귀무가설을 검정하기 위하여 두 관찰치간 차 이 중 (+) 또는 (−) 수가 검정통계량이 됨

  ▶ 연속확률분포에서 추출한 n개 쌍으로 이루어진 표본을 $(X_1, Y_1), (X_2, Y_2), \cdots, (X_n, Y_n)$ 이라 하고 이들 쌍의 관찰치 차이의 중앙값을 M 이라 하면 귀무가설(영가설) 과 대립가설(연구가설)은 다음과 같이 표현될 수 있음

---

[7] 또는 같은 의미로 귀무가설이 "쌍(pair)을 이루는 두 관찰치 각각의 중앙값(median)의 차이는 0 이다"라고도 표현 될 수 있음

$$H_o: M=0$$
$$H_1: (1)\ M>0 \quad (2)\ M<0 \quad (3)\ M \neq 0$$

- 검정통계량:
  ▶ $(Y_i - X_i)$의 부호(sign)를 다음과 같이 확률변수 S_i로 지정함

$$S_i = 1, (Y_i - X_i)>0$$
$$S_i = 0, (Y_i - X_i)<0$$
$$[단, (Y_i - X_i)=0 은 제외함]$$

▶ 검정통계량: $B = \Sigma\ S_i\ (i = 1, \cdots, n)$

➡ 검정통계량 B는 X_i보다 큰 Y_i들의 갯수가 됨

▶ 귀무가설 H_o하에서 각 S_i가 1이 될 확률은 1/2이고 S_i는 서로 독립이므로 B의 분포는 모수가 $(n, 1/2)$인 이항(binomial)분포를 따르게 됨

➡ 여기서 n은 $(Y_i - X_i=0)$을 제외시킨 자료의 개수를 나타냄

▶ 표본 수가 $n \geq 10$ 인 경우에는 이항분포를 이용할 수 없고 정규분포에 근사(approximate)하게 됨

➡ 귀무가설 $H_o: M=0$ 하에서 부호통계량 B의 평균과 분산은 평균(B) = $n/2$, Var(B)=$n/4$ 으로 표준화된 (부호)검정통계량 $Z_B = \{B - (n/2)\} / (n/4)^{1/2}$ 을 이용할 수 있음[8]

---

8) 여기서 n값이 클 때 Z_B의 분포는 근사적으로(approximately) 표준화정규분포 N(0, 1)을 따르게 됨

4. 독립된 두 개의 표본 분석

(1) 맨-휘트니 U기법(Mann - Whitney U test)[9]

① 개념

- 목적:
  - ▶ 두 개의 독립된 표본으로부터 서열척도로 측정된 자료가 있을 때 이들 두 개 독립된 표본집단이 동일한 모집단에서 추출되었는지를 검정하는 방법
  - ▶ 서열척도로 측정된 두 개 독립된 표본이 있을 때 이들의 평균 차이를 검정함
    - ➡ 독립된 두 표본의 평균 차이를 분석하는 모수통계분석인 독립표본 t-검정의 가정을 만족시키지 못할 때 사용하는 대안이 될 수 있음
- 가정:
  - ▶ 자료는 두 개 모집단에서 추출한 무작위표본(random sample)의 측정치로 구성됨
  - ▶ 차이를 분석하고자 하는 두 표본집단은 서로 독립적임
  - ▶ 관찰값은 최소한 서열척도로 측정되고 연속적인 분포를 따름
- 가설:
  - ▶ 귀무가설(H_0) : 독립된 두 표본집단은 동일한 모집단에서 추출되었다[10]
  - ▶ 대립가설(H_1) : 독립된 두 표본집단은 동일한 모집단에서 추출되었다고 볼 수 없다[11]

② 검정

- 검정의 이해:
  - ▶ 두 표본집단에서 추출한 측정치들을 모두 합하여 이들 측정치들을 모두 크기 순서대로 순위를 정하고 특정집단의 측정치보다 앞서는 다른 집단의 측정치들의 수를 모두 합해 이를 U값으로 정의함
    - ➡ 분석 예: 두 집단(E, C)의 자료값이 다음과 같다고 할 때

---

9) 맨-휘트니 U검정(Mann - Whitney U test)은 비모수통계분석 중에서도 검정력이 뛰어난 방법으로 알려져 있음
10) 혹은, 두 표본집단의 측정치 a, b에 대하여 P(a>b) = 1/2 이다.
11) 혹은, 두 표본집단의 측정치 a, b에 대하여 P(a>b) ≠ 1/2 이다.

E	78	64	75	45	82
C	110	70	53	51	

이들을 모두 합하여 다시 순서대로 정리하면 아래와 같이 나타낼 수 있음

45	51	53	64	70	75	78	82	110
E	C	C	E	C	E	E	E	C

이 경우 U 는 표본수(n_2=5)가 더 큰 E 집단의 값이 각 C 의 값보다 더 선행 (precede)하는수의 합이 되므로 (U=1+1+2+5=9) U는 9가 됨

- 검정통계량(U):
  ▶ 두 집단의 U값을 각각 U*, U** 로 나타내면 이 들 두 U값은 서로 다음의 관계를 가지게 됨

$$U^* = n_1\, n_2 - U^{**}$$

n_1= 적은 수의 측정치를 가진 측정치 수
n_2= 많은 수의 측정치를 가진 측정치 수
U^*= 큰 수
U^{**}= 작은 수

→ Mann-Whitney U값의 검정을 위한 통계표가 주어져 있으므로 표본으로부터 구한 U값과 통계표에 나타난 검정을 위한 유의수준(p)값을 비교해서 검정하게 됨

▶ 만약 한 집단의 관측치가 $9 \le n_2 \le 20$ 이면 U값은 다음과 같이 정의될 수 있음

$$U = n_1 n_2 + \frac{n_1(n_1 + 1)}{2} - R_1$$

$$U' = n_1 n_2 + \frac{n_2(n_2 + 1)}{2} - R_2$$

➡ 여기서 U와 U' 중 작은 값을 기준으로 주어진 n_1, n_2값과 설정된 유의수준에 따른 임계치를 비교하여 임계치 $\geq U$(또는 U')이면 귀무가설을 기각하게 됨

▶ 표본 수가 20개 이상이면 통계량 U는 정규분포를 이루며 Z-test를 이용할 수 있음

$$z = \frac{U - \dfrac{n_1 n_2}{2}}{\sqrt{\dfrac{(n_1)(n_2)(n_1 + n_2 + 1)}{12}}}$$

(2) 콜모고로프-스미르노프(Kolmogorov-Smirnov) 두 표본(Two-Samples) 검정[12]

① 개념

- 목적:
  - ▶ 맨-휘트니 분석과 같이 서로 다른 두 개 표본집단의 측정치가 동일한 모집단으로부터 나온 것이라고 볼 수 있는지에 대한 검정을 하고자 할 때 사용함
  - ▶ 서열척도로 측정된 두 개 독립된 표본의 평균 차이를 검정함
    - ➡ 독립된 두 표본의 평균 차이를 분석하는 모수통계분석인 독립표본 t-검정의 가정을 만족시키지 못할 경우 사용할 수 있음
    - ➡ 두 집단 중 하나를 특정 분포 값으로 가정하면 콜모고로프-스미르노프 단일표본(One-Sample)분석과 분석의 기본논리는 동일함
- 가정:
  - ▶ 자료는 두 개의 독립된 집단에서 임의로 추출되어야 함
  - ▶ 자료는 최소한 서열척도로 측정됨
  - ▶ 모든 자료에 있어 측정척도의 수준은 동일하여야 함
- 가설:
  - ▶ 귀무가설(H_0): 두 표본집단의 누적분포는 동일하다[13]
  - ▶ 대립가설(H_1): 두 표본집단의 누적분포는 동일하지 않다[14]

---

12) 표본수가 클 경우 Mann-Whitney (U)검정보다 효율적이라고 알려져 있음
13) 혹은, "두 집단의 특성은 차이가 없다"라고도 표현될 수 있음
14) 혹은, "두 집단 특성은 차이가 있다"라고도 표현될 수 있음

② 검정

- 검정의 이해:

  ▶ 두 개 표본집단의 누적분포(cumulative frequency distribution)가 차이가 서로 나는지를 검정함으로써 이들이 동일한 모집단에서 추출되었는지를 알아봄

  ▶ 이를 위해서는 두 표본집단의 분포에 대하여 동일한 구간(same interval)로 구분된 누적분포를 구한 다음 각 구간 함수(step function)를 서로 빼서 차이를 구함

  ▶ Kolmgorov-Smirnov 두 표본 검정을 위해서는 두 표본집단의 누적분포 차이 중 가장 큰 것을 검정통계량(D)으로 이용하게 됨

    → 분석 예:

      두 표본 집단의 관찰치(n_1, n_2 = 10)들이 각각 아래와 같을 경우

집단 1	집단 2
39.1	35.2
41.2	39.2
45.2	40.9
46.2	38.1
48.4	34.4
48.7	29.1
55.0	41.8
40.6	24.3
52.1	32.4
47.2	32.6

	각 분포구간에서의 빈도 퍼센트 값							
	24~27	28~31	32~35	36~39	40~43	44~47	48~51	52~55
$S10_1(X)$	1/10	2/10	5/10	7/10	10/10	10/10	10/10	10/10
$S10_2(X)$	0/10	0/10	0/10	0/10	3/10	5/10	8/10	10/10
$S_{n_1}(X)-S_{n_2}(X)$	1/10	2/10	5/10	7/10	7/10	5/10	2/10	0

두 누적분포의 차이값 중 가장 크게 나타나는 것이 "7/10"이므로 이를 기준으로 K_D=7(가장 큰 차이의 분자에 해당하는 값)로 정의함

- 검정통계량:

$$D = \text{maximum } |S_{n_1}(x) - S_{n_2}(x)|$$

$S_{n_1}(x)$: 한 표본의 관찰된 누적확률분포, $S_{n_1}(x) = \dfrac{K}{n_1}$

$S_{n_2}(x)$: 또 다른 표본의 관찰된 누적확률분포, $S_{n_2}(x) = \dfrac{K}{n_2}$

K : x보다 작거나 같은 점수를 가진 측정치의 수

n_1, n_2: 두 표본집단의 표본 수

▶ n_1, n_2 값이 40보다 작으면 관찰값들로부터 구한 K_D 와 유의수준/표본수를 통해 통계분포 표에서 찾은 임계치(critical value)를 비교하여 "$K_D \geq$임계치"이면 귀무가설을 기각함

▶ n_1, n_2 값이 40 이상인 경우 n_1과 n_2값은 같지 않아도 되며 역시 유의수준/표본수를 통해 통계분포 표에서 찾은 임계치(critical value)를 비교하여 "$K_D \geq$임계치"이면 귀무가설을 기각하게 됨

▶ 표본 수(n_1, n_2)가 크고 단측검정(One-Tail Test)을 할 경우 D는 χ^2분포를 따르며 이 때 통계량 χ^2는 다음과 같이 정의될 수 있음

$$\chi^2 = 4D^2 \frac{n_1 n_2}{n_1 + n_2}$$

5. 관련된 k개의 표본분석

(1) 코크란 Q분석(Cochran Q)

① 개념

- 목적:

▶ 두 개 카테고리(0, 1)만을 갖는 서로 연관된(paired) 명목변수가 세 개 이상 있을 경우 이들 명목변수들 간의 차이를 검정할 때 사용됨

▶ 맥니마 분석(McNemar Test)과 기본원리는 동일하지만 두 개의 서로 연관된 (paired) 분석표본(변수)을 검정하는 맥니마 분석을 일반화해서 세 개 이상의 변수 간 차이를 분석하는데 적용됨

▶ 동일한 응답자들을 서로 다른 조건들 하에서 측정하고 이들 조건들의 영향으로 응답자들이 차이를 보이는지를 분석함

▶ 응답자들에게 특성이 다른 실험을 하고 이들 실험으로 인해 응답자들의 반응(측정값)이 다르게 나타나는지를 분석함

● 가정:

▶ 분석자료(n×k)는 n개 표본집단의 k개 서로 독립적인 실험변수에 대한 응답(측정)으로 구성됨

▶ 분석자료는 이분형 명목척도(dichotomous nominal scale) (0, 1) 또는 이분형 서열척도(dichotomized ordinal scale)로 측정됨

● 가설:

▶ 귀무가설(H₀): 동일한 표본집단에 대하여 (이분형 척도로 측정된) 세 개 이상 변수들의 실험효과는 동일하다

▶ 대립가설(H₁): 동일한 표본집단에 대하여 (이분형 척도로 측정된) 세 개 이상 변수들의 실험효과는 동일하지 않다

② 검정

● **검정의 이해**: 표본수(N)가 4개 이상이고 모든 측정치가 24개 이상이 되면 된다면 다음의 통계량 Q를 통해 분석표본이 서로 다른 실험변수에 있어서 서로 유의적인 차이가 나는지에 대한 코크란 Q 검정을 할 수 있음

● 검정통계량:

$$Q = \frac{k(k-1)\sum_{j=1}^{k}(G_j - \bar{G})^2}{k\sum_{i=1}^{N}L_i - \sum_{i=1}^{N}L_i^2} = \frac{(k-1)\left[k\sum_{j=1}^{k}G_j^2 - (\sum_{j=1}^{k}G_j)^2\right]}{k\sum_{i=1}^{N}L_i - k\sum_{i=1}^{N}L_i^2}$$

G_j: j열의 합 $\bar{G}$: G_j의 평균값 L_i: i행의 합 k: 실험변수의 수 N: 표본 수

➜ 여기서 Q는 자유도가 (k-1)인 χ^2분포를 따르며 계산된 Q와 통계분포 표에서 주어지는 유의수준 및 자유도에서의 임계치를 비교하여 'Q값≥임계치' 이면 귀무가설을 기각함

- 분석 예:

  ▶ 동일한 분석표본(n=18)에 대하여 세 개의 서로 다른 실험변수(x_1, x_2, x_3)를 통한 관찰값이 다음과 같다고 할 때 이들 변수간 차이가 있다고 볼 수 있는지를 분석함

분석표본	실험변수(x_1)	실험변수(x_2)	실험변수(x_3)	L_i	L_i^2
1	0	0	0	0	0
2	1	1	0	2	4
3	0	1	0	1	1
4	0	0	0	0	0
5	1	0	0	1	1
6	1	1	0	2	4
7	1	1	0	2	4
8	0	1	0	1	1
9	1	0	0	1	1
10	0	0	0	0	0
11	1	1	1	3	9
12	1	1	1	3	9
13	1	1	0	2	4
14	1	1	0	2	4
15	1	1	0	2	4
16	1	1	1	3	9
17	1	1	0	2	4
18	1	1	0	2	4
	G_1=13	G_2=13	G_3=3	ΣL_i=29	ΣL_i^2=63

* 여기서 G_1=13은 분석표본 18명에 대한 실험변수 X_1의 측정치 중 1의 총합을 나타내며 G_2=13은 동일한 분석표본 18명에 대한 실험변수 X_2의 측정치 중 1의 총합을 나타내고 G_3=3은 역시 동일한 분석표본 18명에 대한 실험변수 X_3의 측정치 1의 합을 나타냄

** 측정치 1을 응답 'yes'로 가정하면 분석표본 18명의 실험변수 X_1, X_2, X_3에 대한 측정치 1(yes)의 총합은 ΣL_i=29 이고 각 표본의 세 실험변수에 대한 합의 제곱을 모두 더한 값인 ΣL_i^2=63 이 됨

- 이들 값을 코크란 Q 검정통계량 대입하면

$$Q = \frac{(3-1)\{3[(13)^2 + (13)^2 + (3)^2] - (29)^2\}}{(3)(29) - 63} = 16.7$$

→ 통계분포표를 참고하면 Q≥16.7 은 자유도 df = k − 1 = 3 − 1 = 2 에서 p < .001 값을 가지므로 유의수준 α = .01 하에서 세 실험변수에 따르는 관찰치 간에 유의적인 차이가 없다는 귀무가설을 기각함

(2) 프리드만 서열 이원분산분석(Friedman Two-way Analysis of Variance by Ranks)

① 개념

- 목적:
  ▶ 프리드만 분석은 서열척도로 측정된 서로 연관되어 있는 표본(k matched samples)들의 측정값이 동일한 모집단에서 나왔는지를 검정함
  ▶ 동일한 N개 분석표본을 대상으로 서로 다른 k개 상황 하에서의 응답을 측정해 이러한 상황에 따라 측정치가 다르게 나타나는지를 조사함
  ▶ 동일한 N개 분석표본에 대하여 서로 다른 k개 실험변수(X)를 적용하였을 때 이들 실험변수간에 유의적인 차이가 있는지를 분석함

- 가정:
  ▶ 자료는 N의 동일한 독립 표본을 대상으로 한 k번의 측정(실험)으로 이루어짐
  ▶ 측정치는 연속분포를 따름
  ▶ 분석표본과 실험변수 간 상호 관련성은 없음
  ▶ 분석표본들은 서열척도로 측정됨

- 가설:
  ▶ 귀무가설(H₀): 동일한 분석표본의 두 개 이상 서로 다른 (실험)상황에 대한 응답은 서로 간에 유의적인 차이가 없다[15]
  ▶ 대립가설(H₁): 동일한 분석표본의 두 개 이상 서로 다른 (실험)상황에 대한 응답은 서로 간에 유의적인 차이가 있다[16]

---

15) 혹은 동일한 실험변수에 노출된 응답자들의 순위는 차이가 없다.
16) 혹은 동일한 실험변수에 노출된 응답자들의 순위는 차이가 있다.

② 검정

- 검정의 이해:

  ▶ 이 방법은 동일한 응답자 집단이 서로 다른 상황 혹은 다른 실험변수 하에서 서열
  척도로 측정된 측정값(반응값)에 차이가 있는지 없는지를 분석함

  ▶ 서로 다른 두 가지 상황 하에서 서열척도로 측정된 응답의 차이를 분석하는 Wilcoxon
  검정을 확장하여 두 개 이상의 서로 다른 실험적 상황 하에서의 응답 차이를 분석
  할 수 있음

- 검정통계량:

  ▶ 각 응답자의 측정치들 간 순위를 정할 때 모든 측정치를 한꺼번에 고려하지 않고
  분산분석에서의 RBD(Randomized Block Design)의 개념에서와 같이 각 응답자의
  측정치들만을 고려하여 응답자 각각에 대하여 순위를 정함

  ▶ 동일한 응답자 집단에 대한 다수 실험변수의 (차이)효과가 없다면 특정한 하나의
  실험상황에서 나올 수 있는 순위는 응답자들간에 차이가 없어야 함

  ▶ 한 실험상황에서의 순위의 합 R_j에 유의적인 차이가 나는지를 검정하는 통계량
  χ_r^2은 다음과 같이 정의됨

$$\chi_r^2 = \frac{12}{NK(k+1)} \sum_{j=1}^{k} (R_j)^2 - 3N(k+1)$$

N : 전체의 표본 수
k : 실험변수의 수
R_j : j번째 실험변수의 순위 합

➡ 통계량 χ_r^2은 자유도 $(k$-$1)$의 χ^2분포를 따르며 $\chi_r^2 \geq \chi^2_{임계치}$ 이면 귀무가설을 기
각함

▶ 표본 수(k, N)가 K=3, N=2~9 혹은 K=4, N=2~4 정도이면 통계분포표가 주어지고
이를 참고해서 χ^2분포로 추정된 임계치를 찾아 표본으로부터 구한 χ_r^2와 비교하여
검정함

▶ Friedman 분석은 비모수통계분석 방법 중에서도 검정력이 높은 방법으로 모수통계분석인 분산분석(F-검정)보다도 안정성이 더 높은 것으로 알려져 있음

▶ 다수의 실험변수 영향이 전체적으로 유의적인 차이가 있는지를 검정하지만 이러한 유의적인 차이가 특정한 어떤 두 실험 간의 차이에 기인하는지를 알려주지는 못함[분산분석에서의 사후검정(post-hoc analysis)에 해당하는 분석은 어려움]

• 분석 예:

▶ 세 응답자 집단들에 대한 4가지 서로 다른 실험적 상황 하에서의 반응(응답)값들이아래와 같다고 할 경우

	실험 상황			
	I	II	III	IV
그룹 A	9	4	1	7
그룹 B	6	5	2	8
그룹 C	9	1	2	6

이를 각 응답자 집단 즉 각 행별로 서열(rank)화 해서 다시 정리하면 다음과 같이 나타남

	실험 상황			
	I	II	III	IV
그룹 A	4	2	1	3
그룹 B	3	2	1	4
그룹 C	4	1	2	3
R_i	11	5	4	10

$$\chi_r^2 = \frac{12}{(3)(4)(4+1)} \left[(11)^2 + (5)^2 + (4)^2 + (10)^2 \right] - (3)(3)(4+1) = 7.4$$

→ 통계분포표를 참고하면 $\chi_r^2 \geq 7.4$ 는 자유도 k=4, N=3 에서 p=.033 값을 가지므로 유의수준 α = .05 하에서 네 가지 실험변수에 따르는 관찰치 간에 유의적인 차이가 없다는 귀무가설을 기각함

6. 독립된 k개의 표본분석

(1) 크루스컬-월리스 일원분산분석 (Kruskal-Wallis One-way Analysis of Variance)

① 개념

- 목적:
  - ▶ 두 개 이상의 독립된 표본으로부터 서열척도로 측정된 자료가 있을 때 이들 독립된 표본집단들이 동일한 모집단에서 추출되었는지를 검정하는 방법
  - ▶ 서열척도로 측정된 두 개 이상의 독립된 표본이 있을 때 이들의 평균 차이를 검정함
    - → 독립된 두 개 이상 표본의 평균 차이를 분석하는 모수통계분석인 F-검정의 가정을 만족시키지 못할 때 사용하는 대안이 될 수 있음
    - → 모수통계분석에서 t-검정(2개 독립표본 평균 차이)이 F-검정(2개 이상 독립표본 평균 차이)으로 일반화 될 수 있듯이 비모수통계분석에서 Mann-Whitney 검정은 Kruskal-Wallis 검정으로 일반화 될 수 있음
- 가정:
  - ▶ 분석자료는 각각의 크기가 $n_1, n_2, n_3, \cdots, n_k$인 k개 표본으로 이루어짐
  - ▶ 측정치는 각 표본 내에서나 표본 간에 서로 독립적임
  - ▶ 측정치는 연속적이며 최소 서열척도로 측정됨
- 가설:
  - ▶ 귀무가설(H_0): 독립된 k개 표본집단은 동일한 모집단에서 추출되었다[17]
  - ▶ 대립가설(H_1): 독립된 k개 표본집단은 동일한 모집단에서 추출되었다고 볼 수 없다[18]

② 검정

- 검정의 이해:
  - ▶ Kruskal-Wallis 일원분산분석은 k개의 독립된 표본들의 측정치들이 서로 동일하다고 볼 수 있는지를 검정하는 것으로 모수통계의 분산분석과 비슷한 목적으로 사용된다고 할 수 있음

---

17) 또는 "k개 표본집단은 서로 동일하다."
18) 또는 "k개 표본집단은 서로 동일하지 않다."

- 검정통계량:
  - ▶ 먼저 분석자료의 모든 측정치들을 대상으로 크기가 작은 것에서 큰 것까지 순위를 정함
  - ▶ 각 표본집단의 측정치들이 가진 순위의 합이 서로 동일한지를 비교해서 k개 표본집단들이 동일한 모집단에서 나온 것인지를 검정하게 됨
  - ▶ 검정통계량 H는 다음과 같으며 자유도 $(k-1)$의 χ^2 분포를 따르고 "H $\geq \chi^2$임계치" 이면 귀무가설을 기각함

$$H = \frac{12}{N(N+1)} \sum_{j=1}^{k} \frac{R_j^2}{n_j} - 3(N+1)$$

k: 표본의 수
n_j: j번째 표본의 측정치 수
N: $\sum_{j=1}^{k} n_j$
R_j: j번째 표본의 순위 합

  - → 각 표본집단의 측정치 수 $n_j > 5$ 이면 H는 χ^2분포를 따르게 되며 $n_j > 5$ 일 경우는 해당 통계분포표를 참고해서 계산된 H를 기준으로 p값을 구해 고려하는 유의수준과 비교함
  - ▶ 표본자료들을 서열척도로 전환할 때 서로 동일한 값이 있으면 H를 $[1 - \Sigma\, T\, /\, (N^3 - N)]$로 나누어 준 수정된 H값을 사용하여 검정함
  - → $T = t^3 - t$ (t: 동일한 측정치 수)
- 분석 예:
  - ▶ 서로 다른 세 집단(A, B, C)의 측정값들이 다음과 같을 때 이들 표본집단이 동일 모집단에서 추출된 값인지 즉 집단 간 측정치들이 같다고 볼 수 있는지를 Kruskal-Wallis 일원분산분석으로 검정함

A	B	C
96	82	115
128	124	149
83	132	166
61	135	147
101	109	

위 표에 나타난 값들을 서열화하여 각 표본별로 합(R_j)을 구함

A	B	C
4	2	7
9	8	13
3	10	14
1	11	12
5	6	
R_1=22	R_2=37	R_3=46

이 값들을 토대로 H-값을 구하면

$$H = \frac{12}{14(14 + 1)}[(22)^2/5 + (37)^2/5 + (46)^2/4] - 3(14 + 1) = 6.4$$

→ 통계분포표에 나타난 n_j = 5, 5, 4 값과 H≥6.4 를 기준으로 한 p<.049 로 α=.05
보다 작으므로 5% 유의수준에서 귀무가설을 기각함

7. 표본들의 관련성 분석

(1) 스피어만의 서열상관계수(Spearman's rank order correlation coefficient)

① 개념

- 목적:
  - ▶ 스피어만 서열상관계수는 서열척도로 측정된 변수들 간의 상관관계를 구할 때 사용함
  - ▶ 변수가 등간척도 이상으로 측정된 경우에는 각 변수들 간 상관관계를 피어슨 (Pearson) 상관계수를 이용해 파악할 수 있지만 변수가 서열척도로 측정된 경우에는 이를 적용할 수 없고 비모수통계분석(스피어만의 서열상관계수)에 해당하는 상관계수를 이용해야 함

- 가정:
  - ▶ 분석대상이 되는 두 개 이상의 변수는 서열척도로 측정됨
  - ▶ 각 변수의 측정치는 서로 독립적임
- 가설:
  - ▶ 귀무가설(H_0): 각 변수간 상관은 0 이다.
  - ▶ 대립가설(H_1): 각 변수간 상관은 0 이 아니다.

② 검정

- 검정의 이해:
  - ▶ 분석대상이 되는 두 변수의 측정치들을 각각의 변수에 대하여 서열(rank)화 하고 이들 서열화한 값들을 각각 $X_1, X_2, \cdots, X_n$과 $Y_1, Y_2, \cdots, Y_n$ 이라 하면 이들 서열간 차이 $d_i = X_i - Y_i$ 로 정의될 수 있음
  - ▶ 만약 두 변수간 관계가 깊다면 d_i 값들은 거의 0에 가까운 값들을 나타낼 것이고 이는 Σd_i 나 Σd_i^2 에 있어서도 마찬가지로 작은 값들로 나타나게 되며 스피어만 서열상관계수는 이 Σd_i^2 값을 사용하여 도출됨
- 검정통계량:
  - ▶ 스피어만 서열상관계수

$$r_s = 1 - \frac{6\sum_{i=1}^{n} d_i^2}{n(n^2 - 1)}$$

n : 표본의 수 d_i : 서열간의 차이

  - ▶ 스피어만 서열상관계수는 다음과 같은 t 분포(자유도 n-2)를 사용하여 검정함

$$t = r_s \sqrt{\frac{n-2}{1-r_s^2}}$$

- 분석 예:
  - ▶ 두 변수 X, Y 의 측정치들이 각각 n_1=12, n_2=12로 다음과 같을 경우

분석대상(12명)	측정치	
	X	Y
1	82	42
2	98	46
3	87	39
4	40	37
5	116	65
6	113	88
7	111	86
8	83	56
9	85	62
10	126	92
11	106	54
12	117	81

→ 이들 값들을 서열화한 후 각 서열들의 차이(d_i)와 차이의 제곱값(d_i^2)과 그 합을 구함

분석대상 (12명)	서열값		d_i	d_i^2
	X	Y		
1	2	3	−1	1
2	6	4	2	4
3	5	2	3	9
4	1	1	0	0
5	10	8	2	4
6	9	11	−2	4
7	8	10	−2	4
8	3	6	−3	9
9	4	7	−3	9
10	12	12	0	0
11	7	5	2	4
12	11	9	2	4
				$\Sigma d_i^2 = 52$

→ 스피어만 서열상관계수

$$r_s = 1 - \frac{6(52)}{(12)^3 - 12} = .82$$

→ 여기에 해당하는 t-값을 구하고 t-분포($df = 10$)를 사용하여 검정함

$$t = .82 \{ (12 - 2) / [1 - (.82)^2] \}^{1/2} \fallingdotseq 4.53$$

(2) 켄달의 일치계수(Kendall's coefficient of concordance)

① 개념

- 목적:
  - ▶ 세 개 이상의 서열척도로 측정된 변수들간 관계를 분석하고자 할 경우 사용하는 방법
    - ➜ 스피어만 서열상관계수는 서열척도로 측정된 두 개 변수 간 관계를 파악할 경우 사용함
  - ▶ n개 대상들에 대하여 서열척도로 측정된 k개 서열자료 간의 전체적인 연관성을 파악하는 데 사용하는 방법으로 분석대상들(n)에 대한 여러 사람(전문가)들(k)의 평가가 서로 일관성이 있는지를 분석하는데 유용하게 사용할 수 있음
- 가정:
  - ▶ 분석대상(n)을 측정한 k개 자료는 서열척도로 측정됨
  - ▶ 각 측청치는 서로 독립적임
- 가설:
  - ▶ 귀무가설(H0):
    분석대상(n)에 대한 k개 서열자료 간에는 유의적인 상관(일치성)이 없다.
  - ▶ 대립가설(H1):
    분석대상(n)에 대한 k개 서열자료 간에는 유의적인 상관(일치성)이 있다.

② 검정

- 검정의 이해:
  - ▶ n개 대상들에 대한 k개 서열화 자료가 서로 완벽하게 일치된다면 각 대상들을 서열순위로 나열했을 경우 각각의 서열합은 $R_1 = k, R_2 = 2k, R_3 = 3k, - - -, R_n = nk$ 로 나타나게 되며 만약 이들 k개 서열화 자료 간에 일치도가 거의 없다면 각 R_i 값은 거의 비슷하게 나타날 것임
  - ▶ 켄달의 일치계수는 이러한 점에 착안하여 다음과 같이 s를 정의함으로써 k개 서열화 자료간의 일치도가 높아 각 R_i가 서로 다른 경우 s가 큰 값을 갖고 k개 서열

화 자료간의 일치도가 낮으면 각 R_i가 서로 비슷하여 s가 작은 값을 갖도록 함

$$s = \Sigma \ [R_i - (\Sigma R_i)/n]^2$$

- 검정통계량:
  ▶ 켄달의 일치계수(W)

$$W = \frac{S}{\frac{1}{12}K^2(n^3-n)} \ , \ \ S = \sum_{i=1}^{n} \ (R_i - \bar{R})^2$$

K: 평가자의 수, R: 서열의 합계, $\bar{R}$: R의 평균, n: 평가대상의 수

  ▶ 켄달의 일치계수(W)는 0 에서 1 사이 값을 가지며 분모는 s값으로 일치계수 W의 값이 커질수록 평가자(k) 간의 서열평가가 일치한다는 것을 의미함
  ➡ s값은 실제 k개 서열의 분산 값을 의미함
  ▶ 켄달의 일치계수 검정통계량:
  $n \leq 6$이면 켄달의 통계분포표를 사용하며
  $n \geq 7$일 경우 통계치 $K(n-1)W$는 자유도 $(n-1)$의 χ^2분포를 따름[19]

- 분석 예:
  ▶ 6명(a, b, c, d, e, f)의 지원자들에 대한 3명의 평가자(X, Y, Z) 자료가 다음과 같이 나타났을 경우 이들 세 명의 평가자간 평가의 일치도가 어느 정도 되는지를 분석함

	지원자					
	a	b	c	d	e	f
평가자 X	1	6	3	2	5	4
평가자 Y	1	5	6	4	2	3
평가자 Z	6	3	2	5	4	1
R_i	8	14	11	11	11	8

---

19) 켄달의 일치계수(W)가 높고 유의적이라는 것은 서열화된 자료가 서로 일치(coincide)한다는 것을 의미하지만이들 자료가 올바르게(correct) 서열화되었다는 것을 의미하지는 않음

➜ s = $(8-10.5)^2 + (14-10.5)^2 + (11-10.5)^2 + (11-10.5)^2 + (11-10.5)^2 + (8-10.5)^2$

= 25.5

➜ W = $25.5 / [(1/12)(3)^2(6^3-6)]$ = .16

➜ 6명의 지원자들에 대한 3명 평가자의 평가 자료의 일치도(degree of agreement)는 (0 ~ 1)값의 범위에서 .16 정도로 일치도가 그다지 높지는 않다는 것을 보여주고 있음

▶ 유의성 검정을 위해 $n\leq6$ 으로 켄달의 통계분포표를 사용하면 n=6, k=3, α=0.05 에서의 s-임계값은 103.9 로 나타나 본 예의 s값인 25.5보다 크므로 귀무가설을 기각할 수 없으며 따라서 서열평가 자료간 유의적인 일치성이 없다고 볼 수 있음

저자 소개

김홍범

- 연세대학교 상경대학 응용통계학과 졸업
- 한국과학기술원(KAIST) 경영과학(Management Science) 석·박사
- University of Texas at Austin, Dept. of Marketing (Fulbright Research Fellow)

■ 주요 연구실적

"Perceptual Mapping of Attributes and Preferences: An Empirical Investigation of Hotel F&B Products in Korea," International Journal of Hospitality Management, 1996.

"Perceived Attractiveness of Tourist Destinations in Korea," Annals of Tourism Research, 1998.

"Entry-Barriers: A Dull-, One-, or Two-Edged Sword for Incumbents? Unraveling the Paradox from a Disaggregate Perspective," Journal of Marketing, 2001.

"Measuring Customer-based Restaurant Brand Equity: Investigating the Relationship between Brand Equity and Firms' Performance," The Cornell Hotel and Restaurant Administration Quarterly, 2004.

"The Relationship between Brand Equity and Firms' Performance in Luxury Hotels and Chain Restaurants," Tourism Management, 2005.

"Modeling Roles of Subjective Norms and eTrust in Custmers' Acceptance of Airline B2C eCommerce Websites," Tourism Management, 2009.

"Do Expectations of Future Wealth Increase Outbound Tourism? Evidence from Korea," Tourism Management, 2012.

"Impact of Hotel Information Security on System Reliability," International Journal of Hospitality Management, 2013.

■ 주요 경력

- STAID Project(World Bank), Jakarta Indonesia, International Expert
- AIT(Asian Institute of Technology), Bangkok Thailand, Visiting Professor
- OECD, PATA, Hangzhou & Shaoxing Tourism Bureau, International Project 수행
- ALHA(American Lodging & Hotel Association) Educational Institute, Instructor
- International Tourism Studies Association(ITSA), Regional Vice-President
- University of Southern California, Marshall School of Business, Visiting Scholar
- 세종대학교 호텔·관광대학장, 관광대학원장, 관광산업연구소장 역임
- 現, 세종대학교 호텔·관광대학 교수

핵심 연구방법론

초판1쇄 인쇄 2019년 2월 20일
초판1쇄 발행 2019년 2월 25일

저   자 김 홍 범
펴 낸 이 임 순 재
펴 낸 곳 (주)한올출판사
등   록 제11-403호
주   소 서울시 마포구 모래내로 83(성산동, 한올빌딩 3층)
전   화 (02)376-4298(대표)
팩   스 (02)302-8073
홈 페 이 지 www.hanol.co.kr
e - 메 일 hanol@hanol.co.kr
I S B N 979-11-5685-722-8